Einfluss ausgewählter instruktionaler Maßnahmen auf Struktur und Niveau zellbiologischen Wissens

Dissertation
zur Erlangung des Doktorgrades
der Mathematisch-Naturwissenschaftlichen Fakultät
der Christian-Albrechts-Universität
zu Kiel

vorgelegt von
Jörg Großschedl
Kiel
2009

Bibliografische Information der Deutschen Nationalbibliothek

Die Deutsche Nationalbibliothek verzeichnet diese Publikation in der
Deutschen Nationalbibliografie; detaillierte bibliografische Daten sind
im Internet über http://dnb.d-nb.de abrufbar.

©Copyright Logos Verlag Berlin GmbH 2010
Alle Rechte vorbehalten.

ISBN 978-3-8325-2565-1

Logos Verlag Berlin GmbH
Comeniushof, Gubener Str. 47,
10243 Berlin
Tel.: +49 (0)30 42 85 10 90
Fax: +49 (0)30 42 85 10 92
INTERNET: http://www.logos-verlag.de

Inhaltsverzeichnis

1 Einleitung *1*

2 Fachlicher Teil *5*

    2.1 Einführung und Überblick 5

    2.2 Kompartimentierung der eukaryotischen Zelle 6

    2.3 Das endoplasmatische Retikulum 11

    2.4 Proteinsynthese und Transmembrantransport 11

        2.4.1 Synthese luminaler und sekretorischer Proteine 14

        2.4.2 Synthese integraler Membranproteine 15

        2.4.3 Glykosylierung von Proteinen 18

    2.5 Vesikulärer Transport von Proteinen 19

3 Problemstellung *25*

    3.1 Verständnisprobleme von Lernenden im Bereich Zellbiologie 25

    3.2 Ausubels Theorie vom bedeutungsvollen Lernen 26

    3.3 Entwicklung domänenspezifischer Expertise 28

    3.4 Metakognition und *conceptual change* 33

4 Validierungsstudie *37*

    4.1 Theorie 37

        4.1.1 Theoretischer Hintergrund 37

            4.1.1.1 Klassifikation von Wissen 37

            4.1.1.2 Gedächtnisorganisation 40

            4.1.1.3 Wissen und Wissensdiagnose 42

        4.1.2 Psychologische Hypothesen 48

    4.2 Methode 49

        4.2.1 Variablen 49

            4.2.1.1 Operationalisierung der unabhängigen Variablen 49

            4.2.1.2 Operationalisierung der abhängigen Variablen 50

        4.2.2 Psychologische Vorhersagen 52

4.2.3 Versuchsplan 54

4.2.4 Statistik und statistische Begriffe 55

4.2.4.1 Bestimmung der internen Konsistenz der Ratingdaten 55

4.2.4.2 Kruskals Stress 55

4.2.4.3 Bestimmung der zufallsbedingten Übereinstimmung von *cognitive maps* 56

4.2.5 Statistische Hypothesenprüfung 58

4.2.6 Statistische Vorhersagen und Hypothesen 59

4.2.7 Versuchspersonen 59

4.2.8 Material, Geräte und Hilfsmittel 60

4.2.9 Expertenbefragung und Monte Carlo Simulationen 62

4.2.10 Versuchsdurchführung 66

4.3 Ergebnisse 67

4.3.1 Voranalysen 67

4.3.2 Überprüfung der Hypothesen und Vorhersagen 69

4.4 Diskussion 75

5 *Lernwirksamkeitsstudie* 87

5.1 Theorie 87

5.1.1 Theoretischer Hintergrund 87

5.1.1.1 *Concept mapping* 88

5.1.1.2 Kognitives Training im *concept mapping* 95

5.1.1.3 Metakognitive *prompts* 98

5.1.2 Psychologische Hypothesen 102

5.2 Methode 103

5.2.1 Variablen 103

5.2.1.1 Operationalisierung der unabhängigen Variablen 103

5.2.1.2 Operationalisierung der Kontrollvariable und der abhängigen Variablen 105

5.2.2 Psychologische Vorhersagen 105

 5.2.3 Versuchsplan 107

 5.2.4 Statistische Hypothesenprüfung 108

 5.2.5 Statistische Vorhersagen und Hypothesen 108

 5.2.6 Versuchspersonen 109

 5.2.7 Material, Geräte und Hilfsmittel 109

 5.2.8 Versuchsdurchführung 111

 5.3 Ergebnisse 112

 5.3.1 Voranalysen 112

 5.3.2 Überprüfung der Hypothesen und Vorhersagen 113

 5.4 Diskussion 122

6 Zusammenfassung und Ausblick 137

7 Literaturverzeichnis 143

8 Anhang 163

Zusammenfassung

Untersuchungen belegen, dass es Lernenden im Bereich der Zellbiologie besonders schwer fällt, elaboriertes Fachwissen aufzubauen. Aus psychologischen Konzepten und Theorien kann abgeleitet werden, dass die Schwierigkeiten der Lernenden u. a. auf dem defizitären Gebrauch von Tiefenstrategien des Lernens und dem defizitären Gebrauch metakognitiver Lernstrategien beruhen. Ziel der Arbeit ist es, den Tiefenstrategieeinsatz und den metakognitiven Lernstrategieeinsatz durch die Lernmethode des *concept mapping* und die Verfügbarkeit metakognitiver *prompts* anzuregen, um sowohl die Struktur als auch das Niveau des deklarativen zellbiologischen Wissens positiv zu beeinflussen. Die Struktur zellbiologischen Wissens wird über Paarvergleiche (*similarity judgments test*) erhoben, das Niveau über *multiple choice* Aufgaben. Eine erste Studie dient der Validierung der Paarvergleiche. 142 Schüler aus drei naturwissenschaftlichen Wettbewerben (Durchschnittsalter 17.7 Jahre; 33 weiblich) wurden vor und nach einem kontrollierten Treatment getestet. Die Validierungshypothesen konnten bestätigt werden. Eine zweite Studie fokussiert sich auf die Lernwirksamkeit der verwendeten Lernmethode (*concept mapping* vs. Notizen Erstellen) und der Verfügbarkeit metakognitiver *prompts* (ja vs. nein). In einem 2 x 2 Design wurden 125 Studierende (Durchschnittsalter 23.0 Jahre; 82 weiblich) den vier experimentellen Bedingungen randomisiert zugewiesen und vor sowie nach einem kontrollierten Treatment zu einem zellbiologischen Inhalt getestet. Die Struktur und das Niveau zellbiologischen Wissens konnten durch das *concept mapping* nicht verbessert werden. Die Verfügbarkeit metakognitiver *prompts* verbesserte hypothesenkonform sowohl das Niveau als auch die Struktur des zellbiologischen Wissens. In Verbindung mit der Lernmethode des *concept mapping* hatten metakognitive *prompts* einen stärkeren Einfluss auf die Struktur zellbiologischen Wissens als in Verbindung mit der Erstellung von Notizen (Interaktion). Dieses Ergebnis spricht dafür, dass metakognitive *prompts* bei der Vermittlung der Lernmethode des *concept mapping* berücksichtigt werden sollten.

Abstract

Studies prove that it is particularly difficult for students to acquire elaborate subject knowledge in cell biology. Psychological concepts and theories point out that these learners' difficulties are based on the fact, amongst others, that neither deeper learning strategies (elaboration and organisation strategies) nor metacognitive learning strategies are used sufficiently. This study aims to encourage the use of deeper learning strategies, as well as metacognitive learning strategies, by using the learning method of concept mapping and the availability of metacognitive prompts. It is expected that this will positively influence the structure and level of declarative knowledge in cell biology. The structure of cell biology knowledge will be investigated using a similarity judgements test, the level with multiple choice tasks. An initial study was conducted in order to validate the similarity judgements test. 142 students from three science competitions (average age: 17.7 years; 33 female) were tested before and after the controlled treatment. The validation hypotheses could be confirmed. A second study focussed on the efficiency of the learning methods used (concept mapping vs. taking notes) and the availability of metacognitive prompts (yes vs. no). In a 2 x 2 design, 125 students (average age: 23.0 years; 82 female) were randomly assigned to the four experimental conditions and were tested on cell biology content both before and after the controlled treatment. Neither the structure nor the level of declarative knowledge in cell biology was improved with the method of concept mapping. However, in accordance with our hypothesis, the availability of metacognitive prompts improved both the level and the structure of declarative knowledge in cell biology. When used in connection with the learning method of concept mapping, metacognitive prompts had a larger influence on the structure of declarative knowledge in cell biology than when used in connection with taking notes (interaction). This result indicates that metacognitive prompts should be taken into consideration when using the learning method of concept mapping.

1 Einleitung

> *„Dem ungebildeten Menschen erscheint alles als Einzelheit,
> dem gebildeten alles im Zusammenhange.*
>
> Wilhelm Raabe (Schriftsteller, 1831-1910)

Die Schwierigkeiten von Lernenden im Umgang mit naturwissenschaftlichen Konzepten und Theorien sind seit Langem bekannt (z. B. Claxton, 1986). Trotz fortwährender Bemühungen zur Verbesserung des naturwissenschaftlichen Unterrichts (z. B. monoedukativer vs. koedukativer Unterricht vgl. Häussler & Hoffmann, 2002; gefächerter vs. integrierter naturwissenschaftlicher Unterricht vgl. Ciccorico, 1970; Kockelmans, 1979; taxonomische Anordnung der Lerninhalte vs. Orientierung an allgemeinbiologischen Prinzipien vgl. Etschenberg, 1979; J. Mayer, 1992; Schaefer, 1990), werden die Probleme der Lernenden in internationalen Schulleistungsuntersuchungen wie TIMSS und PISA regelmäßig und aktuell bestätigt.

Unter den naturwissenschaftlichen Fächern beschäftigt sich die Biologie mit den Lebewesen und den Vorgängen, die sich an diesen abspielen (Hartmann, 1953). Alle Lebewesen sind aus Zellen aufgebaut. Daher ist ein umfassendes Fachwissen über die Struktur und die Funktion der Zelle in weiten Teilen der Biologie von entscheidender Bedeutung für den wissenschaftlichen Erkenntnisprozess, und dementsprechend lassen sich viele biologische Phänomene (z. B. Atmung, Fortpflanzung) nur über eine Betrachtung der zellulären Ebene in befriedigender Weise erklären. Der großen fachwissenschaftlichen Bedeutung zellbiologischen Wissens stehen die Probleme der Lernenden beim Aufbau eines soliden Fachwissens in der Zellbiologie entgegen. Zahlreiche Untersuchungen aus *Science Education* und Fachdidaktik belegen, dass es Lernenden im Bereich der Zellbiologie besonders schwer fällt, elaboriertes Fachwissen aufzubauen (Dreyfus & Jungwirth, 1989; Hesse, 2002) und Zusammenhänge zwischen zellulären Strukturen (Flores & Tavor, 2003; Hesse, 2002; Lewis, Leach & Wood-Robinson, 2000a, 2000b; Lewis & Wood-Robinson, 2000; Songer & Mintzes, 1994) und anderen Systemebenen (Makro- und Mikroebene) zu erkennen (Douvdevany, Dreyfus & Jungwirth, 1997; Corina González Weil & Harms, 2006; Verhoeff, 2003).

Kapitel 3 (s. S. 25) beschäftigt sich daher mit der Frage, weshalb Lernende trotz ihrer Teilnahme am (Biologie-) Unterricht an vorunterrichtlichen Vorstellungen festhalten, sich naturwissenschaftlich akzeptierten Vorstellungen verschließen und inkohärente Wissensstrukturen konstruieren. Bei der Suche nach klärenden Antworten werden psychologische Konzepte und Theorien berücksichtigt, aus denen abgeleitet wird, dass die Probleme der Lernenden zum Teil als Folge eines defizitären Lernstrategiegebrauchs angesehen werden können. Zwei Typen von Lernstrategie verdienen gesonderte Aufmerksamkeit. Dies sind auf der einen Seite Lernstrategien, die die Informationsverarbeitung selbst betreffen, und auf der anderen Seite Lernstrategien, die mit der Kontrolle eben dieser Prozesse in Verbindung stehen. Erstere werden als Tiefenstrategien bezeichnet, letztere als metakognitive Lernstrategien. Eine ausführliche Definition des Lernstrategiebegriffs findet sich in Kapitel 3.3 (s. S. 28). In Zusammenhang mit dem Programm zur *Steigerung der Effizienz des mathematisch-naturwissenschaftlichen Unterrichts* (SINUS) wurden insgesamt 11 Problembereiche des naturwissenschaftlichen Unterrichts benannt. Darauf aufbauend wurden 11 Module zur Verbesserung des naturwissenschaftlichen Unterrichts entwickelt. Zwei Module fokussieren sich entsprechend der vorliegenden Arbeit auf die Veränderung des individuellen Lernprozesses; gemeint sind die Module fünf (*Zuwachs von Kompetenz erfahrbar machen: Kumulatives Lernen*) und neun (*Verantwortung für das eigene Lernen stärken*). Darüber hinaus wurden im Rahmen von SINUS Module entwickelt, die die Sicherung des Basiswissens (Modul vier) oder die Rückmeldung des individuellen Kompetenzzuwachses (Modul zehn) betreffen. Eine Zusammenstellung der Problembereiche des naturwissenschaftlichen Unterrichts und der zugehörigen Module zur Verbesserung des naturwissenschaftlichen Unterrichts kann bei Prenzel, Friedrich und Stadler (2009) nachgelesen werden.

Ausgehend von der Vermutung, dass die Probleme der Lernenden beim Erwerb eines soliden Fachwissens auf den defizitären Gebrauch von Tiefenstrategien und metakognitiven Lernstrategien zurückzuführen sind, wird eine Lernmethode gesucht, die über Potential verfügt, tiefenstrategisches und metakognitives Lernverhalten anzuregen. Als vielversprechende Lernmethode wird das *concept mapping* betrachtet, eine Begründung und Beschreibung dieser Lernmethode findet sich in Kapitel 5.1.1.1 (s. S. 88). Um die Lernwirksamkeit des *concept mapping* zu untersuchen, wird ihm eine vertraute Lernmethode, nämlich die Erstellung von Notizen, gegenübergestellt. Einschlägige Förderprogramme zur Vermittlung einer neuen Lernmethode berücksichtigen neben der Lernmethode selbst eine zweite Komponente, die mit der Absicht implementiert wird, das metakognitive Lernverhalten zu verbessern (s. Kapitel 5.1.1.2, S. 95). Prozessorientierte Lernhilfen, sogenannte metakognitive *prompts* (z. B. *„Habe ich alle Text- und Bildinformationen genutzt?"*), sind eine verbreitete Methode zur Verbesserung des metakognitiven Lernverhaltens und werden ihrerseits mit einer lernförderlichen Wirkung in Verbindung gebracht (s. Kapitel 5.1.1.3, S. 98). Daher wird neben der Lernwirksamkeit der verwendeten Lernmethode (*concept mapping* vs. Notizen Erstellen) in der vorliegenden Arbeit auch die Lernwirksamkeit metakognitiver *prompts* in Verbindung mit beiden Lernmethoden untersucht und mit der Lernwirksamkeit beider Lernmethoden ohne metakognitive *prompts* kontrastiert. Die Untersuchung erfolgt an einem zellbiologischen Inhalt mit dem Titel *„Intrazelluläre Kompartimente und der Transport von Proteinen"*. Dieses Thema wurde ausgewählt, weil es Kennzeichen besitzt, die vielen Lernenden Schwierigkeiten bereiten, aber für zellbiologische Inhalte wesenstypisch sind. Gemeint sind beispielsweise Struktur- und Funktionszusammenhänge, die bei Transportvorgängen eine wesentliche Rolle spielen. Aus den bisherigen Ausführungen lassen sich drei Forschungsfragen ableiten, die im Rahmen einer Lernwirksamkeitsstudie experimentell untersucht werden (s. Kapitel 5, S. 87). Die entsprechenden psychologischen Hypothesen sind in Kapitel 5.1.2 (s. S. 102) aufgeführt:

1. Erwerben Lernende, die die Lernmethode des *concept mapping* anwenden, mehr Fachwissen im Bereich der Zellbiologie als Lernende, die Notizen anfertigen?
2. Erwerben Lernende, die metakognitive *prompts* während ihres Lernprozesses nutzen, mehr Fachwissen als Lernende, die keine metakognitiven *prompts* gebrauchen?
3. Unterscheidet sich die Lernwirksamkeit metakognitiver *prompts* in Verbindung mit der Lernmethode des *concept mapping* von der Lernwirksamkeit metakognitiver *prompts* in Verbindung mit der Lernmethode des Notizen-Erstellens?

Wird in der vorliegenden Arbeit vom Lernen gesprochen, so bezieht sich dieser Terminus auf den Erwerb deklarativen Wissens. Deklaratives Wissen bezeichnet Gedächtnisinhalte, die sich auf Informationen wie etwa Fakten oder Ereignisse beziehen und dem reflexiven Bewusstsein zugänglich sind. In Kapitel 4.1.1.3

(s. S. 42) wird zwischen zwei Eigenschaften unterschieden, dem Niveau und der Struktur deklarativen Wissens. Zur Erfassung des Strukturaspekts wird ein Verfahren genutzt, dem die Annahme unterliegt, dass deklaratives Wissen kognitiv in mentalen Begriffsnetzen repräsentiert ist und die hypothetische Anordnung dieser Begriffe eine Aussage über den Expertisegrad eines Lernenden erlaubt. Im Zentrum einer zweiten Studie, die der Lernwirksamkeitsstudie vorausgeht, steht daher die folgende Forschungsfrage (s. Kapitel 4, S. 37):

> 4. Erlaubt die Kenntnis der hypothetischen Wissensstruktur eines Lernenden eine valide Aussage über den Expertisegrad des Lernenden?

Die vorliegende Arbeit untergliedert sich damit in vier Bereiche. In Kapitel 3 (s. S. 25) werden die Ursachen für die Schwierigkeiten der Lernenden im Bereich der Zellbiologie abgeleitet. Im Anschluss beschäftigen sich die Kapitel 4 und 5 mit der Forschungsfrage vier (Validierungsstudie; s. S. 37) bzw. den Forschungsfragen eins bis drei (Lernwirksamkeitsstudie; s. S. 87). Bevor die Ursachen der Lernschwierigkeiten im Bereich der Zellbiologie jedoch analysiert werden, sollen zunächst die fachlichen Grundlagen des einschlägigen Themas im folgenden Kapitel dargelegt werden.

2 Fachlicher Teil

2.1 Einführung und Überblick

Eine typische eukaryotische Zelle enthält bei insgesamt 10 Milliarden Proteinmolekülen 10-20-tausend Proteinarten (Alberts et al., 2004; Lodish et al., 2004). Die große Mehrheit dieser Moleküle beginnt ihre Synthese im Zytosol. Ein kleinerer Teil wird in den Mitochondrien und Chloroplasten synthetisiert. Beide Organellen verfügen über den nötigen Syntheseapparat und ein eigenständiges Genom. Auf eine detaillierte Darstellung der Proteinsynthese in den Mitochondrien und Chloroplasten wird in dieser Arbeit aufgrund ihrer untergeordneten Bedeutung für den schulischen Biologieunterricht verzichtet.

In der Zelle läuft zu jedem Zeitpunkt eine Vielzahl chemischer Reaktionen ab. Unter diesen sind einige Reaktionen nicht miteinander vereinbar. Als ein Beispiel für zwei nicht miteinander vereinbare (hier: gegenläufige) Reaktionen können die Knüpfung vs. Hydrolyse von Peptidbindungen genannt werden. Damit die Zelle wirkungsvoll arbeiten kann, müssen solche gegenläufigen Reaktionen auf irgendeine Weise voneinander getrennt werden. Verschiedene Strategien zur Trennung nicht miteinander vereinbarer Reaktionen sind bekannt. Zum einen werden Enzyme, die an einer bestimmten Reaktionskette beteiligt sind, in vielen Fällen zu Multienzymkomplexen zusammengefasst. Diese Strategie lässt sich sowohl in prokaryotischen als auch in eukaryotischen Zellen wiederfinden, wird jedoch in dieser Arbeit nicht weiter diskutiert. Zum anderen werden gegenläufige Stoffwechselprozesse in membranumgrenzte Reaktionsräume ausgelagert und auf diese Weise räumlich voneinander abgegrenzt. Membranumgrenzte Reaktionsräume werden auch als Kompartimente bezeichnet und weisen eine für das jeweilige Kompartiment charakteristische chemische Zusammensetzung auf. Diese verleiht einem Kompartiment seine speziellen strukturellen und funktionellen Eigenschaften und wird durch komplexe Transportvorgänge aufrechterhalten. In Kapitel 2.2 werden wichtige Termini zur Kompartimentierung der Zelle geklärt.

Von den Proteinen, die ihre Synthese im Zytosol beginnen, verbleibt nur ein Teil in diesem Kompartiment. Der andere Teil wird dem Kompartiment zugeführt, für das er bestimmt ist, oder in den Extrazellularraum sekretiert (Proteintransfer). Bezüglich des Proteintransfers werden zwei Formen unterschieden, der Transmembrantransport und der vesikuläre Transport (Alberts et al., 2004). Im Fall des Transmembrantransports werden Proteine dem jeweiligen Zielkompartiment über spezielle Tunnel (membrangebundene Translokatoren, Sec61-Komplexe) zugeführt. Ursprungs- und Zielkompartiment sind direkt miteinander benachbart und nur durch eine einfache Membran, in der sich der Translokator befindet, voneinander getrennt. Auf diesem Weg geschieht der initiale Transfer hydrophiler Proteine aus dem Zytosol in das Lumen des endoplasmatischen Retikulums (ER; s. Kapitel 2.4.1, S. 14) und der Transfer hydrophober Proteine in die ER-Membran (s. Kapitel 2.4.2, S. 15). Auf die Darstellung der entsprechenden Transportvorgänge in die Peroxisomen, Plastiden, Mitochondrien und den Zellkern wird in dieser Arbeit verzichtet. Die meisten Proteine, die dem ER zugeführt werden, werden dort in Glykoproteine umgewandelt. Dieser Prozess kann im Golgi-Apparat fortgesetzt werden und wird in Kapitel 2.4.3 (s. S. 18) thematisiert.

Vom Transmembrantransport unterscheidet sich der vesikuläre Transport. Im Fall des vesikulären Transports erfolgt der Transfer von Proteinen nicht über spezielle Tunnel in der Membran des Zielkompartiments, sondern über membranöse Bläschen (Transportvesikel), die Proteine von einem Ursprungskompartiment in ein nicht angrenzendes Zielkompartiment verfrachten oder ihren Inhalt in den extrazellulären Raum durch Exozytose entleeren. Im Gegensatz zum Transmembrantransport liegt zwischen Ursprungs- und Zielkompartiment in allen Fällen ein drittes Kompartiment. Dieses dritte Kompartiment wird von den Transportvesikeln durchwandert bevor sie ihre Fracht an das Zielkompartiment abgeben können. Auf die Problematik, welche Kompartimente über Transportvesikel miteinander in Verbindung stehen, wird in Zusammenhang mit der Kompartimentierungsregel (s. Kapitel 2.2) eingegangen. Eine detaillierte Diskussion des vesikulären Transports findet sich in Kapitel 2.5 (s. S. 19). Die entsprechende Aufnahme von Substanzen aus dem Extrazellularraum durch Pinozytose oder Endozytose wird in dieser Arbeit nicht thematisiert.

2.2 Kompartimentierung der eukaryotischen Zelle

In einer typischen eukaryotischen Zelle läuft in jedem Moment eine Vielzahl anabolischer, katabolischer und Energie konservierender Prozesse ab (Pollard & Earnshaw, 2002). Letztere beschreiben Reaktionen, in denen ein Protonengradient aufgebaut wird. Dieser elektrochemische Gradient dient der Energiespeicherung und stellt die protonenmotorische Kraft für die Adenosintriphosphat (ATP)-Synthese bereit (Campbell & Reece, 2006). Der Aufbau des Protonengradienten erfolgt immer entlang einer Membran. Im Fall der Atmungskette und Lichtreaktion sind dies die innere Mitochondrienmembran bzw. die Thylakoidmembran. Beide Membranen verfügen über sogenannte Protonenpumpen. Diese Proteinkomplexe nutzen die während der Atmungskette und Lichtreaktion freigesetzte Energie, um Protonen aus der Mitochondrienmatrix in den Intermembranraum bzw. aus dem Stroma in den Thylakoidinnenraum zu pumpen. Neben den Protonenpumpen verfügen dieselben Membranen über sogenannte ATP-Synthasen. Diese Proteinkomplexe bilden einen Kanal durch die innere Mitochondrienmembran und die Thylakoidmembran und koppeln die Diffusion der Protonen mit der Phosphorylierung von Adenosindiphosphat (ADP) zu ATP. Dabei wandern die Protonen entsprechend ihrem elektrochemischen Gradienten zurück in die Mitochondrienmatrix bzw. das Stroma. Die Wanderung der Protonen wird durch die protonenmotorische Kraft angetrieben, die auch die Energie zur Phosphorylierung von ADP liefert (Alberts et al., 2004; Campbell & Reece, 2006; Karp, 2005).

Die obigen Ausführungen stellen die Notwendigkeit membranumgrenzter Reaktionsräume im Energiestoffwechsel der Zelle heraus. Nicht zuletzt spielt die Verfügbarkeit unterschiedlicher Reaktionsräume aber auch bei der Trennung gegenläufiger Reaktionen eine wichtige Rolle. Hierfür ist der Fettsäureaufbau und -abbau ein geeignetes Beispiel. In der Tierzelle erfolgt ersterer im Zytosol, letzterer in den Mitochondrien. Die räumliche Trennung beider Reaktionen verhindert, dass neue Syntheseprodukte gleich wieder abgebaut werden (Brechner, Dinkelaker & Dreesmann, 2005). Jeder Reaktionsraum stellt ein in sich geschlossenes Gebilde dar, das von einer Biomembran umgeben ist und als Kompartiment bezeichnet wird. Dabei wird die Membran dem Kompartiment zugeschrieben, das sie umgibt (Kleinig & Sitte, 1986).

Zuweilen weicht die Verwendung des Kompartimentbegriffs deutlich von der obigen Definition ab. Die folgenden Ausführungen machen auf einige Besonderheiten aufmerksam, die den Gebrauch des Kompartimentbegriffs betreffen. So wird das Zytosol nach Kleinig und Sitte (1986) als ein Kompartiment ohne eine Membran betrachtet, wohingegen die umgebende Plasmamembran als ein Kompartiment ohne entsprechenden Reaktionsraum beschrieben wird. Eine andere Besonderheit des Kompartimentbegriffs kommt bei der Bezeichnung membranumgrenzter Reaktionsräume gleicher Struktur und Funktion zum Ausdruck. In der Regel verfügt die eukaryotische Zelle über mehrere Reaktionsräume desselben Typs. In elektronenmikroskopischen Aufnahmen lässt sich beispielsweise eine Fülle von

Dictyosomen identifizieren. Jedes von ihnen stellt ein in sich geschlossenes Gebilde dar, das von einer Biomembran umgeben ist. Dennoch wird nicht ein jedes als eigenständiges Kompartiment betrachtet. Der Kompartimentbegriff ist der Gesamtheit der Dictyosomen vorbehalten, die das Kompartiment Golgi-Apparat bilden. Ebenso wird nicht jedes Mitochondrium als eigenständiges Kompartiment angesehen, vielmehr setzt sich das mitochondriale Kompartiment aus der Summe der Mitochondrien einer Zelle zusammen. Bezüglich der Mitochondrien und Plastiden sei auf eine weitere Besonderheit hingewiesen. Mitochondrien und Plastiden verfügen über zwei bzw. drei vollständig durch Membranen voneinander abgegrenzte Reaktionsräume mit strukturellen und funktionellen Besonderheiten. Obwohl allgemein von einem Kompartiment gesprochen wird, wenn die Mitochondrien und Plastiden charakterisiert werden, könnte auch jeder dieser zwei bzw. drei Reaktionsräume als eigenes Kompartiment betrachtet werden. Gleiches gilt mit Einschränkung für den Zellkern. Auch dieser ist von einer doppelten Membran umgeben. Im Gegensatz zu den Membranen der Mitochondrien und Plastiden stehen seine Membranen jedoch im Bereich der Kernporen miteinander in einer kontinuierlichen Verbindung (Alberts et al., 2004; Kleinig & Sitte, 1986). In einem engeren Sinne werden nach Kleinig und Sitte (1986) drei weitere Kompartimente unterschieden, die bisher noch nicht als Kompartimente angesprochen wurden, das ER, das lytische Kompartiment (Lysosomen und Vakuolen) und die Peroxisomen.

Nach der von Schnepf (1965 in Kleinig & Sitte, 1986) aufgestellten Kompartimentierungsregel trennt jede Membran einen plasmatischen von einem nicht-plasmatischen Raum. Das Zytoplasma (eigentlich Zytosol), der größte plasmatische Raum, wird durch die Plasmamembran vom nicht-plasmatischen extrazellulären Raum abgegrenzt. Bestandteile des Zytoplasmas sind membranumgrenzte Kompartimente. Diese verfügen entweder über eine einfache Membran, eine doppelte Membran oder im Fall der Plastiden über drei Membranen, die in keiner kontinuierlichen Verbindung miteinander stehen. Die Kompartimente des Zytoplasmas mit einer einfachen Membran beherbergen eine nicht-plasmatische Phase, die Kompartimente mit einer doppelten Membran verfügen jenseits der inneren Membran außerdem über eine plasmatische Phase. Im Fall der Plasiden befindet sich innerhalb dieser plasmatischen Phase ein weiteres Membransystem, das den Thylakoidraum abgrenzt. Dieser beherbergt eine zweite nicht-plasmatische Phase im Kompartiment Plastide. Neben dem Zytoplasma werden in der Tier- und Pflanzenzelle zwei bzw. drei weitere Plasmen unterschieden: das Karyoplasma, das

das Lumen des Zellkerns ausfüllt, das Mitoplasma, das die Matrix der Mitochondrien formt, und das Plastoplasma, das das Stroma der Plastiden bildet. Da sich nur gleichnamige Phasen mischen, erfolgt die Überwindung einer komplementären Phase in besonderen Vehikeln, den membranumgrenzten Transportvesikeln. Diese transferieren Substanzen zwischen gleichnamigen Phasen, ohne dass eine Mischung mit der komplementären Phase erfolgen kann, und stellen sicher, dass immer nur gleichnamige Phasen auseinander hervorgehen. Um von einem plasmatischen Raum in einen anderen plasmatischen Raum zu gelangen, muss ein komplementärer, nichtplasmatischer Raum passiert werden. Umgekehrt gilt dies auch für Transportvorgänge zwischen nicht-plasmatischen Phasen. Eine Ausnahme bildet dabei das Karyoplasma, das über die Kernporen in einer kontinuierlichen Verbindung mit dem Zytoplasma steht (Brechner et al., 2005; Kleinig & Sitte, 1986). Auf die verschiedenen Formen des vesikulären Transports wird in Kapitel 2.5 (s. S. 19) eingegangen. Sollen dagegen Substanzen aus einer angrenzenden komplementären Phase aufgenommen werden, so wird die Aufnahme über membranständige Translokatoren vermittelt (s. Kapitel 2.4, S. 11).

Nichtplasmatische Phasen (Ausnahme: Thylakoide) stehen in einem ständigen Austausch untereinander. Stoffe werden durch Endozytose (Phagozytose, Pinozytose) in die Zelle aufgenommen und durch Exozytose aus der Zelle ausgeschleust. Ein Beispiel für einen exozytotischen Vorgang ist die Sekretion des Polypeptidhormons Insulin aus dem Golgi-Apparat in den extrazellulären Raum. Im Gegensatz zu den nicht-plasmatischen Phasen ist der Substanzaustausch zwischen plasmatischen Phasen seltener zu beobachten. Abgesehen vom Substanzfluss zwischen Zytoplasma und Karyoplasma, die im Bereich der Kernporen ineinander übergehen, mischen oder teilen sich plasmatische Phasen meist nur in Zusammenhang mit Befruchtungs- und Vermehrungsvorgängen, während der rege Substanzaustausch zwischen nichtplasmatischen Phasen in Zusammenhang mit Stoffwechselvorgängen und dem Wachstum der Zelle steht (Kleinig & Sitte, 1986).

Aus den obigen Ausführungen ergibt sich, dass intrazelluläres Material auf drei Wegen aus der Zelle exportiert werden kann. Substanzen aus plasmatischen Räumen können (i) in membranumgrenzten Vesikeln aus der Zelle ausgeschleust werden oder (ii) gelangen durch Translokatoren in der Plasmamembran in den extrazellulären Raum. Dagegen werden Substanzen aus nichtplasmatischen Räumen am Ursprungskompartiment in (iii) Transportvesikel verpackt und durchwandern in diesen das Zytoplasma bis zur Plasmamembran. Dort angelangt fusioniert das

Transportvesikel mit der Plasmamembran und entleert seine Fracht in den Extrazellularraum. Mit der Unterscheidung von plasmatischen und nicht-plasmatischen Räumen ergibt sich, dass jede Seite einer Biomembran entweder zu einer plasmatischen oder zu einer nicht-plasmatischen Phase ausgerichtet ist. Diese Orientierung bleibt für die gesamte Lebensdauer der Membran bestehen.

Vom Kompartimentbegriff wird der Organellbegriff unterschieden. Nach Frey-Wyssling (1978) handelt es sich bei einem Organell um eine zytoplasmatische Struktur mit endergonem Energiestoffwechsel. Diese sehr breite Definition ist auch mit den meisten Kompartimenten der Zelle vereinbar, aber auch die Kernspindel oder ein Polysom können nach dieser Definition als Organellen betrachtet werden. Wie der Kompartimentbegriff wird auch der Organellbegriff nicht einheitlich gebraucht und seine Verwendung weicht zuweilen deutlich von der obigen Definition ab. So unterscheidet P. D. Clark (2006) zwischen membranumhüllten Organellen, die durch Membranen vom Rest des Zytoplasmas abgetrennt werden, und anderen Organellen wie den Ribosomen, die über keine Membran verfügen. Brechner et al. (2005) unterscheiden zwei Gebrauchsweisen des Organellbegriffs. In einem weiteren Sinne werden alle membranumgrenzten Kompartimente mit klar definierter Struktur und Funktion als Organellen bezeichnet. In einem engeren Sinne ist der Organellbegriff nur den Kompartimenten vorbehalten, die von zwei nicht miteinander in Verbindung stehenden Membranen umgeben sind und ein eigenes Genom besitzen. Wie obige Ausführungen bereits nahelegen, fallen unter diese Bezeichnung nur die Mitochondrien und Chloroplasten. An einigen Stellen werden sie auch als semiautonome Organellen bezeichnet (Brechner et al., 2005; Kleinig & Sitte, 1986).

Die Ausführungen in diesem Kapitel belegen, dass fachsprachliche Begriffe oftmals uneinheitlich gebraucht werden. Hinter vielen von ihnen stehen Konzepte, die durch gültige oder bereits abgelöste Vorstellungen und Theorien bestimmt werden. Diese Konzepte (z. B. Organell- und Kompartiment-Konzept) koexistieren dann unerkannt und widersprüchlich in der Vorstellung vieler Lernender und können das Verständnis erheblich erschweren. Das Organell- und Kompartiment-Konzept sollten daher in modernen Lehrbüchern genauer abgegrenzt werden, als dies gewöhnlich der Fall ist. Beide Konzepte führen nämlich zu unterschiedlichen Abgrenzungen der zellulären Strukturen. Kattmann (Kattmann, 1993) gibt Empfehlungen für die Terminologie im schulischen Biologieunterricht.

2.3 Das endoplasmatische Retikulum

Das ER besteht aus einem Labyrinth verzweigter Röhren (Tubuli) und abgeplatteter Zisternen. In der Tierzelle beansprucht es oft mehr als die Hälfte des gesamten Membranbestandes und füllt etwa 10% des Zellvolumens aus (Alberts et al., 2004). Dabei umfasst es zwei Bereiche, das raue ER und das glatte ER. Beide Bereiche schließen das Lumen als gemeinsamen Innenraum ein. Dieses wird durch eine Membran vom umgebenden Zytosol abgegrenzt. Die Membranoberfläche des rauen ER unterscheidet sich strukturell und funktionell von der Membranoberfläche des glatten ER. Im elektronenmikroskopischen Bild fällt seine charakteristische raue Oberflächenstruktur auf, die auf membranständigen Ribosomen beruht. Mit der Bindung der Ribosomen an die Membranoberfläche hängt die zentrale Aufgabe des rauen ER zusammen, nämlich die Synthese bestimmter Membranproteine, der luminalen Proteine und praktisch aller sekretorischen Proteine. Aufgrund seiner Bedeutung für die Synthese sekretorischer Proteine findet sich raues ER reichlich im Zytoplasma sekretorischer Zellen. Beispielhaft seien die Langerhansschen Inseln des Pankreas genannt, die die Polypeptidhorme Insulin und Glucagon direkt in die Blutbahn sezernieren (Campbell & Reece, 2006). Auf der Membranoberfläche des glatten ER fehlt hingegen der Ribosomenbesatz. Seine Aufgaben können folglich nicht in direktem Zusammenhang mit der Proteinsynthese stehen. Von besonderer Bedeutung ist die Synthese der Fettsäuren und Phospholipide. Darüber hinaus verfügt das glatte ER über Enzyme, die die Entgiftung hydrophober Chemikalien (Pestizide, Karzinogene) katalysieren. Diese Chemikalien werden im glatten ER so modifiziert, dass sie über die Nieren ausgeschieden werden können. Aufgrund seiner Bedeutung für die Entgiftung hydrophober Chemikalien findet sich ein Überschuss an glattem ER in den Hepatozyten. Vor dem Hintergrund der folgenden Ausführungen sei darauf hingewiesen, dass sich an der Membran des glatten ER auch die ER-Ausgänge befinden, an denen sich die ersten Transportvesikel in Richtung des Golgi-Apparats ablösen (s. Kapitel 2.5, S. 19; Alberts et al., 2004).

2.4 Proteinsynthese und Transmembrantransport

Proteine können grundsätzlich in drei verschiedenen Regionen synthetisiert werden (Alberts et al., 2004; Karp, 2005):

(i) Manche Proteine werden vollständig an den freien Ribosomen synthetisiert, d. h. an Ribosomen, die im Zytosol schwimmen. Diese Proteine lassen sich in

Abhängigkeit von ihrem Bestimmungsort zwei Gruppen zuteilen. Proteine der einen Gruppe verbleiben nach ihrer Synthese im Zytosol und werden deshalb zytosolische Proteine genannt. Unter den Proteinen, die an den freien Ribosomen translatiert werden, bilden sie die dominierende Gruppe. Proteine der anderen Gruppe finden ihren Bestimmungsort nicht im Zytosol. Sie werden nach Abschluss der Proteinbiosynthese aus dem Zytosol in die Lumina der Mitochondrien, Plastiden oder Peroxisomen verschoben. Aufgrund des Zeitpunkts des Proteintransfers wird diesbezüglich auch von einem posttranslationalen Proteinimport gesprochen. Der Ablauf der Proteinbiosynthese im Zytosol wird in dieser Arbeit nicht thematisiert, gerade weil er im schulischen Biologieunterricht die dominierende Rolle spielt.

(ii) Ein kleiner Teil der zellulären Proteine wird in den Mitochondrien und Plastiden synthetisiert. Beide Kompartimente verfügen über den nötigen Syntheseapparat und ein eigenständiges Genom. Auf eine detaillierte Darstellung der Proteinsynthese in diesen Organellen wird ebenfalls verzichtet.

(iii) Vom Syntheseweg dieser Proteine unterscheidet sich die Synthese der luminalen und sekretorischen Proteine sowie der integralen Membranproteine.

- Luminale Proteine sind Proteine, die dauerhaft im Innenraum eines Kompartiments angesiedelt sind.
- Sekretorische Proteine sind Proteine, die aus der Zelle ausgeschleust werden.
- Integrale Membranproteine sind Proteine, die in einer Biomembran verankert sind.

Auch die Synthese dieser Proteine beginnt an den freien Ribosomen, sie werden jedoch noch im Verlauf ihrer Synthese, d. h. kotranslational, vom rauen ER aus dem Zytosol herausgefischt. Kurz nachdem die Synthese eines luminalen Proteins, eines sekretorischen Proteins oder eines integralen Membranproteins an den freien Ribosomen begonnen hat, tritt der erste Abschnitt des naszierenden Proteins aus dem Ribosom aus (s. Abbildung 1). Dieser Abschnitt verfügt über eine auffällige Aminosäuresequenz, die von Proteinart zu Proteinart in weiten Grenzen variieren kann. Er wird von sogenannten Signalerkennungspartikeln (SRP, *signal-recognition particle*), die im Zytosol schwimmen, erkannt und wegen seiner besonderen Signalwirkung als ER-Signalsequenz bezeichnet. Charakteristisch für die Gesamtheit aller ER-Signalsequenzen ist, dass jede von ihnen über mindestens acht unpolare Aminosäurereste verfügt. Das Signalerkennungspartikel verfügt ebenfalls über eine hydrophobe Bindungsregion. Diese besteht aus einer von Methioninresten ausgekleideten Tasche und kann die Fülle verschiedener ER-Signalsequenzen erkennen und binden. Die Quartärstruktur des Signalerkennungspartikels setzt sich aus sechs Polypeptiden und einem RNA-Molekül zusammen. Zwei dieser Polypeptiduntereinheiten beherbergen die Bindungsregionen, über die sie mit der ER-Signalsequenz und dem Ribosom in Wechselwirkung treten können. Sobald diese Wechselwirkungen erfolgen, setzt der vorläufige Stopp der Translation ein (Alberts et al., 2004; Lodish et al., 2004).

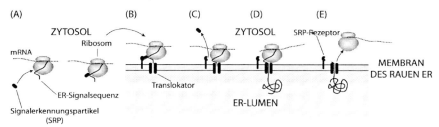

Abbildung 1. (A) Die Signalsequenz des entstehenden Proteins tritt aus dem freien Ribosom aus und bindet an das im Zytosol schwimmende Signalerkennungspartikel. Das Signalerkennungspartikel *stoppt die Synthese* des Proteins, bis (B) der gesamte Komplex aus Signalerkennungspartikel, Ribosom und entstehendem Protein an die Membranoberfläche des rauen ER bindet. Eine Bindung erfolgt zwischen dem Signalerkennungspartikel und dem SRP-Rezeptor, die andere zwischen dem Ribosom und dem Translokator. Sobald sich das Ribosom an der Membran des rauen ER befindet, (C) löst sich das Signalerkennungspartikel wieder ab und die Signalsequenz des entstehenden Proteins wird in den Translokator eingeführt. Nach Ablösung des Signalerkennungspartikels wird die Proteinsynthese (D) wieder aufgenommen und das Protein durch den Translokator ins Lumen des rauen ER geschoben (integrale Membranproteine verbleiben in der ER-Membran). Ist die Proteinsynthese abgeschlossen, (E) löst sich das Ribosom von der Membran des rauen ER und kehrt ins Zytosol zurück (verändert nach Karp, 2005, S. 368; Lodish et al., 2004, S. 663).

Nach dem vorläufigen Translationsstopp wandert der gesamte Komplex aus Signalerkennungspartikel, Ribosom und naszierendem Protein an die Membranoberfläche des rauen ER und tritt mit dieser in Wechselwirkung. Eine Wechselwirkung erfolgt zwischen dem Signalerkennungspartikel und dem SRP-Rezeptor auf der Membran des rauen ER. Sie wird durch die Bindung von GTP an beide Strukturen gestärkt. Die andere Wechselwirkung erfolgt zwischen dem Ribosom und dem Translokator. Befindet sich das Ribosom an der Membran des rauen ER, tritt die Hydrolyse der GTP-Moleküle am Signalerkennungspartikel und SRP-Rezeptor ein. Zeitgleich löst sich das Signalerkennungspartikel von seinem Rezeptor und die zentrale Pore des Translokators öffnet sich, um das naszierende

Protein aufzunehmen (Lodish et al., 2004). Durch elektronenmikroskopische Aufnahmen konnte aufgedeckt werden, dass der Tunnel der großen Ribosomenuntereinheit genau über der zentralen Pore des Translokators zum Liegen kommt. Die große Ribosomenuntereinheit und der Translokator bilden dabei eine molekular dichte Abschlussmanschette, so dass das Lumen des ER und der Raum innerhalb des Ribosoms zu einem Kontinuum verschmelzen. Man nimmt an, dass die zentrale Pore des Translokators außerhalb dieses Stadiums durch ein luminales ER-Protein oder eine Konformationsänderung des Translokators verschlossen wird. Vermutlich löst eine Interaktion der ER-Signalsequenz (Transfer-Startsignal) mit einer Bindungsstelle im Translokator die Öffnung des Translokators aus. Dadurch wird neben der Erkennung der ER-Signalsequenz durch das Signalerkennungspartikel ein zweites Mal überprüft, ob das naszierende Protein seine Synthese am rauen ER fortsetzen darf (Alberts et al., 2004; Karp, 2005).

Die Beschreibung der anschließenden Prozesse erfolgt für die luminalen und sekretorischen Proteine (s. Kapitel 2.4.1) sowie die integralen Membranproteine getrennt (s. Kapitel 2.4.2, S. 15).

2.4.1 Synthese luminaler und sekretorischer Proteine

Nach der Ablösung des Signalerkennungspartikels wird die Proteinsynthese wieder aufgenommen und die Translokation des naszierenden Proteins ins Lumen des ER eingeleitet (s. Abbildung 1). Die Membran des rauen ER verfügt über ein spezielles integrales Membranprotein, das die Abspaltung der N-terminalen ER-Signalsequenz vom verbleibenden Polypeptid katalysiert. Dieses Membranprotein, die sogenannte Signalpeptidase, trägt ihr aktives katalytisches Zentrum auf der luminalen Seite des rauen ER und tritt mit der ER-Signalsequenz des naszierenden Proteins in Wechselwirkung. Neben dieser Wechselwirkung muss eine zweite Wechselwirkung eintreten, um die Abspaltung auszulösen. Polypeptide, deren N-terminale ER-Signalsequenz abgetrennt werden soll, verfügen über eine weiter innerhalb der Polypeptidkette liegende Spaltstelle mit der die Signalpeptidase Kontakt aufnehmen muss, bevor die ER-Signalsequenz abgespalten werden kann. Diese verbleibt auch nach ihrer Abspaltung vorerst im Translokator. Erst wenn die Translokation des luminalen oder sekretorischen Proteins vollständig abgeschlossen ist, wird der Translokatorkanal lateral geöffnet und die ER-Signalsequenz in die Membran des ER entlassen. Dort wird sie von Proteinasen, die im ER lokalisiert sind, in ihre Grundbausteine, die Aminosäuren, zerlegt. Ist die Proteinsynthese abgeschlossen, löst sich das Ribosom von der Membran des rauen ER ab und kehrt ins Zytosol zurück (Alberts et al., 2004; Lodish et al., 2004).

2.4.2 Synthese integraler Membranproteine

Unter den integralen Membranproteinen werden die Einpfad- und Mehrpfad-Transmembranproteine unterschieden (Alberts et al., 2004; Lodish et al., 2004; Pollard & Earnshaw, 2002). Einpfad-Transmembranproteine verfügen über ein einzelnes α-helicales Transmembransegment, Mehrpfad-Transmembranproteine besitzen mehrere dieser hydrophoben Aminosäuresequenzen. Der Beginn der Translation der integralen Membranproteine wurde in Kapitel 2.4 (s. S. 11) beschrieben und unterscheidet sich nicht von den entsprechenden Vorgängen bei den wasserlöslichen luminalen und sekretorischen Proteinen. Der wesentliche Unterschied betrifft den Translokationsprozess. Er fällt bei den integralen Membranproteinen komplizierter aus als bei den wasserlöslichen Proteinen. Im Fall der wasserlöslichen Proteine wird die gesamte Polypeptidkette ins Lumen des ER transferiert. Im Fall der integralen Membranproteine muss entschieden werden, welche Abschnitte der Polypeptidkette die Membran durchqueren dürfen und welche Abschnitte ins Zytosol oder ER-Lumen ragen.

Im einfachsten Fall wird die Translokation bei den Einpfad-Transmembranproteinen durch eine N-terminale ER-Signalsequenz initiiert, die als Transfer-Startsignal fungiert und im weiteren Verlauf der Translation durch die Signalpeptidase abgespalten wird. Da die hydrophobe ER-Signalsequenz nach ihrer Abspaltung nicht mehr für den Einbau in die Lipiddoppelschicht der ER-Membran zur Verfügung steht, muss ein weiteres hydrophobes Segment existieren, das mit der Membran interagiert. Dieses α-helicale Transmembransegment befindet sich weiter innerhalb der Polypeptidkette und fungiert als Transfer-Stoppsignal, das die Translokation des Polypeptids durch den Translokator unterbricht. Ohne ein solches Transmembransegment würde die Translokation solange fortgesetzt, bis sich das gesamte Polypeptid vollständig im ER-Lumen befindet. Das Transfer-Stoppsignal tritt mit dem Translokator in Wechselwirkung. Diese Wechselwirkung löst eine Konformationsänderung des Translokators aus und veranlasst diesen zu einer lateralen Öffnung. Durch diese Öffnung wird die abgespaltene ER-Signalsequenz der Proteinase zugeführt und das Transmembranprotein in die Lipiddoppelschicht aufgenommen. Dabei kommt der Carboxyterminus (C-Terminus) des integralen

Membranproteins auf der zytosolischen Seite, der Aminoterminus (N-Terminus) auf der luminalen Seite der ER-Membran zum Liegen. Von den Einpfad-Transmembranproteinen mit N-terminaler ER-Signalsequenz werden Einpfad-Transmembranproteine mit interner ER-Signalsequenz unterschieden. Auch die interne ER-Signalsequenz wird von Signalerkennungspartikeln im Zytosol erkannt und fungiert als Transfer-Startsignal (s. Abbildung 2). Zu dem Zeitpunkt an dem das Signalerkennungspartikel an die interne ER-Signalsequenz bindet, ist die Translation bereits weiter fortgeschritten als bei den Polypeptiden mit N-terminalen ER-Signalsequenzen. Daraus folgt, dass die ER-Signalsequenz in zwei Orientierungen an den Translokator herantreten kann. Die Orientierung der insertierten ER-Signalsequenz bestimmt darüber, ob der N- oder C-Terminus des Proteins durch die Membran geführt wird. Sie hängt von der Ladung der umgebenden Aminosäurereste ab, wobei das Ende der Polypeptidkette mit mehr positiv geladenen Aminosäuren im Zytosol verbleibt. Sobald die Translation abgeschlossen ist, öffnet sich der Translokator lateral und entlässt das Membranprotein in die Lipiddoppelschicht.

Im Gegensatz zu den Einpfad-Transmembranproteinen zieht sich die Polypeptidkette bei den Mehrpfad-Transmembranproteinen mehrfach durch die Membran. Die Topologie der Mehrpfad-Transmembranproteine wird dabei durch Kombinationen aus Transfer-Startsignalen und Transfer–Stoppsignalen bestimmt (s. Abbildung 3). In einem ersten Schritt leitet ein internes Transfer-Startsignal den Translokationsprozess ein. Dieser wird solange fortgesetzt, bis ein Transfer-Stoppsignal erreicht wird, das die Translokation unterbricht. Damit verbunden ist die laterale Öffnung des Translokators, bei der das Protein in die Lipidphase entlassen wird. Im Fall eines Zweipfad-Transmembranproteins wäre der Translokationsprozess an dieser Stelle abgeschlossen. Im Fall komplizierterer Mehrpfad-Transmembranproteine durchziehen zahlreiche α-helicale Transmembransegmente die Lipiddoppelschicht. Jeder Abschnitt des Proteins, der die ER-Membran durchdringt, beginnt mit einem Transfer-Startsignal und endet mit einem Transfer-Stoppsignal. Erscheint carboxyterminalwärts ein weiteres Transfer-Startsignal, so werden die Translokation re-initiiert und der nachfolgende Polypeptidabschnitt durch die Membran geführt. Erscheint abermals ein Transfer-Stoppsignal, so orientiert sich der folgende Polypeptidabschnitt zum Zytosol aus. Nachfolgende hydrophobe Teilstücke können alternierend als Transfer-Startsignale und Transfer-Stoppsignale fungieren, indem der Prozess auf gleiche Weise fortgesetzt wird (Alberts et al., 2004; Lodish et al., 2004).

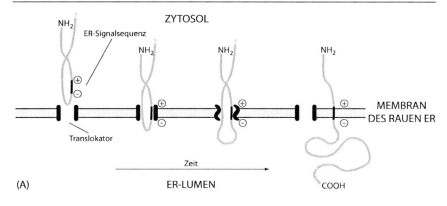

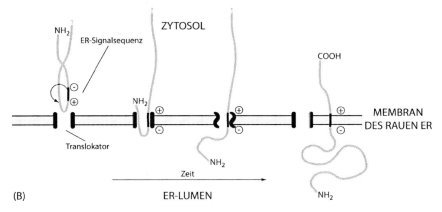

Abbildung 2. Integration eines Einpfad-Transmembranproteins mit interner ER-Signalsequenz in die Membran des rauen ER; bei den Einpfad-Transmembranproteinen mit interner ER-Signalsequenz (Transfer-Startsignal) ist die Translation im Zytosol bereits so weit fortgeschritten, dass die ER-Signalsequenz in zwei Orientierungen an den Translokator herantreten kann. Die ER-Signalsequenz tritt mit dem Translokator in Wechselwirkung. Diese Wechselwirkung sorgt dafür, dass der Teil des Proteins mit mehr positiv geladenen Aminosäuren im Zytosol verbleibt. (A) Gehen der hydrophoben ER-Signalsequenz mehr positiv geladene Aminosäuren voraus als ihr folgen, orientiert sich das C-terminale Ende des Einpfad-Transmembranproteins ins Lumen des ER. (B) Folgen der ER-Signalsequenz dagegen mehr positiv geladene Aminosäuren als ihr vorausgehen, so kommt das N-terminale Ende des Einpfad-Transmembranproteins im Lumen des ER zum Liegen (verändert nach Alberts et al., 2004, S. 812).

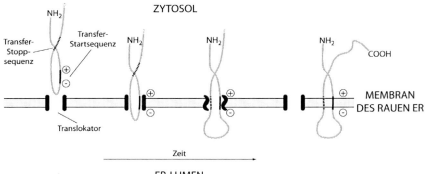

Abbildung 3. Integration eines Zweipfad-Transmembranproteins mit interner ER-Signalsequenz in die Membran des rauen ER; bei dem hypothetischen Zweipfad-Transmembranprotein fungiert eine interne ER-Signalsequenz als Transfer-Startsignal. Die Translokation des Proteins wird solange fortgesetzt, bis sie durch ein Transfer-Stoppsignal unterbrochen wird. Damit verbunden ist die laterale Öffnung des Translokators, bei der das Protein in die Lipidphase entlassen wird (verändert nach Alberts et al., 2004, S. 813).

2.4.3 Glykosylierung von Proteinen

Die meisten Proteine, die am rauen ER translatiert werden, werden in Glykoproteine umgewandelt. Glykoproteine bestehen aus einem Proteinanteil und einem Oligosaccharidanteil. Letzterer ist kovalent an eine Aminosäure-Seitengruppe des Proteinanteils gebunden. Abhängig davon, an welchem Atom des Oligosaccharids diese Bindung erfolgt, wird zwischen Proteinen mit N-verknüpften und O-verknüpften Oligosacchariden unterschieden. Proteine mit N-verknüpften Oligosacchariden stellen den Hauptanteil unter den glykosylierten Proteinen dar. Noch im Verlauf der Translation wird der Oligosaccharidanteil auf das naszierende Protein übertragen. Die entsprechenden Stellen des Proteins verfügen über die Sequenzmotive *Asn – X – Ser* oder *Asn – X – Thr* (darin steht *X* für eine beliebige Aminosäure mit Ausnahme von Prolin). Die Vorstufe des Oligosaccharidanteils, die auf das naszierende Protein übertragen wird, besteht aus insgesamt 14 Monosaccharideinheiten und wird Zucker für Zucker an einem membrangebundenen Transportlipid, dem Dilichol, zusammengesetzt. Die Übertragung der gesamten Oligosaccharidvorstufe erfolgt dagegen in einem einzigen Schritt und wird durch das membrangebundene Enzym Oligosaccharyl-Transferase katalysiert. Dieses Enzym trägt sein aktives katalytisches Zentrum auf der Innenseite der ER-Membran und ist mit jeweils einem Translokator assoziiert. Erscheint eines der beiden Sequenzmotive (s. o.) im ER, so wird die Oligosaccharidvorstufe auf die freie Aminogruppe (-NH$_2$) in der Seitenkette des entsprechenden Asparagins (*Asn*) übertragen und mit dieser kovalent verknüpft. Von den Proteinen mit N-verknüpften Oligosacchariden unterscheiden sich die Proteine mit O-verknüpften Oligosacchariden. O-verknüpfte Oligosaccharide werde im Golgi-Apparat gebildet und mit den Hydroxylgruppen in den Seitenketten von Serinen, Threoninen oder Hydroxylysinen verknüpft. Die einzelnen Reaktionsschritte konnten noch nicht lückenlos aufgeklärt werden. Sowohl die Oligosaccharidketten der Glykoproteine mit N-verknüpften als auch der Glykoproteine mit O-verknüpften Oligosacchariden werden nach ihrer Übertragung mannigfaltig umgebaut. Diese Vorgänge werden als *Trimmen* oder *Prozessieren* bezeichnet. Sie beginnen bei den N-verknüpften Oligosacchariden im ER und werden im Golgi-Apparat abgeschlossen. Bei den O-verknüpften Oligosacchariden beschränkt sich das Trimmen auf den Bereich des Golgi-Apparats. Auf eine detailliertere Darstellung der Vorgänge wird in dieser Arbeit verzichtet (Alberts et al., 2004; Karp, 2005).

2.5 Vesikulärer Transport von Proteinen

Der Austausch von Proteinen zwischen gleichnamigen Phasen (s. Kapitel 2.2, S. 6) erfolgt über membranumhüllte Transportvesikel. Membranumhüllte Transportvesikel sind von einer charakteristischen Proteinhülle umgeben und werden deshalb bedeckte-Vesikel genannt. In den Membranen bedeckter-Vesikel werden integrale Membranproteine mitgeführt, während sich in ihren Lumina wasserlösliche Proteine befinden. Bedeckte-Vesikel schnüren sich von einem Kompartiment ab, um später mit einem Zielkompartiment zu verschmelzen. Dabei wird zwischen zwei intrazellulären Transportwegen unterschieden, dem biosynthetisch-sekretorischen Weg und dem endozytotischen Weg. Zu Beginn des biosynthetisch-sekretorischen Wegs werden ausgewählte Proteine aus dem ER in den Golgi-Apparat transportiert. Einige dieser Proteine verbleiben als residente Proteine im Golgi-Apparat, ein anderer Teil wird der Plasmamembran oder den späteren Endosomen zugeführt. Letztere verfrachten diese Proteine dann zu den Lysosomen. Im Gegensatz zum biosynthetisch-sekretorischen Weg startet der endozytotische Weg an der Plasmamembran, an der sich bedeckte-Vesikel abschnüren, die anschließend mit den frühen Endosomen verschmelzen. Aus den frühen Endosomen wird die Molekülfracht in die späten Endosomen überführt und schließlich an die Lysosomen weitergereicht. Vom biosynthetisch-sekretorischen Weg und dem endozytotischen Weg geht eine Reihe von Rücktransporten ab, die die Wiederverwendung von Proteinen ermöglichen. Bezogen auf den biosynthetisch-sekretorischen Weg ist der Rücktransport von Proteinen aus den späten Endosomen in den Golgi-Apparat und von diesem in das ER zu berücksichtigen. In ähnlicher Weise werden endozytotische Proteine von den frühen Endosomen zur Plasmamembran zurücktransportiert (Alberts et al., 2004; Campbell & Reece, 2006; Karp, 2005; Lodish et al., 2004).

Der Golgi-Apparat besteht zum größten Teil aus flachen membranumhüllten Zisternen. Zisternen, die in Richtung des ER weisen, befinden sich auf der Cis-Seite; Zisternen, die sich am entgegengesetzten Ende befinden, liegen auf der Trans-Seite. Die Cis-Seite des Golgi-Apparats wird als Cis-Golgi-Netz bezeichnet. Am Cis-Golgi-Netz treffen die ersten Transportvesikel ein. Sie werden COPII-bedeckte-Vesikel genannt und an den Membranen des glatten ER gebildet. Alle Proteine, die für den Golgi-Apparat, die Plasmamembran und den Extrazellularraum bestimmt sind, werden über COPII-bedeckte Vesikel zum Cis-Golgi-Netz transportiert (s. Abbildung 4). Das Cis-Golgi-Netz ist eine Sortierstation. Es unterscheidet zwischen Proteinen, die über COPI-bedeckte-Vesikel zurück ins ER transportiert werden müssen und zu diesem Zweck ein besonderes Rückführsignal, die KDEL-Sequenz, tragen und anderen Proteinen, die zur Trans-Seite des Golgi-Apparats weiterwandern dürfen (Amara, Cheng & Smith, 1992). Auf der Trans-Seite des Golgi-Apparats befindet sich das Trans-Golgi-Netz. Es ist ebenfalls eine Sortierstation. Hier werden alle Proteine, die nicht als ständige Bestandteile im Golgi-Apparat zurückgehalten werden, an ihren Zielort verfrachtet. Die Verfrachtung integraler Membranproteine zur Plasmamembran und sekretorischer Proteine in den Extrazellularraum erfolgt über Clathrin-bedeckte-Vesikel. Clathrin-bedeckte-Vesikel sind außerdem für den Stofftransport vom Golgi-Apparat zu den späten Endosomen (biosynthetisch-sekretorischer Weg) und von der Plasmamembran zu den frühen Endosomen (endozytotischer Weg) zuständig (Campbell & Reece, 2006; Lodish et al., 2004).

Bei der Bildung aller bedeckten-Vesikel spielen Hüllproteine und Frachtrezeptoren eine wichtige Rolle (s. Abbildung 5). Hüllproteine schwimmen im Zytosol und haben zwei Aufgaben für die Vesikelbildung: Erstens sorgen sie als mechanisches Hilfsmittel dafür, dass sich die Membran wölbt und ein Vesikel bildet; zweitens wählen sie selektiv Proteine aus, die in ein Zielkompartiment transportiert werden sollen. Integrale Membranproteine nehmen dazu direkten Kontakt mit den Hüllproteinen auf; sekretorische und luminale Proteine binden über die

Frachtrezeptoren an die Hüllproteine. Frachtrezeptoren sind integrale Membranproteine, die einen Adapter zwischen der Vesikelfracht und den Hüllproteinen bilden.

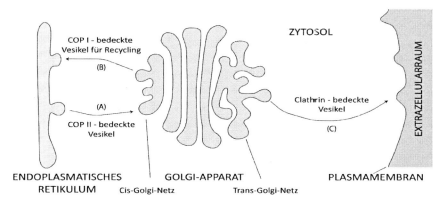

Abbildung 4. Übersicht über eine Auswahl zellulärer Transportwege: (A) COPII-bedeckte-Vesikel werden vom glatten ER abgeschnürt und transportieren Proteine *vorwärts* zum Golgi-Apparat. (B) COPI-bedeckte-Vesikel transportieren Proteine aus dem Golgi-Apparat *zurück* ins ER. Dabei handelt es sich z. B. um Proteine, die im ER beheimatet sind und irrtümlich in den Golgi-Apparat verfrachtet wurden. (C) Clathrin-bedeckte-Vesikel transportieren Proteine aus dem Golgi-Apparat zur Plasmamembran (verändert nach Alberts et al., 2004, S. 828, 833; Karp, 2005, S. 383).

Ist die Vesikelbildung abgeschlossen, löst sich das bedeckte-Transportvesikel ab und macht sich auf den Weg zu seinem Zielkompartiment. Bevor das Transportvesikel jedoch mit seinem Zielkompartiment verschmelzen kann, müssen die Hüllproteine ins Zytosol abgeworfen werden. Es wurde bereits erwähnt, dass drei Klassen bedeckter-Vesikel unterschieden werden: COPII-, COPI- und Clathrin-bedeckte-Vesikel. Namensgebend sind jeweils ihre Hüllproteine, bei denen es sich entweder um COPII-Hüllprotein, COPI-Hüllprotein oder Clathrin handelt. Unter den Frachtrezeptoren kennt man beispielsweise die KDEL-Frachtrezeptoren. Sie bilden einen Adapter zwischen der KDEL-Sequenz eines luminalen Proteins des ER und den COPI-Hüllproteinen (Alberts et al., 2004; Karp, 2005).

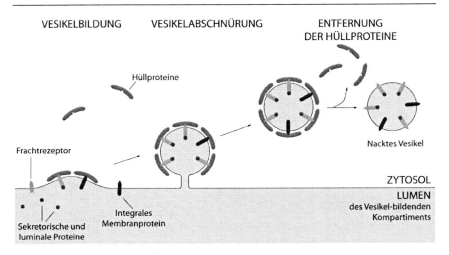

Abbildung 5. Ein allgemeines Schema zur Bildung von Transportvesikeln am Vesikel-bildenden Kompartiment: Hüllproteine aus dem Zytosol wölben die Membran zu einem Vesikel aus. Die Auswölbung der Membran ist die Folge der Wechselwirkung von Hüllproteinen mit integralen Membranproteinen und Frachtrezeptoren. Frachtrezeptoren treten ihrerseits in Wechselwirkung mit sekretorischen und luminalen Proteinen, die für ein anderes Kompartiment bestimmt sind. Nach der Abschnürung des bedeckten-Vesikels werden die Hüllproteine abgeworfen und das nackte Vesikel kann mit der Membran des Zielkompartiments verschmelzen (verändert nach Alberts et al., 2004, S. 834, 845).

Tabelle 1. *Übersicht über die drei Vesikelklassen mit den beteiligten Hüllproteinen und ihren wichtigsten Transferschritten (Alberts et al., 2004)*

Vesikelklasse	Hüllprotein	Herkunft	Ziel
COP II-bedeckt	COP II-Protein	ER	Golgi-Apparat
COP I-bedeckt	COP I-Protein	Golgi-Apparat	ER
		Frühes Endosom	Spätes Endosom
Clathrin-bedeckt	Clathrin	Golgi-Apparat	Plasmamembran
			Spätes Endosom
		Plasmamembran	Frühes Endosom

Die Selektivität bei der Aufnahme der Vesikelfracht wird auf eine Interaktion zwischen den Proteinen, die die Vesikelfracht darstellen, und den Hüllproteinen oder Frachtrezeptoren zurückgeführt. Darüber hinaus muss gewährleistet werden, dass die Transportvesikel mit den richtigen Zielkompartimenten verschmelzen. Dazu verfügen die Transportvesikel über spezifische Oberflächenmarkierungen, die von komplementären Rezeptoren auf der Membran des Zielkompartiments erkannt werden. Die Oberflächenmarkierungen auf der Vesikelmembran werden als Vesikelmembran-SNAREs (engl. *vesicle synaptosome-associated protein receptors* oder v-SNAREs), die komplementären Rezeptoren als Zielmembran-SNAREs (engl. *target membrane* SNAREs oder t-SNAREs) bezeichnet. Beide SNARE-Typen sind Transmembranproteine. Neben der Gewährleistung der Spezifität der Zielfindung vermitteln sie die Fusion eines Transportvesikels mit der Zielmembran. In Tierzellen gibt es mindestens 20 verschiedene SNAREs, von denen jedes mit der Membran eines bestimmten Kompartiments assoziiert ist. V-SNAREs und t-SNAREs verfügen über charakteristische α-helicale Domänen, die bei gegenseitiger Entsprechung in Wechselwirkung miteinander treten. Dabei verwinden sich die beiden α-helicalen Domänen und bilden einen trans-SNARE-Komplex. Nach der Fusion der beiden Membranen muss der trans-SNARE-Komplex getrennt werden, damit v-SNAREs und t-SNAREs eine neue Transportrunde überwachen können. Die Trennung der beiden Transmembranproteine wird durch das Enzym NSF katalysiert. Unter ATP-Hydrolyse entdrillt es die beiden α-helicalen Domänen der beiden Transmembranproteine. Neben den SNAREs tragen auch andere Proteine (z. B. Rab-Proteine) zur Spezifität des vesikulären Transportes bei. Auf ihre Rolle wird in dieser Arbeit nicht eingegangen (Alberts et al., 2004; Karp, 2005; Lodish et al., 2004; Pollard & Earnshaw, 2002).

Fazit: In Kapitel 2 wurden die Mechanismen beschrieben, die über den Aufenthaltsort eines Proteins bestimmen (z. B. ER-Lumen, Plasmamembran, Extrazellularraum) und die den Wechsel dieses Aufenthaltsorts kontrollieren. Das Verständnis der beschriebenen Mechanismen wird für den biologischen Erkenntnisprozess als wichtig erachtet, weil sowohl die Struktur als auch die Funktion der Zelle durch diese Mechanismen maßgeblich beeinflusst werden. Abgesehen von seiner fachwissenschaftlichen Bedeutung scheint dieser Inhalt aus mindestens zwei weitere Gründen geeignet zu sein, die Forschungsfragen der vorliegenden Arbeit zu beantworten (s. Kapitel 1, S. 1). Erstens spielt dieser Inhalt im schulischen Biologieunterricht eine untergeordnete Rolle. Es kann daher davon ausgegangen werden, dass dieser Inhalt vielen Teilnehmern der folgenden Studien noch nicht vertraut ist und eine reale Lerngelegenheit besteht. Zweitens weist dieser Inhalt eine Reihe von Merkmalen auf, die Lernenden Schwierigkeiten bereiten, aber für zellbiologische Inhalte wesenstypisch sind. Gemeint sind beispielsweise Struktur- und Funktionszusammenhänge, die bei Transportvorgängen eine wesentliche Rolle spielen. Aus diesen Gründen wird für die folgende Validierungs- und Lernwirksamkeitsstudie Lernmaterial entwickelt, das die Mechanismen thematisiert, die über den Aufenthaltsort eines Proteins bestimmen und die den Wechsel dieses Aufenthaltsorts kontrollieren (s. Anhang C). Das folgende Kapitel beschäftigt sich nun mit der Frage, weshalb Lernende trotz ihrer Teilnahme am (Biologie-) Unterricht an vorunterrichtlichen Vorstellungen zur Zellbiologie festhalten, sich naturwissenschaftlich akzeptierten Vorstellungen verschließen und inkohärente Wissensstrukturen konstruieren. Die Ausführungen erfolgen auf der Basis verschiedener psychologischer Konzepte und Theorien.

3 Problemstellung

Ein umfassendes Fachwissen über die Struktur und die Funktion der Zelle ist in weiten Teilen der Biologie von entscheidender Bedeutung für den Erkenntnisprozess. Viele biologische Phänomene lassen sich nur über den Wechsel auf die zelluläre Ebene in befriedigender Weise erklären (s. Kapitel 1, S. 1). Die nachfolgenden Ausführungen widmen sich der Frage, worin die Probleme der Lernenden beim Aufbau eines umfassenden Fachwissens begründet sind.

3.1 Verständnisprobleme von Lernenden im Bereich Zellbiologie

Dreyfus und Jungwirth (1988) untersuchten das Zellkonzept von 219 israelischen Sekundarschülern. Dabei beobachteten sie, dass das Wissen der meisten Schüler nicht anschlussfähig und nicht anwendbar war und ein beträchtlicher Anteil der Schüler die grundlegenden Aspekte des Zellkonzepts nicht verstanden hatte. Mit anderen Worten kann in diesem Zusammenhang auch von *trägem Wissen* gesprochen (Mandl, Gruber & Renkl, 1993; Renkl, 2001). Die folgenden Ausführungen versuchen diesen Missstand unter Anwendung von Lakoffs (1990, 1993) Theorie des erfahrungsbasierten Verstehens zu erklären. Lakoff postuliert, dass die gesamte Organisation des mentalen Systems des Menschen auf körperliche und sinnliche Erfahrungen zurückgeht. Alle Erkenntnis gilt als erfahrungsbasiert. Unmittelbare Erfahrungen resultieren in zwei Sorten kognitiver Strukturen: den *kinästhetisch bildlich-schematischen Strukturen* (z. B. oben – unten, innen – außen) und den *basic-level* Strukturen (z. B. Hund, Katze; s. a. Gropengießer, 2003). Beide Strukturen führen zu unmissverständlichen und *verkörperten* Vorstellungen. Die zellulären Lebensfunktionen sind dagegen unmittelbaren Erfahrungen unzugänglich. Eine direkte Beobachtung der zellulären Lebensfunktionen ist ohne hohen apparativen Aufwand ausgeschlossen. Folglich müssen unsere Vorstellungen im Bereich der Zellbiologie aus mittelbaren Erfahrungen erwachsen. Vorstellungen, die aus mittelbaren Erfahrungen erwachsen, gelten als nicht-verkörpert. Beim Aufbau eines Verständnisses im Bereich der Zellbiologie wird davon ausgegangen, dass das mentale System des Menschen verkörperte Vorstellungen aus fremden Ursprungsbereichen nutzt (Gropengießer, 2003; Lakoff, 1990; Riemeier, 2005). Die Begriffe des *metaphorischen mapping* (Lakoff, 1993) oder *imaginativen Bedeutungstransfers* (Gropengießer, 2003) beschreiben diese Vorgänge; die resultierenden nicht-verkörperten Vorstellungen werden entsprechend als *imaginative*

Vorstellungen bezeichnet (Gropengießer, 2007). Obwohl nach Lakoffs Theorie der imaginative Bedeutungstransfer eine zentrale Rolle für unser Denken spielt, stellt er doch keine Garantie für den gewünschten Lernerfolg dar. An verschiedenen Stellen wird er mit der Entwicklung fachlich falscher oder unangemessener Vorstellungen (z. B. anthropomorphe Vorstellungen) in Verbindung gebracht (Flores & Tavor, 2003; Riemeier, 2005a, 2005b). Auf der Grundlage der Theorie des erfahrungsbasierten Verstehens wird *Verstehen* als die Herstellung sinnvoller und bedeutungsvoller Zusammenhänge aufgefasst. Die Herstellung dieser Zusammenhänge setzt jedoch beträchtliche Abstraktionsleistungen auf Seiten der Lernenden voraus, die viele nicht erbringen können (Dreyfus & Jungwirth, 1989). Die Herstellung sinnvoller und bedeutungsvoller Zusammenhänge spielt auch in Ausubels Lerntheorie eine zentrale Rolle (s. Kapitel 3.2).

3.2 Ausubels Theorie vom bedeutungsvollen Lernen

Ausubel (1968) unterscheidet zwei Dimensionen, auf denen sich Lernprozesse beschreiben lassen. Eine Dimension fokussiert sich auf die Informationsquelle; ihre beiden Enden werden durch die Begriffe des *entdeckenden* und *rezeptiven Lernens* markiert. Im Fall des entdeckenden Lernens werden die Eigenschaften neuer Konzepte durch eigene Beobachtung identifiziert, im Fall des rezeptiven Lernens werden sie in sprachlicher Form an den Lernenden herangetragen. Eine zweite Dimension fokussiert sich auf die Qualität des Lernergebnisses; ihre beiden Enden werden durch die Begriffe des *Auswendiglernens* und des *bedeutungsvollen Lernens* markiert. Beide Lernformen führen zu Lernergebnissen, die im Langzeitgedächtnis repräsentiert sind, sich aber bezüglich ihrer Verflechtung mit dem Vorwissen unterscheiden. Auswendiglernen führt zu Gedächtnisinhalten, die mit dem Vorwissen der Lernenden nur unzureichend verknüpft sind und in Anwendungssituationen kaum nutzbar sind. Ein schneller Verlust dieser Gedächtnisinhalte ist zahlreich belegt (s. a. Ausubel, Novak & Hanesian, 1978; Novak, 2002; Novak & Cañas, 2006). Bedeutungsvolles Lernen führt zu Gedächtnisinhalten, die aufeinander Bezug nehmen. Es sind die Erfassung der Zusammenhänge zwischen verschiedenen Konzepten (Abrams, Kothe & Iuli, 2006; Cronin, Dekkers & Dunn, 1982; Novak, 2002) und die Integration neuer Wissensbausteine in die kognitive Struktur (Novak & Cañas, 2006), die bedeutungsvolles Lernen charakterisieren. Bedeutungsvolles Lernen gilt als wichtiges Erziehungsziel (R. E. Mayer, 2002b) und befähigt den Lernenden zur Ausführung kognitiver Prozesse (*understand, apply, analyze...*), die über die bloße Reproduktion von Fakten (*remember*) hinausgehen (Krathwohl, 2002; R. E. Mayer, 2002b). R. E. Mayer (1989) benennt unterschiedliche Voraussetzungen; damit bedeutungsvolles Lernen erfolgt. Als zentral gilt die Integration neuer Wissensbausteine in die kognitive Struktur. Die Integration neuer Wissensbausteine erfolgt beim bedeutungsvollen Lernen jedoch nicht willkürlich oder wortgetreu, sondern verweist auf relevante Wissensbestandteile in der kognitiven Struktur des Lernenden (Ausubel, Novak & Hanesian, 1978; Mintzes, Wandersee & Novak, 1997; Novak, 2002; Novak & Cañas, 2006). Übereinstimmend mit den Ausführungen zur Theorie des erfahrungsbasierten Verstehens bildet somit auch in Ausubels Theorie vom bedeutungsvollen Lernen das Vorwissen die Basis für zukünftige Lernprozesse. Besteht ein Mangel an relevantem Vorwissen, bleiben neue Inhalte unverstanden, die Voraussetzungen für den weiteren Erkenntnisprozess fehlen.

"If I had to reduce all of educational psychology to just one principle, I would say this: The most important single factor influencing learning is what the learner already knows".

(Ausubel et al., 1978, S. IV)

In vielen Fällen kann beobachtet werden, dass die Alltagsvorstellungen der Lernenden mit den aktuellen naturwissenschaftlichen Vorstellungen nicht vereinbar sind und bedeutungsvolles Lernen behindern. Diese Alltagsvorstellungen werden in der erziehungswissenschaftlichen Literatur entweder normativ-wertend als *Fehlkonzepte* (Dreyfus & Jungwirth, 1989) oder deskriptiv als *alternative Vorstellungen* bezeichnet (Claxton, 1986). Sie sind oft langfristig gewachsenen und erweisen sich als hochgradig beständig gegenüber neuen Lernerfahrungen (Hewson, Beeth & Thorley, 1998; Schnotz, 2001). Dreyfus und Jungwirth (1989) vermuten, dass Alltagsvorstellungen nur dann durch neue Lernerfahrungen verdrängt werden können, wenn sich die neuen Lernerfahrungen als nützlich erweisen. Die Nützlichkeit neuer Lernerfahrungen bemisst sich darin, ob die neuen Lernerfahrungen logische Schlussfolgerungen, die aus dem Vorwissen gezogen werden, beeinflussen. Die Autoren sprechen in diesem Sinne auch von der Funktionalität neuer Lernerfahrungen. Erweisen sich naturwissenschaftliche Vorstellungen den Alltagsvorstellungen in einem Funktionalitätssinne als überlegen, können aus ihnen stabile Vorstellungen erwachsen. Empirische Befunde sprechen dafür, dass ein solches Funktionslevel im naturwissenschaftlichen Unterricht meist unerreicht bleibt. Demgegenüber kommt es vor, dass Lernende zwar die nötigen Voraussetzungen in Form naturwissenschaftlich adäquater Vorstellungen erfüllen, diese aber für ihren weiteren naturwissenschaftlichen Erkenntnisprozess nicht gewinnbringend nutzen können. Dreyfus und Jungwirth (1989) konnten beobachten, dass aus korrekten Vorkenntnissen falsche Rückschlüsse gezogen wurden. Verglichen mit dem eingangs erwähnten imaginativen Bedeutungstransfer (s. Kapitel 3.1, S. 25) werden dabei nicht verkörperte, sondern imaginative Vorstellungen in einen Zielbereich projiziert. Analogieschlüsse dieser Art sind häufig fehlerbehaftet (Duit, Roth, Komorek & Wilbers, 2001), da imaginative Vorstellungen wiederum selbst auf einem Bedeutungstransfer basieren. Es kann daher vermutet werden, dass auch sie nicht hinlänglich verstanden werden und non-funktionale Vorstellungen darstellen. Es hat sich aber gezeigt, dass sie gegenüber neuen Lernerfahrungen über eine geringe Resistenz verfügen und schnell aufgegeben werden können, wenn Lernende mit der naturwissenschaftlichen Sicht der Dinge konfrontiert werden. Dies erleichtert einerseits zukünftige Vermittlungsversuche, deutet aber andererseits darauf hin, dass die Schüler nicht in jedem Biologieunterricht die Gelegenheit bekommen, die eigenen Alltagsvorstellungen zu revidieren. In *conceptual change*-Ansätzen wird in diesem Zusammenhang vom Eintreten *kognitiver Konflikte* und der Herstellung einer Unzufriedenheit mit den eigenen Alltagsvorstellungen gesprochen (Dreyfus & Jungwirth, 1989). Die folgenden Ausführungen widmen sich der Frage, wo angesetzt werden muss, um bedeutungsvolles Lernen zu unterstützen. Ergebnisse aus der Expertiseforschung geben Hinweise für die Auswahl entsprechender Fördermaßnahmen.

3.3 Entwicklung domänenspezifischer Expertise

Die Expertiseforschung legt den Fokus des Erkenntnisinteresses auf die Entwicklung domänenspezifischer Expertise (Sandmann, 2007). Intrapersonale Faktoren und die Gestaltung der Lernumgebung haben einen Einfluss darauf, ob domänenspezifische Expertise entwickelt wird. Die folgenden Ausführungen greifen Ergebnisse aus der Expertiseforschung auf, um intrapersonale Faktoren zu identifizieren, die einen positiven Einfluss auf den Lernerfolg nehmen; die Gestaltung der Lernumgebung wird nicht näher thematisiert. Hinweise zur lernförderlichen Gestaltung der Lernumgebung finden sich bei Prenzel et al. (2009). Unterschiede zwischen Novizen und Experten, die den individuellen Lernerfolg betreffen, werden auf die Natur der bereichsspezifischen Wissensbasis, die verfügbaren operativen Fähigkeiten und die bereichsspezifische Lernkompetenz zurückgeführt (Lind & Sandmann, 2003; Steiner, 2006; VanLehn, 1993; Weinert, 1984). Personen hoher Expertise verfügen im

Gegensatz zu Novizen über umfangreiche, dicht vernetzte Wissensrepräsentationen (Goldsmith, Johnson & Acton, 1991; R. E. Mayer, 2002a; Pressley, Borkowski & Schneider, 1989; Reimann, 1998; Tynjälä, 1999). Außer in ihrer bereichsspezifischen Wissensbasis unterscheiden sich Experten auch in ihrer (bereichsspezifischen) Lernkompetenz von Personen mäßiger Expertise (Lind & Sandmann, 2003). Unter Lernkompetenz verstehen Lind und Sandmann (2003) „*die Fähigkeit...*, *Lernstrategien in Abhängigkeit von den jeweiligen Aufgabenanforderungen flexibel*" einzusetzen. Die bereichsspezifische Lernkompetenz ist die zentrale Voraussetzung für den Aufbau eines breiten bereichsspezifischen Wissens und im Gegensatz zu den operativen Fähigkeiten eines Lernenden, wie z. B. der Intelligenz, geeigneten Fördermaßnahmen zugänglich. Der Lernstrategiebegriff, der in obiger Definition eingeführt wird, bezeichnet zielführende Handlungssequenzen, die bewusst und planvoll eingesetzt werden, um die Motivation positiv zu beeinflussen und den Prozess des Wissenserwerbs zu steuern (Mandl & Friedrich, 1992; Wild, Hofer & Pekrun, 2006). Diese Handlungssequenzen werden mit steigendem Expertisegrad schrittweise automatisiert, wobei das Bewusstsein über ihren Einsatz abnimmt (Garner, 1988; Lind & Sandmann, 2003; Mandl & Friedrich, 2006). Zur Taxonomisierung von Lernstrategien sind verschiedene Vorschläge gemacht worden.

Nelson und Narrens (1996) unterscheiden im kognitiven System des Menschen eine Objekt- und eine Metaebene. Prozesse der Objektebene umfassen alle Denkprozesse (Kognitionen), die an der unmittelbaren Aufnahme, Verarbeitung und Speicherung von Informationen sowie an deren weiterer Nutzung beteiligt sind (Büttner & Schlagmüller, 2005; Wild, Hofer & Pekrun, 2006; Wild & Schiefele, 1994).

- Kognitive Lernstrategien (Informationsverarbeitungsstrategien) wirken direkt auf die zu verarbeitenden Informationen ein, sie operieren auf der Objektebene. Wild und Schiefele (1994) unterscheiden diesbezüglich Wiederholungsstrategien, Strategien zur Verknüpfung neuer Informationen mit der bestehenden Wissensstruktur (Elaborationsstrategien) und Strategien zur Aufbereitung von Daten in eine verarbeitungsfreundliche Form (Organisationsstrategien).

Mitte der 70er Jahre wurde solchen Denkprozessen vermehrte Aufmerksamkeit gewidmet, die mit der Überwachung und Steuerung eben dieser Prozesse in Verbindung stehen (Efklides, 2006; Veenman, Van Hout-Wolters & Afflerbach, 2006). Flavell (1984) bezeichnete diesen Typ von Denkprozessen als Metakognition. Nelson und Narens (1996) stellen sie als Prozesse der Metaebene den Prozessen der

Objektebene gegenüber. Beide Ebenen stehen in wechselseitiger Beziehung. Bestandteil der Metaebene ist ein Modell der Objektebene. Damit dieses Modell den veränderten Realitäten auf der Objektebene angeglichen werden kann, sorgen Überwachungsaktivitäten für einen kontinuierlichen Informationsfluss von der Objekt- zur Metaebene und informieren über den aktuellen Zustand der Objektebene. Gleichsam wirkt die Metaebene auf die Objektebene zurück: Über Regulationsaktivitäten kann sie auf Prozesse der Objektebene und somit auf deren Zustand Einfluss nehmen. Metakognitionen sind somit Kognitionen zweiter Ordnung. Sie machen eigene Kognitionen zum Gegenstand der Beobachtung und Manipulation. Das Konzept der Metakognition bezieht sich dabei auf das Wissen, das Bewusstsein und die Kontrolle über die eigene Kognition (A. L. Brown, 1984; Flavell, 1984; Großschedl & Harms, 2010; Schraw & Dennison, 1994; Thomas & McRobbie, 2001).

- Metakognitive Lernstrategien sind Aktivitäten der Kontrolle des Lernprozesses. Es handelt sich dabei um Planungs-, Überwachungs-, Steuerungs- und Evaluationsaktivitäten, die kognitive Funktionen der Objektebene zum Gegenstand der Reflexion und Manipulation machen (Flavell, 1984; Looß, 2007; Schraw & Dennison, 1994; P. H. Scott, Asoko & Driver, 1991).

Wild und Schiefele (1994) unterscheiden von den kognitiven und metakognitiven Lernstrategien zusätzlich die ressourcenbezogenen Lernstrategien.

- Ressourcenbezogene Lernstrategien beschreiben Lernaktivitäten, in denen Entscheidungen über die Nutzung interner und externer Ressourcen getroffen werden. Entscheidungen über interne Ressourcen betreffen die Investition von Lernzeit, Anstrengung und Aufmerksamkeit. Die Nutzung externer Ressourcen bezieht sich auf die Nutzung zusätzlicher Informationsquellen (z. B. Literatur, Experten) oder die adäquate Gestaltung der Lernumgebung (Wild, Hofer & Pekrun, 2006).

In dieser Studie wird eine Differenzierung zwischen kognitiven und metakognitiven Lernstrategien favorisiert. Die Vernachlässigung ressourcenbezogener Lernstrategien wird dadurch begründet, dass Entscheidungen über die Nutzung von Ressourcen in weiten Teilen durch einen umfassenden Metakognitionsbegriff abgedeckt werden und sie damit eine Komponente exekutiver Prozesse darstellen (Hacker, 1998; Kluwe & Schiebler, 1984; Reimann, 1998). Im Bereich der Metakognitionsforschung wird in diesem Zusammenhang von Steuerungselementen (u. a. Geschwindigkeit, Zeit,

Intensität und Kapazität) gesprochen (Kluwe & Schiebler, 1984). Zum Beispiel umfassen Planungsaktivitäten immer auch Entscheidungen über die Zuteilung eigener Ressourcen wie der Lernzeit.

Die Unterscheidung von kognitiven und metakognitiven Lernstrategien vernachlässigt die Bandbreite des Lernstrategieeinsatzes. Die Bandbreite des Lernstrategieeinsatzes wird als klassifizierende Dimension bei der Unterscheidung von allgemeinen und spezifischen Lernstrategien berücksichtigt (Friedrich & Mandl, 1992). Allgemeine Strategien sind vorwissensunabhängig, sie lassen sich in verschiedenen Situationen und diversen Kontexten anwenden. Dagegen setzen spezifische Lernstrategien Domänenwissen voraus und taugen nur für einen bestimmten Situationstyp. Metakognitive Lernstrategien sind allgemeine Strategien, während der Allgemeinheitsgrad von kognitiven Lernstrategien unterschiedlich sein kann, Mnemotechniken z. B. sind sehr allgemein, Divisionsstrategien sehr speziell. Zwischen dem Lernstrategieeinsatz und dem Domänenwissen besteht folglich eine starke Abhängigkeit. Friedrich und Mandl (1992) sprechen diesbezüglich von einem Bandbreite-Genauigkeits-Dilemma. Starke Lernstrategien sind meist domänen- oder situationsspezifisch, weniger wissensbezogene Lernstrategien meist schwache Strategien. Aufgrund ihres fehlenden Vorwissens benutzen Novizen überwiegend schwache Lernstrategien, Experten nutzen stärkere und wissensgeladenere Lernstrategien (J. R. Anderson, 1990; Lind & Sandmann, 2003). Es gibt Befunde dafür, dass allgemeine Lernstrategien bei geringem Vorwissen kompensatorisch wirken und den Lernfortschritt begünstigen (Garner, 1988; Lind & Sandmann, 2003). Ergebnisse der Expertiseforschung zeigen, dass die Selbstüberwachung von Experten akkurater ist als die Selbstüberwachung von Novizen (D. P. Simon & Simon, 1978), die Einteilung ihrer Ressourcen besser (Dörner & Schölkopf, 1991) und die Einschätzung von Aufgabenschwierigkeiten genauer ist (Chi, Glaser & Rees, 1982). Es bleibt festzuhalten, dass die kontinuierliche Evaluation eigenen Denkens und Handelns Konsequenzen für eine sinnvolle Ressourcenzuweisung und Gestaltung des Lernprozesses hat (Reimann, 1998).

Auf einer weiteren Dimension zur Taxonomisierung von Lernstrategien wird die Tiefe der Verarbeitung als klassifizierendes Merkmal berücksichtigt. Die beiden Pole dieser Dimension werden durch die Begriffe der Oberflächen- und Tiefenstrategien markiert (Leopold & Leutner, 2002; Lind & Sandmann, 2003). Erstere implizieren beim Lernen mit Texten ein Vorgehen, bei dem versucht wird, den Sinn einzelner Wörter und Sätze aufzunehmen oder diese auswendig zu lernen.

Oberflächenstrategien (z. B. Wiederholungsstrategien) zielen damit auf eine möglichst wortgetreue Reproduktion von Wissen ab. Im Gegensatz dazu zielen Tiefenstrategien auf ein tieferes Verständnis des Textes ab (Wild, Hofer & Pekrun, 2006). Um dieses aufzubauen, müssen Zusammenhänge dargestellt werden (elaborative Prozesse) und das Wesentliche vom Unwesentlichen getrennt werden (reduktive Prozesse). Elaborative Prozesse werden durch den Einsatz von Elaborationsstrategien unterstützt. Dabei wird die Bedeutung des Textes als Ganzes extrahiert und in ein System vorhandener Bedeutungen integriert (Lind & Sandmann, 2003; Mandl & Krause, 2001; Wild & Schiefele, 1994). Dies geschieht beispielsweise durch die Verknüpfung des Lernmaterials mit selbstkonstruierten Beispielen, die Herstellung von Querverbindungen zu bekannten Sachverhalten oder die Formulierung fachlicher Inhalte in eigenen Worten (z. B. durch Erstellung von *concept maps;* Steiner, 2006; Wild & Schiefele, 1994). Dabei ist die Integration neuer Wissensbestandteile nicht willkürlich oder wortgetreu, sondern verweist auf relevante Wissensbestandteile in der kognitiven Struktur des Lernenden (s. Kapitel 3.2, S. 26). Reduktive Prozesse werden durch den Einsatz von Organisationsstrategien angeregt. Dabei werden komplexe Informationen vereinfacht und auf das Wesentliche reduziert. Die Überführung komplexer Informationen in eine verarbeitungsfreundliche Form kann durch die Anfertigung von Tabellen, Diagrammen, Schaubildern oder *advance organizers* (z. B. *concept maps*) geschehen (Lind & Sandmann, 2003; Steiner, 2006; Wild & Schiefele, 1994). Elaborations- und Organisationsstrategien sind Tiefenstrategien, deren Anwendung expertenhaftes Lernen unterstützt und als eine Voraussetzung für bedeutungsvolles Lernen betrachtet werden kann (s. Kapitel 3.2, S. 26; Lind & Sandmann, 2003). In einer Untersuchung von Artelt (1999) über den Zusammenhang zwischen der Art des Lernstrategieeinsatzes und dem Lernerfolg nahmen 275 Schüler der 4., 6. und 8. Jahrgangsstufe teil. Diese wurde mit verschiedenen Lehrtexten konfrontiert und während ihres Lernprozesses videographiert. Das Videomaterial wurde mit Hilfe eines Kategoriensystems ausgewertet, in dem zwischen Oberflächen- und Tiefenstrategien sowie metakognitiven Lernstrategien unterschieden wurde. Für den in der Handlungssituation erzielten Lernerfolg wurde ein Pfadmodell angenommen, in dem der Lernerfolg durch die drei Lernstrategietypen und weitere Faktoren (Sprachverstehen, Gehemmtheit, thematisches Interesse) vorhergesagt wurde. Der Einsatz von Tiefenstrategien erwies sich bei der Vorhersage des Lernerfolges als hoch signifikant. Außerdem konnte nachgewiesen werden, dass zwischen der

Nutzung von Tiefenstrategien und metakognitiven Lernstrategien ein enger positiver Zusammenhang besteht. Beide Lernstrategietypen weisen dagegen einen hohen negativen Zusammenhang zum Einsatz von Oberflächenstrategien auf. Offensichtlich schließt die Nutzung von Oberflächenstrategien ein tiefergehendes und metakognitives Lernen aus. Zu ähnlichen Ergebnissen kamen auch Leopold und Leutner (2002). Diese untersuchten den Lernstrategieeinsatz bei Schülern ($N = 318$) der Jahrgangsstufen 5, 7, 9 und 11 in einer konkreten Lernsituation. Dabei zeigte sich, dass mit zunehmendem Alter metakognitive Lernstrategien und Tiefenstrategien häufiger verwendet werden, Oberflächenstrategien dagegen seltener. Korreliert der Tiefen- und Oberflächenstrategieeinsatz bei den Fünftklässlern noch positiv, so kehrt sich dieser Zusammenhang bei den Elftklässlern schließlich um. Außerdem ergibt sich in den Jahrgangsstufen 7, 9 und 11 ein eindeutiger und positiver Zusammenhang zwischen dem Tiefenstrategieeinsatz und dem Lernerfolg.

Zusammengefasst kann festgestellt werden, dass Elaborations- und Organisationsstrategien Lernaktivitäten unterstützen, die bedeutungsvolles Lernen förderlich beeinflussen. Ihre Anwendung ist jedoch durch die Verfügbarkeit von Domänenwissen auf Seiten der Lernenden limitiert. Verfügen diese nur über geringes Domänenwissen, so können metakognitive Lernstrategien kompensatorisch wirken.

3.4 Metakognition und *conceptual change*

Die kritische Rolle des Vorwissens beim Wissenserwerb wurde bereits in Verbindung mit der Theorie des erfahrungsbasierten Verstehens und mit Ansätzen zum bedeutungsvollen Lernen diskutiert. Die folgenden Ausführungen greifen diese Diskussion im Sinne des *conceptual change* Modells erneut auf und bringen dieses in Verbindung mit dem Konzept der Metakognition (Gunstone, 1992; Hewson et al., 1998; Hewson & Thorley, 1989; Strike & Posner, 1992). Das *conceptual change* Modell geht davon aus, dass Lernende nicht als *tabula rasa* am naturwissenschaftlichen Unterricht teilnehmen (Duit, 1999; Duit & Treagust, 2003); vielmehr verfügen sie über - meist langfristig gewachsene - Vorstellungen, die sich bereits in zahlreichen Alltagssituationen bewährt haben (Duit, 1995; Duit & Treagust, 2003). Bewährte Alltagsvorstellungen werden nicht widerstandslos aufgegeben und ein vollständiger Austausch von Alltagsvorstellungen durch naturwissenschaftliche Vorstellungen gelingt fast nie (Duit, 1999; Duit & Treagust, 2003; Gunstone, 1992; Schnotz, 2001), zumindest scheint er in noch keiner Studie nachgewiesen worden zu sein (Duit & Treagust, 2003). Die meisten Studienergebnisse sprechen dafür, dass alte Vorstellungen überdauern und innerhalb bestimmter Kontexte weiter verwendet werden (Duit, 1999). Einige Wissenschaftler sprechen daher lieber von einem *peripheral conceptual change* statt von einem *conceptual change* (Chinn & Brewer, 1993). Sehr anschaulich vergleicht Grandy (1990 in Duit, 1999) den *conceptual change* mit der Erschließung eines neuen Raumes, in dem man sich anfänglich noch unbehaglich fühlt und sich deshalb immer wieder gerne in die wohlbekannten Gemächer zurückzieht. Alltagsvorstellungen führen in vielen Situationen durchaus zu befriedigenden Lösungen. Deshalb sollten *conceptual change* Ansätze den Lernenden klar machen, dass Alltagsvorstellungen bei der Erklärung bestimmter Phänomene hilfreich sind, bei der Erklärung anderer Phänomene jedoch an ihre Grenzen stoßen. In diesen Situationen können nur die jeweiligen naturwissenschaftlichen Konzepte und Theorien befriedigende Lösungen liefern (Duit, 1995). Folgerichtig besteht nach Ansicht vieler Forscher die eigentliche Aufgabe des naturwissenschaftlichen Unterrichts in der adäquaten Kontextualisierung von Alltagsvorstellungen und naturwissenschaftlichen Vorstellungen (Duit, 1995, 1999; Schnotz, 2001; P. H. Scott et al., 1991). Wird im weiteren Verlauf von *conceptual change* gesprochen, dann im Sinne eines Wechsels, der mit der Steigerung des Status naturwissenschaftlicher Vorstellungen und der Reduzierung des Status korrespondierender Alltagsvorstellungen verbunden ist (Duit, 1995, 1999; Hewson et al., 1998; Hewson & Thorley, 1989). Der Status einer Vorstellung bezeichnet die Tiefe ihrer Verankerung in der Wissensstruktur einer Person. Nach Hewson et al. (1998) ergibt er sich aus der Verständlichkeit, Plausibilität und Fruchtbarkeit einer Vorstellung. Diese drei Eigenschaften werden neben der Unzufriedenheit mit korrespondierenden Vorstellungen auch als *Bedingungsquadriga des conceptual change* bezeichnet (Duit, 1995, 1999; Gunstone, 1992; Hewson & Thorley, 1989). Je besser die Bedingungsquadriga auf eine Vorstellung zutrifft, desto höher ist ihr Status. Dabei ist die Bestimmung des Status eine metakognitive Aktivität *par excellence*. Der Lernende erkennt seine Vorstellungen, evaluiert diese Vorstellungen und fällt eine Entscheidung darüber, ob er sie auf Grundlage des soeben vollzogenen Evaluationsprozesses rekonstruieren will oder unverändert beibehalten kann (Hewson et al., 1998). Dieser Dreiklang aus Erkennen, Evaluieren und Rekonstruieren stellt die zentralen Phasen der Statusbestimmung und somit des *conceptual change* dar. Probleme im Ablauf des Dreiklangs können bei Anwendung der Lernmethode des *predict-observe-explain (POE)* immer wieder beobachtet werden (Corina González Weil, 2006; Gunstone, 1992). Die zweite Phase (Evaluieren) nimmt in diesem

Dreiklang eine Schlüsselfunktion ein. In dieser Phase wird festgestellt, inwieweit die Bedingungsquadriga für konkurrierende Vorstellungen der *conceptual ecology* erfüllt ist (Hewson & Thorley, 1989). Die *conceptual ecology* bildet den Teil des kognitiven Systems, der unser gesamtes Wissen repräsentiert. Sie bildet somit die strukturelle Basis zur Bestimmung des Status konkurrierender Vorstellungen (Hewson et al., 1998). Als besonders schwierig erweist sich die Feststellung der beiden letzten Bedingungen der Quadriga. Dafür machen einige Autoren die epistemologischen Überzeugungen der Lernenden verantwortlich. Viele von diesen verfügen über transmissive Vorstellungen vom Lernen und Lehren, die eine substantielle Barriere für eine Verbesserung der Metakognition bilden (Gunstone, 1992; Thomas & McRobbie, 2001). Es fehlt ihnen ein Bewusstsein über die prinzipielle Falsifizierbarkeit eigenen Wissens, über die Notwendigkeit unterschiedliche Vorstellungen gegeneinander abzuwägen und über den Bedarf, Verknüpfungen zwischen unterschiedlichen Konzepten und Prinzipien herzustellen (Duit & Treagust, 2003; Gunstone, 1992; Schnotz, 2001; Thomas & McRobbie, 2001). Deshalb ist die Hinführung der Lernenden zu einer Sicht des Lernens als Konstruieren nicht zu vernachlässigen (Thomas & McRobbie, 2001). Es lassen sich folglich zwei Bereiche identifizieren, die Barrieren für den *conceptual change* bilden: die metakognitiven (Un-)Fähigkeiten der Lernenden und ihre epistemologischen Überzeugungen. Auf letztere wird in den weiteren Ausführungen kein Bezug mehr genommen.

Im Bereich der Zellbiologie wird in vielen Fällen nicht das Fehlen deklarativen Wissens, sondern die ausbleibende Suche nach Zusammenhängen zwischen den relevanten Prinzipien und Konzepten beklagt (Douvdevany et al., 1997; Dreyfus & Jungwirth, 1989). Dreyfus und Jungwirth (1989) berichten, dass alte und neue Vorstellungen – wenn überhaupt – nur unzulänglich geprüft werden und die Lernenden eigene Erkenntnisdefizite aufgrund der ausbleibenden Suche nach den Zusammenhängen zwischen den relevanten Prinzipien und Konzepten nicht bemerken. In der Terminologie der Metakognitionsforschung weist dieser Umstand auf ein Mediations- oder Produktionsdefizit bei der Ausübung metakognitiver Aktivitäten hin (Bannert, 2003). Mit anderen Worten kann auch von mangelhaften Planungs-, Überwachungs-, Evaluations- und Kontrollaktivitäten gesprochen werden.

Fazit: Die besondere Rolle des Vorwissens beim Lernen wurde unter Rückgriff auf Lakoffs Theorie des erfahrungsbasierten Verstehens (s. Kapitel 3.1, S. 25) und Ausubels Lerntheorie (s. Kapitel 3.2, S. 26) zunächst theoretisch begründet und in der Folge durch Ergebnisse der Expertiseforschung (s. Kapitel 3.3, S. 28) empirisch untermauert. Beide Theorien betonen die Relevanz bedeutungsvoller Zusammenhänge zwischen neuem Wissen und dem Vorwissen bei der Entwicklung domänenspezifischer Expertise. Dabei ist die Entwicklung domänenspezifischer Expertise auf die Anwendung von Tiefenstrategien angewiesen. Neben der Anwendung von Tiefenstrategien fällt auch der Anwendung metakognitiver Lernstrategien eine zentrale Rolle bei der Entwicklung domänenspezifischer Expertise zu. Die Bedeutung metakognitiver Lernstrategien für den Lernprozess kann über Befunde aus der Expertiseforschung empirisch gestützt und über *conceptual change*-Ansätze (s. Kapitel 3.4, S. 33) theoretisch begründet werden. Wenn in der vorliegenden Arbeit vom Lernen gesprochen wird, so bezieht sich dieser Terminus auf den Erwerb deklarativen Wissens. Übergeordnetes Ziel dieser Arbeit ist es, die Lernwirksamkeit bestimmter Unterstützungsmaßnahmen zu untersuchen (s. Kapitel 5, S. 87). Bevor die Lernwirksamkeitsstudie durchgeführt werden kann, muss jedoch das Diagnoseinstrument validiert werden. Daher beschäftigt sich Kapitel 4 mit der Validierung eines Diagnoseinstruments zur Erfassung der Struktur des deklarativen Wissens.

4 Validierungsstudie

4.1 Theorie

4.1.1 Theoretischer Hintergrund

Deklaratives Wissen bezeichnet Gedächtnisinhalte, die sich auf Informationen wie etwa Fakten oder Ereignisse beziehen und dem reflexiven Bewusstsein zugänglich sind. In Kapitel 4.1.1.1 wird der Terminus des deklarativen Wissens weiter ausdifferenziert und von anderen Konzeptualisierungen des Wissens abgegrenzt. Anschließend werden unterschiedliche gedächtnispsychologische Modelle aufgegriffen, die sich mit der Speicherung deklarativen Wissens und seiner Nutzung beschäftigen (s. Kapitel 4.1.1.2, S. 40). Die theoretischen Ausführungen enden mit einer Beschreibung zweier Qualitäten des deklarativen Wissens, Niveau und Struktur, und einer Methode, die die Struktur des deklarativen Wissens einer Diagnose zugänglich macht (s. Kapitel 4.1.1.3, S. 42). Dieser Methode unterliegt die Annahme, dass deklaratives Wissen kognitiv in mentalen Begriffsnetzen repräsentiert ist und die hypothetische Anordnung dieser Begriffe eine Aussage über den Expertisegrad eines Lernenden erlaubt. Die folgende Forschungsfrage steht im Zentrum der vorliegenden Validierungsstudie:

> Erlaubt die Kenntnis der hypothetischen Wissensstruktur eines Lernenden eine valide Aussage über den Expertisegrad des Lernenden?

4.1.1.1 Klassifikation von Wissen

Leistungsunterschiede zwischen Novizen und Experten werden auf die verfügbaren operativen Fähigkeiten, die bereichsspezifische Lernkompetenz und die Natur der bereichsspezifischen Wissensbasis zurückgeführt (s. Kapitel 3.3, S. 28). Im Zentrum der schulischen oder studienbezogenen Leistungsdiagnose steht die Erfassung der domänenspezifischen Wissensbasis der Lernenden; eine systematische Diagnose der operativen Fähigkeiten und der bereichsspezifischen Lernkompetenz findet in der Regel nicht statt. Dieser Tradition der Leistungsdiagnose schließen sich auch die folgenden Ausführungen an.

In der kognitionspsychologischen Literatur werden üblicherweise drei Wissensdomänen mit bereichsspezifischen Anteilen unterschieden, die Domäne des deklarativen, die Domäne des prozeduralen (Adams, 2009) und die Domäne des situationalen Wissens (de Jong & Ferguson-Hessler, 1988, 1996). Deklaratives Wissen bezeichnet Gedächtnisinhalte, die sich auf Informationen wie etwa Fakten oder Ereignisse beziehen und dem reflexiven Bewusstsein zugänglich sind (Jonassen, Beissner & Yacci, 1993; Steiner, 2006). Ryle (1949) umschreibt diese Domäne mit dem Ausdruck *Wissen-dass* (*knowing that*). In der überarbeiteten Form der Lernziel-Taxonomie nach Bloom wird die deklarative Domäne in die Bereiche des Faktenwissens und des konzeptuellen Wissens aufgespalten (Krathwohl, 2002). Diese Differenzierung lässt sich auch bei Shavelson, Ruiz-Primo und Wiley (2005) wiederfinden. Dabei bezeichnet der Terminus des *Faktenwissens* isoliertes Detailwissen wie die Kenntnis der spezifischen Details einer Domäne und ihrer Terminologie. Die Antwort auf die Frage nach den Hauptstädten der 50 US-amerikanischen Bundesstaaten kann als ein Beispiel für Faktenwissen verstanden werden (Goldsmith & Johnson, 1990). Dagegen bezeichnet der Terminus des *konzeptuellen Wissens* ein gut organisiertes Netzwerk aus den Schlüsselbegriffen einer Domäne und ihren wechselseitigen Beziehungen (Byrnes & Wasik, 1991; Krathwohl, 2002). Die Antwort auf die Frage über die Auswirkung des flächendeckenden Einsatzes eines Insektizids auf eine Fledermauspopulation kann als ein Beispiel für konzeptuelles Wissen verstanden werden. Konzeptuelles Wissen ist eine zentrale Voraussetzung für die Ausführung kognitiver Prozesse (*transfer*), die über die bloße Reproduktion von Fakten (*remember*) hinausgehen (Krathwohl, 2002). Es setzt eine Organisationsstruktur des Gedächtnisses voraus, in der die zentralen Begriffe einer Domäne in sinnvoller Weise miteinander in Beziehung stehen (Fenker, 1975; Goldsmith, Johnson & Acton, 1991). Dieses Beziehungsgeflecht gewährt Experten einen kontextuell angemessenen Zugang zu relevanten Bestandteilen ihres Wissens (Mestre & Touger, 1989). Die Aufspaltung der deklarativen Wissensdomäne in die Bereiche des Faktenwissens und des konzeptuellen Wissen suggeriert die Existenz unterschiedlicher Wissensspeicher und entspricht einer artifiziellen Trennung. Ergebnisse aus der Expertiseforschung zeigen, dass isoliertes Detailwissen, d. h. Faktenwissen mit steigendem Expertisegrad in die bestehende Wissensstruktur eingebunden wird und an konzeptueller Natur gewinnt (Reimann, 1998; Royer, Cisero & Carlo, 1993). De Jong und Ferguson-Hessler (1996) vernachlässigen daher eine Ausdifferenzierung des deklarativen Wissens (Dimension *Wissensdomäne*) in die Bereiche des Faktenwissens und des konzeptuellen Wissens und führen stattdessen eine zweite Dimension (*Qualität des Wissens*) ein, auf der die verschiedenen Eigenschaften der deklarativen Wissensdomäne beschrieben werden.

Auf die Konzeptualisierung des Wissens nach de Jong und Ferguson-Hessler (1996) wird später näher eingegangen (s. Kapitel 4.1.1.3, S. 42).

Der deklarativen Wissensdomäne wird in der ACT*-Theorie (ACT = *Adaptive Control of Thought*) eine prozedurale Wissensdomäne (*Wissen-wie, knowing how*) gegenübergestellt (J. R. Anderson, 1983). Prozedurales Wissen bezeichnet Gedächtnisinhalte, die den Ablauf einer Handlung steuern und dem Bewusstsein im Regelfall verborgen sind (Steiner, 2006). Die ACT*-Theorie postuliert, dass Lernende alles Wissen zunächst in deklarativer Form erwerben, z. B. in Gestalt einer verbalen Regel zur Handlungs- oder Bewegungssteuerung. Solange diese Regel im Gedächtnis verbal gespeichert ist, ist ihre Anwendung explizit und mit einer hohen kognitiven Belastung verbunden. Ein anschauliches Beispiel ist die bewusste Umsetzung des Schaltvorgangs durch einen Fahrschüler; im Gegensatz zur automatisierten Ausführung des Schaltvorganges durch einen erfahrenen Kraftfahrer führt der Fahrschüler die einzelnen Schritte des Schaltvorgangs bewusst aus. Dabei bestimmt er sequentiell den jeweils folgenden Schritt, führt diesen aus und fährt mit dem nächsten Schritt in gleicher Weise fort. Mit zunehmender Übung/Erfahrung wird das deklarative, verbale Regelwissen in prozedurales Wissen übersetzt. Dabei werden die einzelnen Prozesse (Drücken der Kupplung, Wechseln des Ganges, langsamen Loslassen der Kupplung) zu einer einzigen Prozedur (*chunk*) zusammengefasst und fortan automatisiert ausgeführt. Dieser Vorgang wird als Wissenskompilierung bezeichnet, er setzt kognitive Ressourcen frei und ermöglicht es, dass die kognitive Aufmerksamkeit künftig auf andere Aspekte gerichtet werden kann (J. R. Anderson, 1983; de Jong & Ferguson-Hessler, 1996; Edelmann, 2000; Reimann, 1998; Royer et al., 1993; Steiner, 2006).

Von den Domänen des deklarativen und prozeduralen Wissens kann die situationale Wissensdomäne unterschieden werden. Situationales Wissen bezeichnet Gedächtnisinhalte, die sich auf die domänenspezifische Darstellung von Problemen beziehen. Es unterstützt den Lernenden dabei, relevante Informationen aus einer Problembeschreibung zu extrahieren und aus diesen Informationen eine erste Repräsentation eines Problems zu konstruieren (de Jong & Ferguson-Hessler, 1988, 1996). Im nächsten Kapitel werden unterschiedliche gedächtnispsychologische Modelle aufgegriffen, die sich mit der Speicherung deklarativen Wissens und seiner Nutzung beschäftigen

4.1.1.2 Gedächtnisorganisation

Deklaratives domänenspezifisches Wissen wird nach Tulving (1972) in zwei parallelen und partiell überlappenden Gedächtnissystemen gespeichert, die durch das *episodische* und das *semantische Gedächtnis* gebildet werden. Ersteres wird gelegentlich auch als autobiographisches Gedächtnis bezeichnet und repräsentiert zeitlich datierte, räumlich lokalisierte und persönlich erfahrene Ereignisse und Episoden (z. B. *Ich war vergangene Woche in Prag.*). Letzteres speichert schulisches oder berufliches Wissen, auch das Wissen über verbale Regeln und Gesetze wird hier zusammengetragen (z. B. *Mäuse sind Säugetiere.*). Dabei erfolgt die Speicherung nicht so spezifisch wie im episodischen Gedächtnis. Vielmehr werden Informationen abstrahiert und nach Bedeutungszusammenhängen dekontextualisiert zusammengeführt (A. L. Brown, 1975; Edelmann, 2000; Mitchell & Chi, 1984; Resch, 1999; Tulving, 1972).

Bezogen auf die Organisation des semantischen Gedächtnisses wird in der kognitionspsychologischen Literatur zwischen einem assoziativen und einem propositionalen Modell des Gedächtnisses unterschieden. Ersteres geht als bekannteste Konzeptualisierung des semantischen Gedächtnisses auf Quillian zurück (Edelmann, 2000; Tulving, 1972). Quillian (1968) postuliert, dass im semantischen Gedächtnis alles Wissen in Form eines abstrakten und uniformen Repräsentationstyps hinterlegt ist. Dieser Repräsentationstyp setzt sich aus Knoten und Verbindungslinien zusammen. Knoten symbolisieren in diesem Kontext Schemata oder Begriffe. Ihre Bedeutung erschließt sich durch die Verbindung zu anderen Schemata oder Begriffen, wobei der Verbindungsbegriff nicht als explizite Beschreibung der Relation zwischen den Schemata oder Begriffen zu verstehen ist, sondern als assoziativer Zusammenhang. Schemata repräsentieren Gedächtnisinhalte, die für das Erkennen von Gegenständen, das Abspeichern entsprechender Informationen und das Lösen von Problemen eine wichtige Rolle spielen. Jedes Schema verfügt über sogenannte Leerstellen, in denen die Attribute oder Werte eines Objektes, einer Vorstellung oder eines Ereignisses konkretisiert werden (Edelmann, 2000). Beispielsweise verfügt das Auto-Schema über die Leerstellen *Bauteile* (Fahrwerk, vier Räder) und *Energieträger* (Benzin), über die die Eigenschaften eines Kraftfahrzeuges (vgl. die Einträge in Klammern) beschrieben werden. Zwischen den Leerstellen unterschiedlicher Schemata bestehen Verbindungen, durch die das jeweilige Schema seine Bedeutung gewinnt (Jonassen et al., 1993). Die Abgrenzung der Begriffe *Schema* und *Begriff* ist bis dato unklar. In einigen Fällen werden die beiden Ausdrücke bedeutungsgleich verwendet, in anderen Fällen wird darauf verwiesen, dass Begriffe gemeinsame Attribute stärker betonen (z. B. Begriff *Student*: Person, die an einer Hochschule immatrikuliert ist), während Schemata alternative Attribute berücksichtigen (z. B. Schema *Student*: Person ist immatrikuliert, ist jung, ist männlich oder weiblich etc.; Edelmann, 2000). Von den assoziativen Modellen des Gedächtnisses werden die propositionalen Gedächtnismodelle unterschieden. Diese bauen auf den assoziativen Modellen auf und nehmen eine ähnliche Organisationsstruktur des Gedächtnisses an. Der wesentliche Unterschied zu den assoziativen Gedächtnismodellen betrifft die Verbindung der einzelnen Knoten (Schemata oder Begriffe). Diese Verbindungen verlieren im propositionalen Modell ihren assoziativen Charakter und spezifizieren die Relation zwischen den Knoten durch die explizite Beschreibung des Zusammenhangs beider Knoten (z. B. Lehrer *unterrichtet* Schüler; Mitchell & Chi, 1984; Shavelson et al., 2005). Dabei wird die kleinste Bedeutungseinheit, die als selbständige Behauptung stehen kann, als Proposition bezeichnet; sie besteht aus mindestens zwei miteinander verbundenen Knoten (Edelmann, 2000; Novak & Cañas, 2006). Aus der Gesamtheit aller Propositionen ergeben sich kognitive Begriffsnetze, die semantischen Netzwerke, in denen deklaratives domänenspezifisches Wissen mental repräsentiert ist (Edelmann, 2000; Mandl & Fischer, 2002).

Die Nutzung von Informationen, die im semantischen Gedächtnis gespeichert sind, beschreibt die *spreading-activation theory* von Collins und Loftus (1975). Diese Theorie erklärt die Nutzung von Informationen über einen Prozess, in dem entsprechende Wissensbestandteile, die Knoten, aktiviert werden. Jeder Knoten kann durch einen Satz, ein Bild oder einen Vergleich, der auf ihn Bezug nimmt, aktiviert werden. Unmittelbar nach der initialen Aktivierung des Knotens breitet sich eine Aktivierungsfolge zu den benachbarten Knoten aus. Dabei gewährleistet die Markierung jedes zuvor aktivierten Knotens, dass das kognitive System den Pfad zum initial aktivierten Knoten zurückverfolgen kann (J. R. Anderson, 1983; Collins & Loftus, 1975). Wird das Gedächtnis an zwei Knoten aktiviert, so beginnt eine Suche nach der gemeinsamen Schnittmenge dieser Knoten. Die Schnittmenge fällt umso größer aus, je mehr Merkmale (Attribute) die aktivierten Knoten teilen und informiert über deren semantische Verwandtschaft. Dem Begriff der *semantischen Verwandtschaft* wird weiter unten eine wichtige Rolle für die Aufklärung der hypothetischen Gedächtnisstruktur der Lernenden zukommen. Die semantische

Verwandtschaft wird als Maß für die Gesamtsumme aller Links und Pfade zwischen den initial aktivierten Knoten betrachtet und ist eine Funktion über die Anzahl der gemeinsamen Merkmale zweier Knoten (Collins & Loftus, 1975; Jonassen et al., 1993; Mitchell & Chi, 1984). Beispielsweise dürfte die semantische Verwandtschaft der Begriffe *Pflanzenzelle* und *Tierzelle* größer sein, als die semantische Verwandtschaft der Begriffe *Zucker* und *molekularer Sauerstoff*. Letztere verbindet v.a. ihre gemeinsame Synthese im Verlauf der Photosynthese, während jene neben gemeinsamen Zellorganellen noch viele weitere Merkmale teilen (s. Abbildung 6).

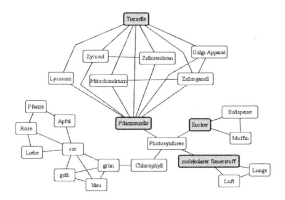

Abbildung 6. Schematischer Ausschnitt der Struktur des semantischen Gedächtnisses nach einem assoziativen Modell

4.1.1.3 Wissen und Wissensdiagnose

In den bisherigen Ausführungen wurden die drei Wissensdomänen mit bereichsspezifischen Anteilen nach de Jong und Ferguson-Hessler (1988, 1996), die hypothetische Repräsentation des deklarativen Wissens im semantischen Gedächtnis (Tulving, 1972) und die Nutzung dieses Wissens thematisiert (Collins & Loftus, 1975). Die deklarative Wissensdomäne wird in der kognitionspsychologischen Literatur weiter ausdifferenziert. Eine Konzeptualisierung von Krathwohl (2002) und Shavelson et al. (2005) wurde bereits vorgestellt (s. Kapitel 4.1.1.1, S. 37). Von dieser Konzeptualisierung, die zwischen Faktenwissen und konzeptuellem Wissen unterscheidet, kann die Konzeptualisierung deklarativen Wissens durch Mitchell und Chi (1984) sowie W. A. Scott, Osgood und Peterson (1979) abgegrenzt werden. Diese Autoren unterscheiden zwischen dem Inhaltswissen und dem strukturellen Wissen als Komponenten des deklarativen Wissens. Während sich der Begriff des

Inhaltswissens auf die Kodierung der Gedächtnisinhalte im episodischen oder semantischen Gedächtnis bezieht, beschreibt der Begriff des strukturellen Wissens die Organisation von Informationen im Gedächtnis. Im Gegensatz zu Mitchell und Chi (1984), die das strukturelle Wissen als eine Komponente der deklarativen Wissensdomäne betrachten, beschreiben Jonassen et al. (1993) strukturelles Wissen als intermediären Wissenstyp, der die Umwandlung deklarativen Wissens in prozedurales Wissen vermittelt (Wissenskompilierung) und die Anwendung prozeduralen Wissens unterstützt. De Jong und Ferguson-Hessler (1996) kritisieren die Einrichtung immer neuer Wissensdomänen, die nicht mehr leisten als die Eigenschaften allgemein akzeptierter Wissensdomänen zu beschreiben. Die Autoren versuchen der Inflation allgemein akzeptierter Wissensdomänen zu begegnen, indem sie zwei Dimensionen zur Kategorisierung von Wissen vorschlagen. Die Begriffe des situationalen, deklarativen[1], prozeduralen und strategischen Wissens beziehen sich auf die Dimension der *Wissensdomäne*. Eine zweite Dimension wird als unabhängig von der Wissensdomäne betrachtet und bezieht sich auf die Qualität oder die Eigenschaft des Wissens. De Jong und Ferguson-Hessler unterscheiden fünf Qualitäten, mit deren Hilfe jede Wissensdomäne beschrieben und in ihrer individuellen Ausprägung beurteilt werden kann. Dies sind das Niveau (*level*), die Struktur, die Automation, die Modalität und der Allgemeinheitsgrad (*generality*). In der vorliegenden Studie bilden das Niveau und die Struktur (Dimension *Qualität des Wissens*) der deklarativen Wissensdomäne – und zwar speziell der Anteile, die im semantischen Gedächtnis gespeichert sind – den Untersuchungsgegenstand. Dabei bezieht sich der Niveaubegriff auf den Abstraktions- und Verständnisgrad des gelernten Inhalts. Es wird zwischen oberflächlichem Wissen auf der einen Seite und tief verankertem Wissen auf der anderen Seite unterschieden. Hierbei ist ersteres mit einer negativen und letzteres mit einer positiven Konnotation belegt. Das differenzierende Merkmal zwischen beiden Ausprägungen betrifft die Nähe der jeweiligen Wissensrepräsentation zu den gelernten externen Informationen. Oberflächliches Wissen entspricht mehr oder weniger einer Kopie der externen Informationen und befähigt den Lernenden zur Reproduktion dieser Inhalte (de Jong

---

[1] In ihrem Artikel aus dem Jahr 1996 sprechen de Jong und Ferguson-Hessler (1996) von konzeptuellem Wissen. Aufgrund der abweichenden Bedeutung des Begriffs bei Krathwohl (2002) wird hier nicht von konzeptuellem, sondern deklarativem Wissen gesprochen. Dies deckt sich mit der Begriffsverwendung von de Jong und Ferguson-Hessler (1988) in älteren Schriften.

& Ferguson-Hessler, 1996; Royer et al., 1993). Ausubel (1978) bezeichnet Lernprozesse, die zu einem oberflächlichen Wissen führen mit dem Terminus des Auswendiglernens. Im Gegensatz dazu führt bedeutungsvolles Lernen zur Abstraktion und adäquaten Strukturierung externer Informationen und trägt zum Aufbau eines tief verwurzelten Wissens bei (s. Kapitel 3.2, S. 26). Tief verwurzeltes Wissen befähigt die Lernenden zur Anwendung des Gedächtnisinhalts (Transferleistungen) und beeinflusst das kognitive Leistungsvermögen entscheidend (de Jong & Ferguson-Hessler, 1996; R. Glaser, 1991; Novak & Cañas, 2006). Auf analoge Weise beschreiben Krathwohl (2002) und R. E. Mayer (2002) unabhängig von der Wissensdomäne (Faktenwissen, konzeptuelles Wissen, prozedurales Wissen, metakognitives Wissen) bzw. dem Lernergebnis (*learning outcome: no learning, rote learning, meaningful learning*) eine zweite Dimension, die die kognitiven Prozesse betrifft (*remember* vs. *transfer [understand, apply, analyze, evaluate, create]*), zu denen die jeweilige Wissensdomäne bzw. das Lernergebnis eine Person befähigt. Ein Diagnoseinstrument, das das Niveau des deklarativen Wissens differenziert erfasst, sollte Aufgaben umfassen, die mit einem oberflächlichen Wissen gelöst werden können und andere Aufgaben, für deren Lösung ein tief verwurzeltes Wissen notwendig ist.

Vom Niveaubegriff kann der Strukturbegriff unterschieden werden. Der Strukturbegriff geht auf die Bedeutung der Organisationsstruktur als Qualität oder Eigenschaft des Wissens ein (de Jong & Ferguson-Hessler, 1996). Er bezieht sich auf eine Menge identifizierbarer Elemente (Schemata oder Begriffe) und die Beziehungen zwischen diesen Elementen. Das hypothetische Konstrukt, das sich auf die Organisation des Langzeitgedächtnisses bezieht, wird als kognitive Struktur bezeichnet (Shavelson, 1974; Shavelson & Stanton, 1975). Die kognitive Struktur eines Individuums kann niemals in ihrer Gesamtheit erfasst werden. Alle verfügbaren Untersuchungen (u. a. Beatty, Gerace & Dufresne, 2002; L. T. Brown & Stanners, 1983; Garskof & Houston, 1963; Goldsmith et al., 1991; P. E. Johnson, 1967) fokussieren sich auf einen Ausschnitt der kognitiven Struktur. Der Ausschnitt aus der kognitiven Struktur eines bestimmten Individuums über die Organisationsstruktur spezifischer Gedächtnisinhalte wird *cognitive map* genannt (Diekhoff, 1983; Fenker, 1975; Jonassen et al., 1993). Dabei wird zwischen schwach vernetzten *cognitive maps*, in denen isolierte Wissenselemente auftreten, und stark vernetzten *cognitive maps* unterschieden, die bedeutungsvoll strukturiert sind (de Jong & Ferguson-Hessler, 1996; Royer et al., 1993). Frühe Untersuchungen über die Wahrnehmung und die Gedächtnisleistung von Schachspielern unterschiedlicher Expertise (Großmeister, gute Amateure, Novizen) belegen, dass nicht die Gedächtnisleistung, sondern die Organisationsstruktur des Gedächtnisses einen entscheidenden Einfluss auf die Reproduktion der Figurenstellungen beim Schachspiel haben (H. A. Simon & Chase, 1973). Zu ähnlichen Befunden kommen Untersuchungen über die Problemlöseleistungen von Experten und Novizen im Bereich der Physik (Larkin, McDermott, Simon & Simon, 1980). Die Überlegenheit von Experten gegenüber Novizen wird auf ihre umfangreichen, dicht vernetzten Wissensstrukturen zurückgeführt (Goldsmith et al., 1991; Reimann, 1998; Royer et al., 1993), die mit steigendem Expertisegrad zunehmend kohärenter werden (Clariana & Wallace, 2009; Reimann, 1998; Schvaneveldt et al., 1985; Shavelson et al., 2005). Folglich sind das Niveau des Wissens und seine Struktur nicht unabhängig voneinander, sondern es besteht ein positiver Zusammenhang zwischen beiden Konstrukten (de Jong & Ferguson-Hessler, 1996). R. C. Anderson (1984, S. 5) betrachtet die Struktur des Wissens als bedeutendste Eigenschaft des Wissens (*"the essence of knowledge is structure"*); die Wissensstruktur hat einen entscheidenden Einfluss auf das Verständnis einer Domäne (Yin, Vanides, Ruiz-Primo, Ayala & Shavelson, 2004) und die Problemlösefähigkeit der Lernenden (Ruiz-Primo, Schultz, Li & Shavelson, 2001). Außerdem hat sie einen starken Einfluss darauf, ob neue Inhalte bedeutungsvoll gelernt werden oder lediglich willkürlich oder wortgetreu memoriert werden (Ausubel et al., 1978). Diagnoseinstrumente, die sich mit der Organisationsstruktur des Wissens beschäftigen, legen ihren Schwerpunkt auf die Erfassung der Relationen zwischen den zentralen Begriffen der Domäne und münden in vielen Fällen in räumlichen Wissensstrukturdarstellungen, die die hypothetische kognitive Struktur der Lernenden für einen bestimmten Inhaltsbereich visualisieren. Dabei kann zwischen Evaluationsmethoden unterschieden werden, bei denen die Wissensstruktur direkt erfasst und explizit geäußert wird und anderen Evaluationsmethoden, bei denen die Wissensstruktur indirekt aus Ähnlichkeitsdaten ermittelt wird. Zur ersten Gruppe gehören das *concept mapping* (Eckert, 1998; Ruiz-Primo & Shavelson, 1997; Wallace & Mintzes, 1990) oder die *clustering task* (Clariana & Wallace, 2009). Zur zweiten Gruppe werden der *word association test* (Garskof & Houston, 1963; Shavelson & Stanton, 1975), das *card sorting* (Shavelson & Stanton, 1975) und der *similarity judgments test* (SJT; L. T. Brown & Stanners, 1983; Goldsmith et al., 1991; Stanners et al., 1983) gerechnet. Während die Evaluationsmethode des *concept mapping* ein propositionales Modell des

Gedächtnisses unterstellt, gehen die übrigen Verfahren von einem assoziativen Modell aus (Royer et al., 1993; Shavelson et al., 2005). Alle genannten Verfahren berücksichtigen eine angemessene Anzahl an Wissenselementen (Schemata oder Begriffe, L. T. Brown & Stanners, 1983) und stellen geringe Ansprüche an die Artikulationsfähigkeit der Lernenden (Diekhoff, 1983). Im Zentrum der weiteren Ausführungen steht der SJT. SJTs bedingen die folgende Vorgehensweise: In einem ersten Schritt erfolgt ein Test, der das Verständnis des Individuums misst, wie stark verschiedene Begriffe miteinander verwandt sind. Der Terminus der Verwandtschaft bezieht sich dabei auf die semantische Verwandtschaft zweier Begriffe (s. Kapitel 4.1.1.2, S. 41). Nach der Testphase werden die Verwandtschaftsurteile der Probanden in eine Ähnlichkeitsmatrix überführt, in der jede Position genau einem Paarvergleich entspricht. Anschließend wird die Ähnlichkeitsmatrix über unterschiedliche Skalierungsprozeduren (z. B. MDS, Pathfinder-Skalierung) in eine zweidimensionale Wissensrepräsentation, die *cognitive map*, transformiert (Goldsmith et al., 1991).

Über die Bewertung unterschiedlicher Organisationsstrukturen herrschen geteilte Meinungen. Einige Wissenschaftler bewerten hierarchisch organisierte Gedächtnisinhalte als expertenhafter als netzartig organisierte Gedächtnisinhalte (Novak, 1987; Reif & Heller, 1982), andere Wissenschaftler verfechten die entgegengesetzte These (Yin et al., 2004). Letztere These kann durch Studien bekräftigt werden, in denen beobachtet wurde, dass Novizen eher hierarchische *concept maps* erstellen, während Experten zu Netzstrukturen neigen (Ayersman, 1995; Wang, 1999). Fischler und Peuckert (2000) bemerken in diesem Zusammenhang, dass auch die von Novak (1987) propagierte Konstruktion hierarchischer *concept maps* in der internationalen Literatur nicht mehr die dominierende Rolle spielt. Dieser Dissens wird in den weiteren Ausführungen nicht mehr thematisiert, da er für die übliche Bewertung von *cognitive maps* unbedeutend ist. Die meisten Studien gehen von der Prämisse aus, dass sich die Qualität einer *cognitive map* durch ihre Übereinstimmungsgrad mit einer Referenz-Struktur, die für den jeweiligen Inhaltsbereich als optimal angesehen wird, beurteilen lässt (Goldsmith et al., 1991). Die Referenz-Struktur geht üblicherweise aus den Verwandtschafts-urteilen mehrerer Experten einer Disziplin hervor (z. B. L. T. Brown & Stanners, 1983), in einigen Fällen orientiert sie sich am verwendeten Lernmaterial und versucht dessen Inhalts-Struktur möglichst gut abzubilden (z. B. Shavelson, 1972; Stasz, Shavelson, Cox & Moore, 1976). Fenker (1975) bezeichnet die optimale

Organisationsstruktur für einen fachlichen Inhalt oder eine eng umgrenzte Disziplin als *formale Struktur*. Die formale Struktur setzt sich aus einem System aufeinander bezogener Schemata oder Begriffe zusammen. Dabei ist das System so geartet, dass es die Verarbeitung und Integration neuer Informationen optimal unterstützt. Orientiert sich die optimale Organisationsstruktur stark am Lernmaterial, so sprechen einige Autoren alternativ von der Inhaltsstruktur (*content structure*; Geeslin & Shavelson, 1975; Stasz et al., 1976).

Die Sensitivität von SJTs gegenüber Wissensveränderungen konnte in zahlreichen Studien mit langdauernden Lernphasen bestätigt werden. Gemein haben diese Studien, dass sie sich über einen mehrwöchigen Zeitraum erstrecken und im Bereich der Psychologie (L. T. Brown & Stanners, 1983; Goldsmith et al., 1991; Stanners, Brown, Price & Holmes, 1983) und der Physik angesiedelt sind (P. E. Johnson, 1969). Hinweise über die Sensitivität von SJTs gegenüber Wissensveränderungen, die durch kurzdauernde Lernphasen hervorgerufen werden, sind spärlich. Als Beispiele können die Studie von Großschedl und Harms (2008, Lernzeit 75 Minuten) im Bereich der Biologie sowie die Studie von Stasz, Shavelson, Cox und Moore (1976, Lernzeit 200 Minuten) im Bereich der Sozialwissenschaft genannt werden. Beide Studien verzeichnen vom Zeitpunkt des Vortests zum Zeitpunkt des Nachtests eine Angleichung der Probanden-*cognitive maps* an die formale Struktur und betrachten dieses Ergebnis als Hinweis dafür, dass SJTs den Expertisegrad der Probanden valide erfassen. In einer Reihe anderer Validierungsstudien wird die Übereinstimmung zwischen den *cognitive maps* der Lernenden und der formalen Struktur mit verschiedenen Außenkriterien verglichen. Unter den Außenkriterien finden sich *multiple choice* Tests (z. B. Diekhoff, 1983; Shavelson et al., 2005) und Essays (z. B. Diekhoff, 1983; Stanners, Brown, Price & Holmes, 1983), die sich auf das Niveau der deklarativen Wissensdomäne fokussieren. Andere Ansätze wie das *concept mapping* (Shavelson et al., 2005), der *word association test* (P. E. Johnson, 1969), die *clustering task* oder der *list-wise approach* (Clariana & Wallace, 2009) fokussieren sich auf strukturelle Aspekte der deklarativen Wissensdomäne. Eine Verallgemeinerung der Ergebnisse aus den Validierungsstudien erscheint jedoch aus mehreren Gründen problematisch:

- Die aufgezählten Studien arbeiten mit Begriffspools unterschiedlicher Größe. Der kleinste Begriffspool umfasst 10 Begriffe (Stanners et al., 1983), der größte 30 Begriffe (Goldsmith et al., 1991). Goldsmith et al. (1991) wählten aus dem ursprünglichen Begriffspool Teilmengen aus. Die randomisiert ausgewählten

Teilmengen bestanden aus 5, 10, 15, 20 und 25 Begriffen. Der Vergleich der daraus konstruierten Pathfinder-Netze mit der formalen Struktur ergab bei 30 Begriffen eine deutlich höhere prädiktive Validität, $r = .75$, als bei fünf Begriffen, $r = .15$, insgesamt konnte eine nahezu lineare Abnahme der prädiktiven Validität bei sinkendem Begriffspool beobachtet werden.

- Mit Ausnahme der Studie von Großschedl und Harms (2008) stammt keine der Studien aus dem Bereich der Biologie.
- Die aufgeführten Studien bringen unterschiedliche Auswertungsverfahren für die SJTs zum Einsatz, beispielsweise werden die Strukturindizes PFR und PFC (Goldsmith et al., 1991) von der aktuellen Pathfinder-Version nicht unterstützt (Interlink, 2009b). Es kann vermutet werden, dass die Transformation der Ratings in strukturelle Repräsentationen einen Einfluss auf die Kriteriumsvalidität der Tests nimmt. So berücksichtigt Pathfinder nur die stärksten Verwandtschaftsurteile/Ähnlichkeiten bei der Konstruktion einer *cognitive map*, der Rest wird verworfen (Clariana & Wallace, 2009; Cooke, 1992).

4.1.2 Psychologische Hypothesen

In Kapitel 4.1.1.3 (s. S. 42) wird der SJT als eine Methode vorgestellt, die hypothetische Struktur deklarativen Wissens zu erfassen. Zur Validierung des SJTs werden theoretische Annahmen über die Struktur deklarativen Wissens empirisch überprüft. Zum einen wird überprüft, ob sich der postulierte Zusammenhang zwischen dem Niveau und der Struktur deklarativen Wissens empirisch nachweisen lässt, zum anderen wird getestet, ob sich der Expertisegrad einer Person in der hypothetischen Struktur ihres deklarativen Wissens widerspiegelt. Die Aufstellung psychologischer Hypothesen stellt nach dem Studium der psychologischen Theorien (s. Kapitel 4.1, S. 37) den ersten Schritt der Testplanung dar. Zur vollständigen Spezifikation der konkreten Versuchssituation sind drei weitere Schritte notwendig: die Ableitung der psychologischen Vorhersagen (PV; s. Kapitel 4.2.2, S. 52), die Ableitung der statistischen Vorhersagen (SV) und die Ableitung der statistischen Hypothesen (SH; s. Kapitel 4.2.6, S. 59). Eine ausführliche Beschreibung der unterschiedlichen Betrachtungsebenen findet sich bei Hager (2004) sowie Hager, Spies und Heise (2001). Ausgehend vom dargelegten Stand der Forschung und den entsprechenden psychologischen Theorien werden die folgenden psychologischen Hypothesen (PH) formuliert. Diese gelten für alle Versuchspersonen *ceteris paribus distributionibus* und mit einer Wahrscheinlichkeit $\pi > 0$:

1. PH-1: Zwischen dem Niveau und der Struktur deklarativen Wissens besteht im Mittel ein positiver Zusammenhang (s. Kapitel 4.1.1.3, S. 42).
2. PH-2: Beim Lernen gleicht sich die deklarative Wissensstruktur eines Novizen an die deklarative Wissensstruktur eines Experten im Mittel an (s. Kapitel 4.1.1.3, S. 42).
3. PH-3: Im Mittel stimmt die deklarative Wissensstruktur eines Experten mit der deklarativen Wissensstruktur eines Novizen mittlerer Expertise stärker überein als mit der deklarativen Wissensstruktur eines Novizen geringer Expertise (s. Kapitel 4.1.1.3, S. 42).

4.2 Methode

4.2.1 Variablen

Gemäß den psychologischen Hypothesen (s. Kapitel 4.1.2, S. 48) werden drei Variablen operationalisiert. Die biologiebezogene Expertise der Lernenden wird in Kapitel 4.2.1.1 operationalisiert. In Kapitel 4.2.1.2 (s. S. 50) werden das Niveau und die Struktur deklarativen Wissens operationalisiert.

4.2.1.1 Operationalisierung der unabhängigen Variablen

Die biologiebezogene Expertise der Lernenden wird auf zweierlei Art und Weise operationalisiert. Zum einen wird davon ausgegangen, dass die biologiebezogene Expertise von Teilnehmern der dritten Vorrunde zur internationalen Biologieolympiade (IBO; **UV-A$_1$**) höher ist als die biologiebezogene Expertise von Teilnehmern der dritten Vorrunde zur internationalen Chemie- (IChO; **UV-A$_2$**) und Physikolympiade (IPhO; **UV-A$_3$**). Es ergibt sich die unabhängige Variable Olympionikenkohorte (**UV-A**). Zum anderen wird davon ausgegangen, dass die biologiebezogene Expertise der Lernenden vor einer Lernphase, in der sich die Lernenden mit einem biologischen Inhalt auseinandersetzen, niedriger ist als die biologiebezogene Expertise der Lernenden nach der Lernphase. Es ergibt sich die unabhängige Variable Messzeitpunkt (**UV-B**). Die erste Faktorstufe der UV-B wird entsprechend als **UV-B$_1$** bezeichnet (1. Messzeitpunkt), die zweite Faktorstufe analog als **UV-B$_2$** (2. Messzeitpunkt).

4.2.1.2 Operationalisierung der abhängigen Variablen

Bezogen auf das Niveau deklarativen Wissens wird zwischen oberflächlichem Wissen auf der einen Seite und tief verwurzeltem Wissen auf der anderen Seite unterschieden. Ersteres befähigt Lernende zu bloßen Reproduktionsleistungen. Letzteres gilt als Voraussetzung für die Ausführung von Transferleistungen und kommt in Situationen der Wissensanwendung zum Ausdruck, die sich von der konkreten Lernsituation unterscheiden (s. Kapitel 4.1.1.3, S. 42). Die Operationalisierung des Niveaubegriffs erfolgt über *multiple choice* Aufgaben, die beide Pole dieses Fähigkeits-Kontinuums berücksichtigen. Ein Teil der *multiple choice* Aufgaben erfordert bloße Reproduktionsleistungen, der andere Teil tritt in Anlehnung an R. E. Mayer (2001) in Form von Problemlöseaufgaben in Erscheinung. Für jede *multiple choice* Aufgabe wird ein z-standardisierter Summenscore aus ihren dichotom codierten Antwortalternativen berechnet. Das arithmetische Mittel der Summenscores (*MC*) repräsentiert die Testleistung eines Probanden.

Dagegen wird die Struktur deklarativen Wissens auf eine Weise operationalisiert, die ihrerseits zu Netzwerkrepräsentationen führt. Netzwerkrepräsentationen oder *cognitive maps* (s. Kapitel 4.1.1.3, S. 44) werden als hypothetisches Konstrukt der mentalen Repräsentation einer Person für einen Inhaltsbereich betrachtet. SJTs bilden in dieser Studie die Grundlage zur Erstellung der *cognitive maps*. Sie unterstellen ein assoziatives Modell des Gedächtnisses und setzen Ratings über die semantische Verwandtschaft aller möglichen Paarkombinationen eines Begriffspools voraus. Zur Quantifizierung der Testleistung der Probanden, wird derselbe Test verschiedene Experten vorgelegt. Der Vergleich der mittleren Verwandtschaftsurteile der Experten und der formalen Struktur (s. Kapitel 4.1.1, S. 47) mit den Verwandtschaftsurteilen bzw. *cognitive maps* der Probanden liefert eine Aussage über den Expertisegrad einzelner Probanden.

Die Ratings in einem SJT können als Repräsentation der Struktur des deklarativen Wissens einer Person in einem bestimmten Inhaltsbereich betrachtet werden. Diese Ratings können mit den Ratings der Experten verglichen werden und bezüglich ihrer Übereinstimmung mit den Expertenratings quantifiziert werden. Pathfinder KNOT korreliert dazu beide Variablen und bestimmt den Korrelationskoeffizienten *PRX* (Interlink, 2009a). Diametral zu diesem Vorgehen wird häufig davon ausgegangen, dass graphische Repräsentationen (*cognitive maps*) die Organisationsstruktur der Daten besser widerspiegeln als die bloßen Ratingdaten (Goldsmith et al., 1991). Die

Überführung der Ratings in eine zweidimensionale *cognitive map* erfolgt über Pathfinder- und nichtmetrische multidimensionale Skalierungen (MDS; Goldsmith et al., 1991; Guttman, 1968; Lingoes, 1967). Die beiden Skalierungsprodukte werden unterschiedlich interpretiert: Im Fall der Pathfinder-generierten *cognitive map* werden die Begriffe als Knoten und ihre semantische Verwandtschaft durch Links (direkte Verbindungen) oder Pfade (indirekte Verknüpfungen) dargestellt. Die Verknüpfungsdichte kann durch den q- und r-Parameter verändert werden. In dieser Studie werden die empfohlenen Voreinstellungen der Software Pathfinder KNOT beibehalten ($q = n-1 = 10$; $r = \infty$)[2]; zur Bedeutung der Parameter vergleiche die Ausführungen bei Schvaneveldt, Durso und Dearholt (1989) oder P. J. Johnson, Goldsmith und Teague (1994). Im Fall der MDS-generierten *cognitive map* geben die euklidischen Distanzen Auskunft über die semantische Verwandtschaft zweier Begriffe; für die Erstellung der *cognitive maps* wird das IBM-7090 Programm für die *Guttman-Lingoes smallest space analysis* verwendet (Lingoes, 1967).

Die fachliche Angemessenheit der Skalierungsprodukte der Probanden wird durch den Vergleich mit der formalen Struktur beurteilt (s. Kapitel 4.1.1, S. 47). Im Fall Pathfinder-generierter *cognitive maps* wird dabei der Strukturindex **PTF** berechnet. Er repräsentiert das Verhältnis zwischen den Relationen, die die Probanden-*cognitive map* und die formale Struktur teilen, und den Relationen, die in beiden Strukturen insgesamt vorkommen (z. B. Goldsmith et al., 1991). Im Fall MDS-generierter *cognitive maps* geschieht dies in zwei aufeinanderfolgenden Schritten: Zunächst wird die Probanden-*cognitive map* mit der fixierten Referenz-*cognitive map* über zulässige Procrustes-Transformationen (PINDIS; Akronym für *Procrustean INdividual DIfferences Scaling*) in maximale Deckung gebracht (Lingoes & Borg, 1976, 1978). Der Terminus der *zulässigen Transformation* bezieht sich dabei nur auf solche Transformationen, bei denen die relativen Distanzen zwischen den Objekten (Begriffen) erhalten bleiben. Anschließend werden die Raumkoordinaten aller korrespondierenden Objekte der Probanden-*cognitive map* und der formalen Struktur

---

[2] Der r-Parameter ist nach Schvaneveldt, Durso und Dearholt (1989) bei ordinalskalierten Daten auf $r = \infty$ festzulegen.

korreliert[3]. Der Determinationskoeffizient R^2 quantifiziert die Übereinstimmung beider Strukturen. Dabei unterliegt der Berechnung die Prämisse, dass sowohl die Probanden-*cognitive maps* als auch die formale Struktur aus ähnlichen Wahrnehmungsräumen[4] hervorgehen (Kappelhoff, 2001; Langeheine, 1980).

4.2.2 Psychologische Vorhersagen

Ausgehend von den psychologischen Hypothesen (s. Kapitel 4.1.2, S. 48) und den Hilfshypothesen, dass...

- das Niveau deklarativen Wissens über einen *multiple choice* Test erhoben werden kann,
- die deklarative Wissensstruktur über SJTs erhoben werden kann,
- eine optimale Organisationsstruktur für den biologischen Inhalt existiert
- und diese optimale Organisationsstruktur über Expertenratings erhoben werden kann,

... werden für das vollständig spezifizierte empirische System folgende psychologischen Vorhersagen (PV) abgeleitet. Diese gelten für alle Versuchspersonen *ceteris paribus distributionibus* und mit einer Wahrscheinlichkeit $л > 0$:

1. PV-1: Im Nachtest besteht eine positive Korrelation zwischen dem erwarteten mittleren *multiple choice* Testergebnis und der erwarteten mittleren Übereinstimmung der Verwandtschaftsurteile und *cognitive maps* der Probanden mit den mittleren Verwandtschaftsurteilen der Experten bzw. der formalen Struktur.
2. PV-2: Die Verwandtschaftsurteile und *cognitive maps* der Probanden gleichen sich im erwarteten Mittel vom Vortest zum Nachtest an die mittleren Verwandtschaftsurteile der Experten bzw. an die formale Struktur an.

---

[3] Das gewählte Vorgehen (PINDIS) unterscheidet sich von Ansätzen, in denen die Übereinstimmung zweier Konfigurationen durch die Korrelation der euklidischen Distanzen aller korrespondierenden Objektpaare bestimmt wird (z.B. L. T. Brown & Stanners, 1983; Geeslin & Shavelson, 1975; Goldsmith, et al., 1991).

[4] Der Wahrnehmungsraum ist ein theoretisches Konstrukt über die räumlich Anordnung von Objekten (Begriffe) in der Kognition einer Person (Kappelhoff, 2001).

3. PV-3: Die Verwandtschaftsurteile und *cognitive maps* der Probanden mit hoher biologiebezogener Expertise stimmen im erwarteten Mittel mit den mittleren Verwandtschaftsurteilen der Experten bzw. der formalen Struktur stärker überein als die Verwandtschaftsurteile und *cognitive maps* der Probanden mit hoher chemie- oder physikbezogener Expertise.

Die Entscheidungen, ob die PV-1 bis PV-3 eingetreten oder nicht eingetreten sind, sollen nach Hager (2004) von zwei Determinanten abhängig gemacht werden, der Entscheidung über die Annahme bzw. Nicht-Annahme der statistischen Vorhersage (SV; s. Kapitel 4.2.6, S. 59) und dem Vergleich der empirischen Effektgröße (EG) mit der kritischen Effektgröße[5] (EG_{krit}). Orientierungshilfen für die Festlegung der kritischen Effektgrößen bieten empirische Untersuchungen, die im gleichen Bereich und unter vergleichbaren Bedingungen stattgefunden haben, eigene Pilot-Studien, die dem eigentlichen Hypothesenprüfversuch vorausgingen (Hager, 2004) und die von J. Cohen (1983) vorgeschlagenen Konventionen, nach denen Effekte der Größe 0.20 Standardabweichungen ($d = 0.20$) als *klein*, Effekte der Größe 0.50 Standardabweichungen ($d = 0.50$) als *mittelgroß* und Effekte der Größe 0.80 Standardabweichungen ($d = 0.8$) als *groß* beurteilt werden[6]. Bei der Festlegung der kritischen Effektgröße für die PV-1 werden 14 Effektgrößen aus vier Studien (Diekhoff, 1983; Goldsmith et al., 1991; Großschedl & Harms, 2008; Shavelson et al., 2005) berücksichtigt. Entsprechend dem zu erwartenden Effekt wird die kritische Effektgröße auf $\rho_{krit} = .45$ ($EG_{1,\,krit}$) festgelegt. Bei der Festlegung der kritischen Effektgröße für die PV-2 kann nur die Pilot-Studie von Großschedl und Harms (2008) berücksichtigt werden[7], die einen starken Effekt der unabhängigen Variable Messzeitpunkt (Vortest vs. Nachtest) berichtet. Als kritische Effektgröße wird nach J. Cohen (1983) ein Wert von $\delta_{krit} = 0.50$ ($EG_{2,\,krit}$, starker Effekt) festgelegt. Bezogen auf die PV-3 wird in den Studien von Schvaneveldt et al. (1985) und Cooke und Schvaneveldt (1988) nach Hinweisen für die zu erwartende Effektstärke gesucht. Beide Studien berichten allerdings keine deskriptiven Daten, aus denen sich die Effektstärke berechnen ließe. Aufgrund der zu erwartenden hohen Unterschiede

---

[5] Der Begriff Effektgröße wird synonym verwendet zu dem Terminus Effektstärke (Hager, 2004).

[6] Für die Effektgröße r gelten analog: $r = .10$ geringer Effekt, $r = .30$ mittlerer Effekt, $r = .50$ starker Effekt (J. Cohen, 1983)

[7] In vergleichbaren Studien (L. T. Brown & Stanners, 1983; Fenker, 1975; Goldsmith, et al., 1991) werden die deskriptiven Daten, die zur Berechnung der Effektstärke notwendig sind, nicht berichtet.

zwischen Probanden mit hoher biologiebezogener Expertise und hoher chemie- oder physikbezogener Expertise bei der Lösung eines Biologietests wird eine kritische Effektgröße von $\delta_{krit} = 0.50$ ($EG_{3,\,krit}$, starker Effekt) festgelegt.

4.2.3 Versuchsplan

In einer quasiexperimentellen Interventionsstudie mit einem 3 x 2 faktoriellen Design wird die biologiebezogene Expertise der Teilnehmer (**UV-A**) in drei Faktorstufen umgesetzt und zu zwei Zeitpunkten gemessen (**UV-B**). Die zweifaktorielle Versuchsplananlage findet sich in Tabelle 2.

Tabelle 2. *Zweifaktorielle Versuchsplananlage mit den unabhängigen Variablen Olympionikenkohorte und Messzeitpunkt*

UV-A: Olympionikenkohorten		UV-B: Messzeitpunkt	
		B_1: 1. MZP	B_2: 2. MZP
A_1: IBO	($n = 54$)	AV in Zelle AB_{11}	AV in Zelle AB_{12}
A_2: IChO	($n = 54$)	AV in Zelle AB_{21}	AV in Zelle AB_{22}
A_3: IPhO	($n = 54$)	AV in Zelle AB_{31}	AV in Zelle AB_{32}

Anmerkungen. UV = Unabhängige Variable. MZP = Messzeitpunkt. AV = Abhängige Variable. n = Optimale Stichprobengröße pro Zelle. Die optimale Stichprobengröße ergibt sich aus einer a priori Poweranalyse mit der Software G*Power. Bezogen auf die PV-3 ergibt sich eine optimale Stichprobengröße von $N = 159$. Da die Zellbesetzung wegen der kooperativen Lernphase (Partnerarbeit) ganzzahlig sein muss, ergibt sich eine Stichprobe von $n = 54$ Probanden innerhalb jeder Olympionikenkohorte.

Zur Bestimmung der notwendigen Stichprobengröße werden drei a priori Poweranalysen mit den kritischen Effektgrößen aus dem vorherigen Kapitel durchgeführt. Die Berechnung erfolgt mit Hilfe der Software G*Power (Erdfelder, Buchner, Faul & Brandt, 2004; Erdfelder, Faul & Buchner, 1996; Faul, 2007). Bezogen auf die PV-1 ergibt die Poweranalyse für ein α-Fehlerniveau von .05, für eine *Power* von $1-\beta = .95$ und für eine erwartete Effektstärke von $\rho = 0.45$ eine optimale Stichprobengröße von $N = 45$. Bezogen auf die PV-2 ergibt die Poweranalyse für ein α-Fehlerniveau von .05, für eine *Power* von $1-\beta = .95$ und für eine erwartete Effektstärke von $\delta = 0.50$ eine optimale Stichprobengröße von $N = 45$. Bezogen auf die PV-3 ergibt die Poweranalyse für ein α-Fehlerniveau von .05, für eine *Power* von $1-\beta = .80$ und für eine erwartete Effektstärke von $\delta = 0.50$ eine optimale Stichprobengröße von $N = 159$. Damit ergibt sich die höchste Ausprägung der optimalen Stichprobengröße für die PV-3. Diese wird als optimale Stichprobengröße für den vorliegenden Hypothesenprüfversuch festgelegt.

4.2.4 Statistik und statistische Begriffe

4.2.4.1 Bestimmung der internen Konsistenz der Ratingdaten

Die interne Konsistenz der Ratings in einem SJT wird als Gütekriterium für die Qualität der Daten betrachtet. Basierend auf der Annahme, dass die semantische Verwandtschaft der Objekte (Begriff) A und B aus ihrer semantische Verwandtschaft zu den Objekten C, D und E berechnet werden kann, schätzt die Software Pathfinder KNOT die interne Konsistenz der Ratings. Besteht ein Begriffspool aus den Objekten A, B, C, D und E, so wird die semantische Verwandtschaft der Begriffe A und B über die Produkt-Moment-Korrelation der Ratings...

AC   BC
AD   BD
AE   BE

... geschätzt. Diese Schätzung wird für alle möglichen Paarkombinationen des Begriffspools vorgenommen; anschließend werden die geschätzten Werte mit den korrespondierenden originalen Ratings korreliert. Diese gelten als intern konsistent, wenn der Korrelationskoeffizient R_{CO} einen kritischen Wert von .20 überschreitet. Wird dieser Wert unterschritten, so gilt dies als Hinweis auf eine unreflektierte Testbearbeitung (Raten) oder einen Fehler bei der Dateneingabe. Studienergebnisse zeigen außerdem, dass R_{CO} mit dem bereichsspezifischen Wissen korreliert ist (Clariana & Wallace, 2009).

4.2.4.2 Kruskals Stress

Bei der nichtmetrischen MDS werden die euklidischen Distanzen zwischen den Objekten (Begriffen) ordinal an die korrespondierenden Verwandtschaftsurteile angepasst. Über die Güte der Anpassung informiert das Stressmaß (S) nach Kruskal (1964). Es gibt Auskunft darüber, wie gut die Rangreihe der Distanzen zwischen den Objekten der Konfiguration mit der Rangreihe der korrespondierenden Verwandtschaftsurteile invers korreliert ist und entspricht damit der Summe der quadrierten Residuen. Verbessert sich die Anpassung der Lösungskonfiguration an die originalen Ratings, so sinkt der Stresswert. Zur Beurteilung der Stresswerte werden Richtwerte herangezogen. Allgemeine Richtwerte zur Beurteilung der Güte von MDS-Lösungen gehen auf Kruskal (1964) zurück. Kruskal (1964) unterschied zwischen perfektem ($S = 0$), gutem ($S = .05$), befriedigendem ($S = .10$) und schlechtem Stress ($S = .20$). Diese Richtwerte dürfen nur mit Vorsicht auf beliebige Daten übertragen werden, da der Stress von der Anzahl der Objekte und der Anzahl der Dimensionen abhängt (Borg, Groenen & Mair, 2010; Janssen & Laatz, 2007). Für eine Anzahl von $N = 6, 7, 8, 10, 12$ und 16 Objekten führte Klahr (1969) Monte Carlo Simulationen durch, um eine große Anzahl Zufallsmatrizen zu jeweils $n(n-1)/2$ Objektpaaren zu generieren. Die Zufallsmatrizen wurden anschließend skaliert. Der mittlere Stress betrug für zwei Dimensionen $S = .20$ bei 10 Objekten und $S = .24$ bei 12 Objekten. Betrachtet man das 5% Perzentil der kumulativen Verteilungsfunktion als kritischen Wert, so kann für $S \leq .15$ bei 10 Objekten und für $S \leq .21$ bei 12 Objekte mit einer Irrtumswahrscheinlichkeit $\leq .05$ ausgeschlossen werden, dass der Stresswert schlechter als nach Zufall ist. Da für 11 Objekte keine Simulationsergebnisse verfügbar sind, wird das Mittel ($S \leq 0.18$) aus beiden Stresswerten als kritische Grenze herangezogen.

4.2.4.3 Bestimmung der zufallsbedingten Übereinstimmung von cognitive maps

Bei korrespondenzanalytischen Vergleichen muss bedacht werden, dass ein Teil an Übereinstimmung immer auch zufallsbedingt zustande kommt. Deshalb genügt es nicht, das Ausmaß der Übereinstimmung allein zu bestimmen, sondern es muss auch eine Entscheidung darüber getroffen werden, ob diese Übereinstimmung besser ist, als es per Zufall zu erwarten wäre (Langeheine, 1980). Die Software Pathfinder KNOT berechnet die Wahrscheinlichkeit, dass mindestens die beobachtete Anzahl an gemeinsamen Relationen zwischen zwei *cognitive maps* oder einer *cognitive map* mit der formalen Struktur zustande kommt, als kritischen Wert und nutzt diesen Wert als Signifikanztest (Goldsmith & Davenport, 1990).

Auch bei PINDIS kann die Frage, ob die Übereinstimmung der MDS-generierten *cognitive maps* den zufallsbedingten Übereinstimmungsgrad mit einer Irrtumswahrscheinlichkeit (z. B. $p \leq .05$, α-Fehler) überschreitet, nur beantwortet werden, wenn der kritische Wert bestimmt wird. Der kritische Wert kann in diesem Fall nicht analytisch bestimmt werden, eine empirische Annäherung ist jedoch möglich. Langeheine (1980) führte zu diesem Zweck Monte Carlo Simulationen mit Zufallsdaten für das Lingoes und Borg PINDIS Modell mit dem FORTRAN IV Programm PINMC durch. Die Größe des kritischen Wertes ist sowohl von der Anzahl der Dimensionen, auf denen die Objekte skaliert werden, als auch von der

Anzahl der Objekte abhängig. Darüber hinaus hat die Art und Weise, wie die *cognitive maps* verglichen werden, einen entscheidenden Einfluss auf die Größe des kritischen Wertes. Beispielsweise unterscheiden sich die kritischen Werte für eine feste Anzahl von Dimensionen und Objekten für den Fall, dass die zufallsbedingte Übereinstimmung einer Probanden-*cognitive map* mit der fixierten[8] formalen Struktur ermittelt wird (Programm-Parameter in PINMC: IFC1 = 1), oder für den Fall, dass die zufallsbedingte Übereinstimmung der formalen Struktur mit einer individuellen Experten-*cognitive map*, die selbst in die formale Struktur einfließt, bestimmt wird (Programm-Parameter in PINMC: IFC1 = 0). Die kritischen Werte für eine Anzahl von O = 5, 10, 15, 20, 25 und 30 Objekten, die auf zwei, drei und vier Dimensionen skaliert wurden, finden sich bei Langeheine (1980) für die Parametereinstellungen IFC1 = 1 und IFC1 = 0. Für IFC1 = 0 wurden Simulationen durchgeführt, die die Frage tangieren, wie hoch der kritische Wert ist, wenn N = 4, 8, 12, 16, 20 und 24 Experten-*cognitive maps* in die formale Struktur einfließen. In der vorliegenden Studie werden 11 Objekte, auf zwei Dimensionen skaliert; in die formale Struktur flossen die *cognitive maps* von sechs Experten ein (s. Kapitel 4.2.9, S. 62). Für beide Parametereinstellungen (IFC1 = 1, IFC1 = 0) finden sich keine passenden Simulationsergebnisse. Daher werden mit PINMC Monte Carlo Simulationen durchgeführt, die die folgenden Fragestellungen tangieren:

1. Wie hoch ist die zufallsbedingte Übereinstimmung einer **individuellen** Experten-*cognitive map* A mit der formalen Struktur, die aus sechs **individuellen** Experten-*cognitive maps* (A, B, C, D, E, F) hervorgeht ist?
2. Wie hoch ist die **mittlere** zufallsbedingte Übereinstimmung von sechs **individuellen** Experten-*cognitive maps* (A, B, C, D, E, F)?
3. Wie hoch ist die zufallsbedingte Übereinstimmung einer **individuellen** Probanden-*cognitive map* mit der **fixierten** formalen Struktur, d. h. der gemeinsamen Expertenstruktur?

---

[8] Im Gegensatz zum Programm-Parameter IFC1 = 0 fließt die Probanden-*cognitive map* bei der Parametereinstellung IFC1 = 1 nicht in die formale Struktur ein. Diese gilt deshalb als fest oder *fixiert*.

PINMC ermittelt die Verteilungsfunktion der zufallsbedingten Übereinstimmung der *cognitive maps,* besser gesagt die Verteilungsfunktion der Übereinstimmung der Zufallskonfigurationen, in folgenden Schritten (Langeheine, 1980):

1. Erstellung einer Anzahl von N Zufallskonfigurationen X_i ($i = 1, \ldots, N$) mit einer Anzahl von jeweils O Objekten und D Dimensionen: Die Objektkoordinaten werden mit Hilfe eines Pseudozufallsgenerators im Wertebereich 0 bis 1 bestimmt und sind uniform verteilt. Es werden nur solche Objektkoordinaten beibehalten, die sich innerhalb eines bestimmten *Einheitskreises* befinden. Für die Kombination aus 11 Objekten, zwei Dimensionen und $N = 6$ Konfigurationen werden 160 unabhängige Replikationen berechnet (Parametereinstellung IFC1 = 0). Für die Kombination aus 11 Objekten, zwei Dimensionen und $N = 2$ Konfigurationen werden 200 unabhängige Replikationen berechnet (Parametereinstellung IFC1 = 1).
2. Berechnung der Verteilungsfunktion der Übereinstimmung der Zufallskonfigurationen mit Hilfe der Software PINMC, in die die LINGOES' PINDIS Version als Subroutine integriert ist.

Nach der Berechnung der Verteilungsfunktion gibt PINMC einige Kennwerte zur Beschreibung dieser Funktion aus. Darunter befinden sich das mittlere zufallsbedingte R_z^2 (abgekürzt: $M[R_z^2]$), die zugehörige Standardabweichung (abgekürzt: $SD[R_z^2]$), maximales und minimales R_z^2 sowie das 95% Perzentil der kumulativen Verteilungsfunktion von R_z^2. Dieser Wert wird als kritischer Wert betrachtet, bei dessen Überschreitung eine zufallsbedingte Übereinstimmung für beobachtete Daten mit einer Irrtumswahrscheinlichkeit $\leq .05$ (α-Fehler) ausgeschlossen werden darf.

4.2.5 Statistische Hypothesenprüfung

Für alle statistischen Tests wird ein Alpha-Niveau von .05 verwendet. Die gerichteten Hypothesen werden einseitig getestet.

Zur Bestimmung der Übereinstimmungsvalidität der Strukturindizes (*PRX, PTF, R^2*) mit dem Ergebnis des *multiple choice* Tests (Kriteriumsvariable) werden Produkt-Moment-Korrelationen durchgeführt (s. Kapitel 4.2.2, S. 52). Des Weiteren zeigen t-Tests für abhängige Stichproben an, ob sich die Verwandtschaftsurteile und *cognitive maps* der Probanden im Verlauf der Lernphase, d. h. vom ersten (UV-B_1) zum zweiten Messzeitpunkt (UV-B_2), an die mittleren Verwandtschaftsurteile der

Experten bzw. die formale Struktur angleichen. Entsprechend der PV-3 wird getestet, ob die Verwandtschaftsurteile und *cognitive maps* der Probanden mit hoher biologiebezogener Expertise mit den Verwandtschaftsurteilen der Experten bzw. der formalen Struktur stärker übereinstimmen als die Verwandtschaftsurteile und *cognitive maps* der Probanden mit hoher chemie- oder physikbezogener Expertise. Zu diesem Zweck wird eine univariate einfaktorielle Varianzanalysen mit dem Zwischensubjektfaktor Olympionikenkohorte (IBO, IChO, IPhO) und der abhängigen Variable Strukturindex im Nachtest (PRX, PTF, R^2) durchgeführt. Darüber hinaus werden a priori Kontrastanalysen über Mittelwertsunterschiede in der Testleistung der Olympionikenkohorte IBO mit jeder fachfremden Olympionikenkohorte (IChO, IPhO) berechnet.

4.2.6 Statistische Vorhersagen und Hypothesen

Ausgehend von den psychologischen Vorhersagen (s. Kapitel 4.2.2, S. 52) werden die folgenden statistischen Vorhersagen (SV) und statistischen Hypothesen (SH; es werden nur die Alternativhypothesen formuliert) abgeleitet. Zur Interpretation der Ableitungsketten vergleiche Hager (2004).

$SV - 1(MC\ Strukturindex^9; K = 1) \approx> (H_1: \rho > 0)$

$SV - 2 : (\mu_2 > \mu_1) \approx> (H_1: \psi_1 = \mu_2 - \mu_1 > 0)^{10}$

$SV - 3(kK): (\mu_{12} > \mu_{22}; \mu_{12} > \mu_{32}) \approx>$
$(H_{1,1}: \psi_{1,1} = \mu_{12} - \mu_{22} > 0) \wedge (H_{1,2}: \psi_{1,2} = \mu_{12} - \mu_{32} > 0)$

4.2.7 Versuchspersonen

Die Studie wird im Rahmen der dritten Vorrunde zur internationalen Biologieolympiade (IBO), Chemieolympiade (IChO) und Physikolympiade (IPhO) im Jahr 2009 durchgeführt. Die Kennwerte zur Beschreibung der Gruppengrößen, der

---

[9] Die SV-1 wird für jeden der Strukturindizes (PRX, PTF, R^2) separat getestet.

[10] Die SV-2 wird über die gesamte Stichprobe getestet ohne einzelne Olympionikenkohorten differenziert zu betrachten. Demnach repräsentiert μ_1 die erwartete mittlere Übereinstimmung der Verwandtschaftsurteile und *cognitive maps* der Probanden mit den mittleren Verwandtschaftsurteilen der Experten bzw. der formalen Struktur zum ersten Messzeitpunkt (UV-B$_1$). Gleiches gilt für μ_2 zum zweiten Messzeitpunkt (UV-B$_2$).

Altersstruktur und der Geschlechterverteilung können Tabelle 3 entnommen werden. In Kapitel 4.2.3 (s. S. 54) werden die optimalen Stichprobengrößen für die PV-1 bis PV-3 berechnet. Die tatsächliche Stichprobengröße ($N = 142$) fällt bezüglich der PV-1 und PV-2 höher, bezüglich der PV-3 niedriger aus. Damit ergeben sich gemäß der entsprechenden post hoc Poweranalysen mit G*Power bezüglich der PV-1 und PV-2 eine optimierte *Power* von $1-\beta = 1.00$ (gerundet) und bezüglich der PV-3 eine reduzierte *Power* von $1-\beta = .75$.

Tabelle 3. *Zusammensetzung der drei Olympionikenkohorten nach Alter und Geschlecht*[11]

	IBO	IChO	IPhO
Stichprobe *n*	45	49	48
Alter in Jahre (*SD*)	17.8 (0.9)	17.8 (1.1)	17.5 (2.7)
Geschlecht weiblich *n*	15	14	4

4.2.8 Material, Geräte und Hilfsmittel

Bei der Operationalisierung des Niveau- und Strukturbegriffs kann auf Testmaterial aus einer Vorstudie (N = 44 Schüler) zurückgegriffen werden, die im Jahr 2008 durchgeführt wurde. Das Testmaterial wurde für die vorliegende Validierungsstudie grundlegend überarbeitet und in seiner revidierten Fassung wiederverwendet. Eine Beschreibung der Vorstudie findet sich bei Großschedl und Harms (2008). Das Testmaterial (s. Anhang D) beginnt mit der Erstellung des Personencodes, um die Anonymität der Teilnehmer zu gewährleisten und um sicherzustellen, dass die Nachtests den entsprechenden Vortests zugewiesen werden können. Es folgen die Erfassung demographischer Daten (Geschlecht, Alter; nur Vortest) und der *multiple choice* Test zur Erfassung des Niveaus des deklarativen Wissens. Dieser *multiple choice* Test wird in zwei randomisierten Versionen eingesetzt. Vier *multiple choice* Aufgaben des Vortests (s. Anhang D-III; Aufgabe Nr. 1, 2, 3, 4) und drei *multiple choice* Aufgaben des Nachtests (s. Anhang D-IV; Aufgabe Nr. 1, 2, 3) erfordern bloße Reproduktionsleistungen, die verbleibenden zwei (Aufgabe Nr. 5, 6) bzw. drei

---

[11] Die Lernphase erfolgt in Paaren. Infolge der ungeraden Teilnehmerzahl in zwei Olympionikenkohorten bearbeiten zwei Teilnehmer das Lernmaterial nicht kooperativ, sondern individuell. Da die kooperative Organisationsform in der vorliegenden Validierungsstudie nicht von Bedeutung ist, werden auch die beiden individuell arbeitenden Teilnehmer in der Datenanalyse berücksichtigt.

multiple choice Aufgaben (Aufgabe Nr.4, 5, 6) treten als Problemlöseaufgaben in Erscheinung (s. Abbildung 7). Jede *multiple choice* Aufgabe verfügt über vier bis sechs Antwortalternativen. Um die Ratewahrscheinlichkeit zu minimieren, wird ein *Pick any out of n*-Antwortformat gewählt. Bei diesem Antwortformat wird die Anzahl zutreffender Antwortalternativen nicht vorgegeben, so dass jede Antwortalternative als eigenständiges Item aufgefasst werden kann (Rost, 2004).

(A) An welchen Stellen erfolgt in der Tierzelle die Glykosylierung integraler Membranproteine?
- ☐ Zytosol
- ☐ Golgi-Apparat
- ☐ Glattes endoplasmatisches Retikulum
- ☐ Raues endoplasmatisches Retikulum

(B) Welche der folgenden Proteine werden an den Ribosomen des rauen ER synthetisiert?
- ☐ Das Enzym Sialyltransferase, das sich am trans-Ende des Golgi-Apparats befindet.
- ☐ Das Enzym Insulin, welches von Zellen der Bauchspeicheldrüse in die Blutbahn sekretiert wird.
- ☐ Proteine, die das Zytoskelett aufbauen.
- ☐ Die Proteine, aus denen sich das Signalerkennungspartikel zusammensetzt.
- ☐ Antikörper (Immunglobuline), die von Plasmazellen ins Blutserum abgegeben werden.

Abbildung 7. Zwei Aufgabenbeispiele aus dem Vortest; die Lösung von Aufgabe (A) erfordert bloße Reproduktionsleistungen, während - bei dem erwarteten Wissensstand der Probanden - die Lösung von Aufgabe (B) Problemlöseleistungen erfordert.

Nach dem *multiple choice* Test folgt der SJT. SJTs setzen Ratings über die semantische Verwandtschaft aller möglichen Paarkombinationen eines Begriffspools voraus. Der Begriff der semantischen Verwandtschaft wird im Vor- und Nachtest wie folgt definiert: *„Zwei Begriffe können miteinander verwandt sein, weil sie gemeinsame Merkmale teilen oder häufig miteinander in Verbindung gebracht werden."* Um den Probanden ein Gespür für die Urteilsbildung innerhalb des relevanten Begriffspools zu vermitteln, werden sie sowohl im Vortest als auch im Nachtest aufgefordert zwei Begriffe hoher und zwei Begriffe geringer semantischer Verwandtschaft aus diesem Begriffspool auszuwählen, noch bevor sie mit den eigentlichen Ratings beginnen. In den eingesetzten Fragebögen werden die Ratings über eine 9-stufige unipolare Skala vorgenommen (1 = gering verwandt, 9 = stark verwandt), die auch über numerische Marker verfügt. Gemäß $n(n-1)/2$ ergeben sich für $n = 11$ Begriffe (u. a. Plasmamembran, raues ER) 55 Paarvergleiche. Um unerwünschten Kontexteffekten entgegenzuwirken, werden alle Paarvergleichsanordnungen mit der Software PCGEN (Allen & Baldwin, 1980; Niketta, 1989) nach dem Algorithmus von Ross (1934 in Allen & Baldwin, 1980) generiert. Dabei erscheint jeder Begriff in jeder Position gleich oft und die Anzahl der

Paarvergleiche bis zur folgenden Darbietung desselben Begriffes bleibt konstant. Neben der regelgeleiteten Anordnung der Begriffe bietet PCGEN die Möglichkeit die Matrix der Paarvergleiche in Blöcke aufzuteilen, um Ermüdung, Langeweile und Reaktanzeffekten vorzubeugen. Im vorliegenden Fall werden fünf verschiedene Paarvergleichsanordnungen zu jeweils fünf Blöcken erstellt. Jeder Block enthält jeden der Begriffe genau zweimal.

Das Lernmaterial besteht aus einem Text zum Thema *„Intrazelluläre Kompartimente und der Transport von Proteinen"* (Umfang ca. 1000 Wörter). Innerhalb des Lernmaterials finden sich auch die Arbeitsaufträge für die Probanden. Die Eigenschaften des Lernmaterials, die die verwendete Lernmethode und die Verfügbarkeit metakognitiver prompts betreffen, werden in Kapitel 5.2.7 (s. S. 109) beschrieben.

4.2.9 Expertenbefragung und Monte Carlo Simulationen

An der Erstellung des Referenzsystems sind drei Zellbiologen und drei Fachdidaktiker beteiligt. Die Experten bekommen zu diesem Zweck das Lernmaterial und werden instruiert, ihre Ratings in einem SJT auf Grundlage des Lernmaterials vorzunehmen. Durch diese Instruktion soll verhindert werden, dass die Experten ihren Ratings Informationen zugrunde legen, die den Probanden in Folge eines fehlenden Hintergrundwissens nicht zur Verfügung stehen. Anders ausgedrückt sollen die Experten als quasi-Novizen urteilen, die die Lernmaterialien wirklich verstanden haben.

In Tabelle 4 (Spalte 2) wird die interne Konsistenz der Experten-SJTs beschrieben. Alle Experten (mittleres $R_{CO} = .40$; $SD = .09$) überschreiten den kritischen Wert von $R_{CO} = .20$ deutlich (s. Kapitel 4.2.4.1, S. 55). Die deutliche Überschreitung des kritischen Wertes gilt als starker Hinweis dafür, dass die Experten-SJTs korrekt bearbeitet wurden und ein grober Fehler bei der Dateneingabe ausgeschlossen werden kann. Die interne Konsistenz der Experten-Ratings wird als akzeptabel betrachtet. Nach der Überprüfung der internen Konsistenz der Experten-SJTs werden die Ratings der Experten zweidimensional skaliert. Im Fall der multidimensionalen Skalierung kann die Anpassung der Lösungskonfiguration an die originalen Ratings durch das Stressmaß beschrieben werden (s. Kapitel 4.2.5, S. 55). Der Kruskals Stress (S) der individuellen Lösungskonfigurationen der Experten kann als befriedigend charakterisiert werden; er liegt im Mittel bei $S = .09$ ($SD = 04$; s. Tabelle 4, letzte Zeile). Damit unterschreitet er die kritische Grenze von $S = .18$ deutlich

(s. Kapitel 4.2.4.2, S. 55). Bezüglich der Pathfinder-Skalierung existiert kein analoges Anpassungsmaß. Abbildung 8 zeigt die mittlere Pathfinder- und MDS-generierte formale Struktur.

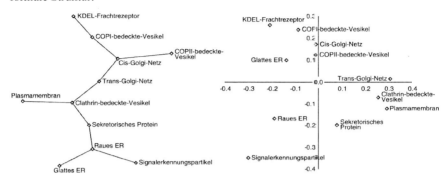

Abbildung 8. Die zweidimensionale formale Struktur basiert auf den semantischen Verwandtschaftsurteilen von sechs Experten über einen Pool aus 11 biologischen Fachbegriffen. Die mittlere Pathfinder-generierte formale Struktur ($q = n-1$, $r = \infty$; links) und die mittlere MDS-generierte formale Struktur (rechts) sind die Referenzsysteme zur Beurteilung individueller *cognitive maps*.

In den weiteren Analysen wird die Übereinstimmung der individuellen Pathfinder-generierten Experten-*cognitive maps* mit der *formalen Struktur* bestimmt. Sie beträgt im Mittel $PTF = .46$ (s. Tabelle 4, Spalte 4, letzte Zeile). Diese Übereinstimmung ergäbe sich per Zufall mit einer Wahrscheinlichkeit $\leq .001$ und ist hochsignifikant. Im Fall der MDS-generierten Pendants beträgt die mittlere Übereinstimmung $R^2 = .84$ (s. Tabelle 4, letzte Spalte, letzte Zeile). Um zu beurteilen, ob die mittlere Übereinstimmung der individuellen Experten-*cognitive maps* mit der formalen Struktur die zufallsbedingte Übereinstimmung signifikant überschreitet, werden für eine Anzahl von 11 Objekten, die in zwei Dimensionen skaliert werden, Monte Carlo Simulationen für das Lingoes und Borg PINDIS Modell mit Zufallsdaten durchgeführt. Dabei wird berücksichtigt, dass ein Teil der Übereinstimmung darauf zurückgeführt werden kann, dass jede Experten-*cognitive map* selbst in die formale Struktur einfließt.

Die aus den Monte Carlo Simulationen stammenden kritischen Werte zur Bestimmung der überzufälligen mittleren Übereinstimmung von sechs individuellen Experten-*cognitive maps* mit der formalen Struktur sind Tabelle 5 zu entnehmen (Zeile 4, Spalte 8-10). Für eine Irrtumswahrscheinlichkeit $p \leq .05$ (α-Fehler) kann der kritische Wert auf $= .49$ bestimmt werden, er wird von den Experten im Mittel

($M[R_o^2]$ = .84; SD = .06) deutlich überschritten (s. Tabelle 4, Spalte 5, letzte Zeile). Um zu testen, ob die Übereinstimmung jedes einzelnen Experten mit der formalen Struktur überzufällig ist, wird außerdem simuliert, wie hoch die zufallsbedingte Übereinstimmung einer **individuellen** Experten-*cognitive map* A mit der formalen Struktur ist, die aus sechs individuellen Experten-*cognitive maps* (A, B, C, D, E, F) hervorgeht (s. Tabelle 5, Zeile 3, Spalte 8-10).

Tabelle 4. *Interne Konsistenz der Experten-SJTs, die Strukturindizes PRX, PTF und R^2 sowie der Kruskals Stress der MDS-generierten Experten-cognitive maps; die Strukturindizes quantifizieren die Übereinstimmung der individuellen Expertenratings und individuellen Experten-cognitive maps mit den mittleren Expertenratings bzw. der formalen Struktur.*

Experte	SJT R_{CO}	Strukturindex			MDS
		PRX	PTF	R_o^2	S
1	.36	.86***	.52***	.86***	.10
2	.26	.81***	.37***	.79**	.07
3	.39	.84***	.39***	.87***	.13
4	.50	.92***	.65***	.91***	.12
5	.37	.78***	.46***	.74**	.03
6	.50	.82***	.34***	.85***	.06
M	.40	.84***	.46***	.84***	.09

Anmerkungen. R_{CO} = Bei stimmigen Ratings sollte R_{CO} eine kritische Grenze von .20 überschreiten (s. Kapitel 4.2.4.1, S. 55). *PRX* = Korrelationskoeffizient (Wertebereich -1 bis 1) aus der Produkt-Moment-Korrelation der individueller Expertenratings mit den mittleren Expertenratings. *PTF* = Korrespondenzkoeffizient (Wertebereich 0 bis 1) zur Quantifizierung der Übereinstimmung individueller Pathfinder-generierter Experten-*cognitive maps* mit der formalen Struktur; Pathfinder KNOT berechnet die Wahrscheinlichkeit, dass mindestens die beobachtete Anzahl an gemeinsamen Relationen zwischen zwei *cognitive maps* zustande kommt. Dieser Wert wird als statistischer Test für die Übereinstimmung von zwei *cognitive maps* genutzt. R_o^2 = Korrespondenzkoeffizient (Wertebereich 0 bis 1) zur Quantifizierung der Übereinstimmung individueller MDS-generierter Experten-*cognitive maps* mit der formalen Struktur. Die kritischen R_z^2-Werte für den Signifikanztest sind Tabelle 5 zu entnehmen. S = Kruskals Stress (s. Kapitel 4.2.5, S 55).

**$p \leq$ .01, 2-seitig. ***$p \leq$ .001, 2-seitig.

Für eine Irrtumswahrscheinlichkeit $p \leq .05$ (α-Fehler) beträgt der kritische Wert $R_z^2 = .63$. Er wird von allen Experten ($R_o^2 = .74$ bis .91) deutlich überschritten (s. Tabelle 4, Spalte 5). Neben den Monte Carlo Simulationen, die die zufallsbedingte Übereinstimmung der MDS-generierten Experten-*cognitive maps* mit der formalen Struktur betreffen, werden Monte Carlo Simulationen zur Bestimmung der zufallsbedingten Übereinstimmung einer **individuellen** Probanden-*cognitive map* mit der fixierten formalen Struktur durchgeführt (s. Tabelle 5, Zeile 5, Spalte 8-10). Für eine Irrtumswahrscheinlichkeit $p \leq .05$ (α-Fehler) kann der kritische Wert auf $R_z^2 = .35$ bestimmt werden. Die Bestimmung der kritischen Werte (R_z^2) für strengere α-Fehlerniveaus erfolgt über die auf J. Cohen (1960) zurückgehende Kappa Statistik (κ; s. Formel 1), in die das mittlere zufallsbedingte R_z^2 ($M[R_z^2]$) und der entsprechende Wert von κ eingesetzt werden. Da PINMC lediglich die Standardabweichung von κ ausgibt, wird κ gemäß Formel 2 aus $SD(R_z^2)$ und dem jeweiligen z-Wert aus der Tabelle der Standardnormalverteilung berechnet.

$$\kappa = \frac{R_z^2 - M(R_z^2)}{1 - M(R_z^2)} \qquad (1)$$

$$z = \frac{\kappa}{SD(\kappa)} \qquad (2)$$

Tabelle 5. *Monte Carlo Simulationen mit Zufallsdaten für das Lingoes und Borg PINDIS Modell mit dem FORTRAN IV Programm PINMC (s. Kapitel 4.2.4.3, S. 56)*

	IFC1	ND	NO	NC	$M(R_z^2)$	$SD(R_z^2)$	Kritisches R_z^2 für Perzentile			$SD(\kappa)$
							95.	99.	99.9.	
1. Fall	0	2	11	6	.41	.13	.63	.74	.83	0.22
2. Fall	0	2	11	6	.41	.04	.49	.52	.55	0.07
3. Fall	1	2	11	2	.16	.11	.35	.44	.52	0.13

Anmerkungen. IFC1 = Programmparameter in PINMC (Langeneine, 1980). IFC1 = 0: Zufallsbedingte Übereinstimmung der formalen Struktur mit einer Experten-*cognitive map*, die selbst in die formale Struktur einfließt. IFC1 = 1: zufallsbedingte Übereinstimmung einer Probanden-*cognitive map* mit der fixierten formalen Struktur. ND = Anzahl der Dimensionen. NO = Anzahl der Objekte. NC = Anzahl der Konfigurationen. R_z^2 = zufallsbedingtes R^2 (s. Kapitel 4.2.4.3, S. 56). κ = Kappa aus der auf J. Cohen (1960) zurückgehenden Kappa Statistik (s. S. 65).

Tabelle 5. *(Fortsetzung)*

Perzentile = Perzentile der kumulativen Verteilungsfunktion von R_z^2. 1. Fall = Zufallsbedingte Übereinstimmung einer individuellen Experten-*cognitive map* A mit der formalen Struktur, die aus sechs individuellen Experten-*cognitive maps* (A, B, C, D, E, F) hervorgegangen ist. Die Berechnungen für die mittlere Expertenkonfiguration basieren auf 960 individuellen Koeffizienten. 2. Fall = Mittlere zufallsbedingte Übereinstimmung von sechs individuellen Experten-*cognitive maps*. Die Berechnungen für die mittlere Expertenkonfiguration basieren auf 160 mittleren Koeffizienten. 3. Fall = Zufallsbedingte Übereinstimmung einer individuellen Probanden-*cognitive map* mit der fixierten formalen Struktur. Die Berechnungen für die fixierte Expertenkonfiguration basieren auf 200 individuellen Koeffizienten.

4.2.10 Versuchsdurchführung

In der vorliegenden Validierungsstudie werden abgesehen von der UV-A und UV-B zusätzlich die verwendete Lernmethode (**UV-C**; *concept mapping* vs. Notizen Erstellen) und die Verfügbarkeit metakognitiver *prompts* (**UV-D**; ja vs. nein) variiert. Beide Variablen werden in der anschließenden Lernwirksamkeitsstudie als unabhängige Variablen operationalisiert (s. Kapitel 5.2.1.1, S. 103). Die Einführung der zweistufigen UV-C und UV-D wird vorgenommen, um die Praktikabilität der verschiedenen experimentellen Bedingungen für die spätere Lernwirksamkeitsstudie zu prüfen und die Übertragbarkeit der Ergebnisse aus der Validierungsstudie auf die Lernwirksamkeitsstudie zu gewährleisten. Eine Auswertung nach den Faktorstufen der UV-C und UV-D ist in Zusammenhang mit der Validierungsstudie nicht vorgesehen, daher werden die UV-C und UV-D in Kapitel 4.2.1.1 (s. S. 49) nicht als unabhängige Variablen eingeführt und in Kapitel 4.2.3 (s. S. 54) statt von einem 3 x 2 x 2 x 2 von einem 3 x 2 faktoriellen Design gesprochen. Innerhalb der einzelnen Olympionikenkohorten deckt sich der Ablauf der Validierungsstudie mit dem Ablauf der Lernwirksamkeitsstudie (inkl. Training im *concept mapping*, Lernphase; s. Kapitel 5.2.8, S. 111). Da die experimentelle Variation der Lernmethode und der Verfügbarkeit metakognitiver *prompts* in der Validierungsstudie keine Rolle spielt, wird an dieser Stelle auf eine detaillierte Darstellung verzichtet.

Vor Beginn der Validierungsstudie werden die Probanden vom Testleiter aufgefordert sich in Paaren zusammenzufinden. Auf eine zufällige oder vorwissensabhängige Zusammenstellung der Paare wird aus Gründen der ökologischen Validität der Studie verzichtet. An jedem Arbeitsplatz befindet sich ein verschlossener Umschlag, der den Vortest, eine Anleitung zur softwarebasierten Konstruktion von *concept maps* und das Lernmaterial in doppelter Ausführung enthält. Die 30-minütige Einführungsphase beginnt mit der Entnahme der Anleitung für die softwarebasierte Konstruktion von *concept maps* aus dem Umschlag. Der Ablauf der 30-minütigen Einführungsphase wird in Kapitel 5.2.8 (s. S. 111) beschrieben. Im Anschluss an die Einführungsphase werden die Bearbeitung der SJTs und der Begriff der semantischen Verwandtschaft unter Verwendung alltagssprachlicher Begriffe mündlich beschrieben (s. Kapitel 4.2.8, S. 60). Den Probanden wird außerdem erklärt, dass die semantische Verwandtschaft eines Begriffspaares maßgeblich von der jeweiligen Referenzgruppe bestimmt wird und nur relativ zu dieser beurteilt werden kann. Zur Veranschaulichung dieses Sachverhalts verweist der Versuchsleiter darauf, dass die semantische Verwandtschaft des Begriffspaares „*Hund – Vogel*" in einem Begriffspool aus „*Hund, Katze, Vogel*" anders eingeschätzt werden würde als in einem Begriffspool aus „*Hund, Vogel, Teller*". Die nachfolgende Validierungsstudie besteht aus zwei 20-minütigen Testphasen und einer 60-minütigen Lernphase. Die Probanden entnehmen auf Anweisung des Testleiters die Vortests aus dem Umschlag und beginnen mit der individuellen Testbearbeitung. Nach Abschluss der ersten Testphase wird der Vortest zurück in den Umschlag gegeben, das Lernmaterial entnommen und der Umschlag verschlossen. Die Aufgaben der Probanden und ihre Zuweisung zu der jeweiligen Lernumgebung (*concept mapping* mit/ohne metakognitive *prompts*, Notizen mit/ohne metakognitive *prompts*) sind auf dem Lernmaterial vermerkt, d. h. die Zuweisung der Probanden zu den experimentellen Bedingungen erfolgt zufällig qua Platzwahl. Das Lernmaterial führt die Probanden durch die beginnende Lernphase. Unmittelbar nach der Lernphase wird die Zusammenarbeit der Paare aufgelöst und die zweite individuelle Testphase eingeleitet.

4.3 Ergebnisse

4.3.1 Voranalysen

Für alle statistischen Tests wird ein Alpha-Niveau von .05 festgelegt.

Die drei experimentellen Bedingungen der vorliegenden Validierungsstudie sind durch die Olympionikenkohorte (IBO, IChO, IPhO) festgelegt. Innerhalb jeder Olympionikenkohorte wurden zusätzlich die verwendete Lernmethode und die Verfügbarkeit metakognitiver *prompts* (s. Kapitel 4.2.10, S. 66) als Vorbereitung auf die nachfolgende Lernwirksamkeitsstudie variiert. Ein Vergleich der Olympionikenkohorten hinsichtlich ihres Nachtestergebnisses könnte mit der

Lernumgebung (*concept mapping* mit/ohne metakognitive *prompts*, Notizen mit/ohne metakognitive *prompts*) konfundiert sein, würden sich die Teilnehmer innerhalb der drei Olympionikenkohorten in unterschiedlichen Anteilen auf die Lernumgebungen verteilen. Ein χ^2-Test zeigt, dass sich die Zuteilung der Probanden zu den vier Lernumgebungen zwischen den Olympionikenkohorten (IBO, IChO, IPhO) nicht signifikant voneinander unterscheidet, $\chi^2(6, N = 142) = 4.70$, n. s. Daher wird die Lernbedingung bezogen auf die PV-3 nicht kontrolliert (s. Kapitel 4.2.2, S. 52).

Die interne Konsistenz der Probanden-SJTs kann im Mittel als akzeptabel betrachtet werden. Im Mittel überschreiten die Probanden den kritischen Wert ($R_{CO} = .20$) sowohl im Vortest ($R_{CO} = .35$; $SD = .38$) als auch im Nachtest ($R_{CO} = .39$; $SD = .25$). Die hohe Standardabweichung verweist jedoch auf erhebliche Unterschiede hinsichtlich der internen Konsistenz der SJTs verschiedener Probanden. Da die interne Konsistenz der Ratings mit dem domänenspezifischen Wissen der Probanden korreliert ist, bildet eine niedrige Ausprägung der internen Konsistenz kein Ausschlusskriterium für einzelne Versuchspersonen (s. Kapitel 4.2.4.1, S. 55). Neben der internen Konsistenz der Probanden-SJTs wird die interne Konsistenz für den *multiple choice* Test bestimmt. Als Maß für die interne Konsistenz wird Cronbach's α bestimmt. Die interne Konsistenz des *multiple choice* Tests gilt für Gruppenvergleiche als hinreichend (Cronbach's $\alpha_{Vortest} = .56$; Cronbach's $\alpha_{Nachtest} = .62$)[12]. Als Voraussetzung für die Durchführung parametrischer Tests wird die Normalverteilung der Strukturindizes, die aus den SJTs hervorgehen, und dem *multiple choice* Testergebnis überprüft. Zur Überprüfung der Normalverteilung werden Verteilungstests nach Kolmogorov-Smirnov durchgeführt. Die entsprechenden Variablen sind normalverteilt (s. Anhang G-IX-19, G-IX-0). Hinsichtlich der Anpassung der Lösungskonfigurationen aus der multidimensionalen Skalierung an die originalen Ratings wird der mittlere Kruskals Stress bestimmt. Die Anpassung der Lösungskonfiguration an die originalen Ratings kann im Mittel als akzeptabel beschrieben werden. Die Probanden unterschreiten den zulässigen Maximalwert von $S = .18$ (kritische Grenze, s. Kapitel 4.2.5, S. 58) mit einem mittleren Kruskals Stress von $S = .09$ ($SD = .07$) im Vortest und $S = .11$ ($SD = .05$) im Nachtest deutlich.

---

[12] Eine interne Konsistenz von Cronbach's $\alpha = .50$ bis .70 gilt nach Lienert und Raatz (1994) für Gruppenvergleiche als ausreichend.

4.3.2 Überprüfung der Hypothesen und Vorhersagen

In der statistischen Vorhersage (SV-1) wird davon ausgegangen, dass zwischen dem erwarteten mittleren *multiple choice* Nachtestergebnis (*MC*) und der erwarteten mittleren Übereinstimmung der Verwandtschaftsurteile und *cognitive maps* der Probanden mit den Verwandtschaftsurteilen der Experten bzw. der formalen Struktur (*PRX*, *PTF*, R^2; Nachtest) eine positive Korrelation besteht. Die statistische Hypothese SH-1 (H_1: $\rho > 0$) wird für jeden Strukturindex (*PRX*, *PTF*, R^2) separat getestet. Dazu werden Produkt-Moment-Korrelationen zwischen dem *multiple choice* Testergebnis (*MC*) und den einzelnen Strukturindizes durchgeführt (s. Tabelle 6, Zeile 2). Die empirische Korrelation ist in allen Fällen statistisch signifikant, so dass die vorhersagekonforme H_1 und die ihr vorgeordnete, äquivalente statistische Vorhersage SV-1 in allen Fällen angenommen werden kann. Für die Korrelationen der Strukturindizes mit dem *multiple choice* Testergebnis können in allen Fällen mittlere bis starke Effektgrößen berichtet werden. Die Korrelationen der Strukturindizes *PRX* bzw. R^2 überschreiten den vorab spezifizierten Kriteriumswert, nämlich $\rho_{krit} = .45$. Daher wird die psychologische Vorhersage PV-1 für diese Indizes als uneingeschränkt eingetreten beurteilt. Im Fall der Korrelation des Strukturindizes aus der Pathfinder-Skalierung (*PTF*) mit dem *multiple choice* Testergebnis wird der vorab spezifizierte Kriteriumswert mit $r = .44$ geringfügig unterschritten. Die PV-1 wird als eingeschränkt zutreffend beurteilt, aber mit einem geringeren Effekt als erwartet.

Unabhängig von der Überprüfung der PV-1 wird explorativ getestet, ob die Strukturindizes unterschiedlich stark mit dem *multiple choice* Testergebnis korrelieren. Der Signifikanztest für zwei korrelierte Produkt-Moment-Korrelationen nach Meng, Rosenthal und Rubin (1992) zeigt an, dass das *multiple choice* Testergebnis signifikant stärker mit dem Strukturindex *PRX* korreliert ist als mit dem Strukturindex aus der Pathfinder-Skalierung (*PTF*), $Z = 2.41$, $p \leq .05$. Auch die Korrelation zwischen dem *multiple choice* Testergebnis und dem Strukturindex *PRX* auf der einen Seite und die Korrelation zwischen dem *multiple choice* Testergebnis und dem Strukturindex aus der MDS (R^2) auf der anderen Seite unterscheiden sich überzufällig, $Z = 2.01$, $p \leq .05$. Dagegen unterscheiden sich die Korrelation zwischen dem *multiple choice* Testergebnis und dem Strukturindex aus der MDS (R^2) auf der einen Seite und die Korrelation zwischen dem *multiple choice* Testergebnis und dem Strukturindex aus der Pathfinder-Skalierung (*PTF*) auf der anderen Seite mit einem Z-Wert von $Z = 0.31$ nicht signifikant.

Tabelle 6. *Interkorrelationen (r) für die Wissensindizes des Nachtests (N = 136, listenweiser Fallausschluss)*

Wissensindex	1	2	3	4
1. MC	--	.56^{+++}	.44^{+++}	.46^{+++}
2. PRX		--	.80***	.80***
3. PTF			--	.67***
4. R^2				--

Anmerkungen. MC = z-standardisiertes *multiple choice* Testergebnis. PRX = Korrelationskoeffizient aus der Produkt-Moment-Korrelation der Probandenratings mit den mittleren Expertenratings. PTF = Korrespondenzkoeffizient zur Quantifizierung der Übereinstimmung Pathfinder-generierter Probanden-*cognitive maps* mit der formalen Struktur. R^2 = Korrespondenzkoeffizient zur Quantifizierung der Übereinstimmung MDS-generierter Probanden-*cognitive maps* mit der formalen Struktur. r = Effektstärkemaß: $r = .10$ geringer Effekt, $r = .30$ mittlerer Effekt, $r = .50$ starker Effekt (J. Cohen, 1983)

$^{+++}p \leq .001$, 1-seitig. $^{***}p \leq .001$, 2-seitig.

Des Weiteren wird explorativ untersucht, welcher Teil der Varianz des *multiple choice* Testergebnisses durch die einzelnen Strukturindizes aufgeklärt werden kann, wenn der Teil der Varianz, der gleichzeitig durch einen oder beide korrespondierenden Strukturindizes aufgeklärt wird, herauspartialisiert wird. Ziel der Berechnung ist ein analytisches Verständnis hinsichtlich der Korrelationen der einzelnen Strukturindizes mit dem *multiple choice* Testergebnis als es Tabelle 6 ermöglicht. Zu diesem Zweck wird die Partialkorrelation zwischen je einem Strukturindex und dem *multiple choice* Testergebnis bestimmt, wobei der Einfluss eines korrespondierenden Strukturindexes herauspartialisiert wird (s. Tabelle 7). Auf diese Weise kann beispielsweise gezeigt werden, dass PRX das Ergebnis im *multiple choice* Test auch dann noch signifikant voraussagen kann, wenn die Varianz des *multiple choice* Testergebnisses, die von den Strukturindizes aus der Pathfinder- oder multidimensionalen Skalierung (PTF bzw. R^2) aufgeklärt wird, herauspartialisiert wird (Zeile 3). Werden die Partialkorrelationen zwischen jedem der Strukturindizes mit dem *multiple choice* Testergebnis durchgeführt und die verbleibenden Strukturindizes gleichzeitig kontrolliert, so besteht zwischen dem Strukturindex PRX und dem *multiple choice* Testergebnis ein signifikanter Zusammenhang, $r = .29$, $p \leq .001$, während der Zusammenhang zwischen dem Strukturindex aus der Pathfinder-Skalierung (PTF) und dem *multiple choice* Testergebnis im einen Fall,

$r = -.01$, n. s., und zwischen dem Strukturindex aus der MDS (R^2) und dem *multiple choice* Testergebnis im anderen Fall, $r = .04$, n. s., verschwindet.

Tabelle 7. *Partialkorrelationen zwischen den einzelnen Strukturindizes mit dem multiple choice Testergebnis (MC) unter Kontrolle korrespondierender Strukturindizes (nur Nachtest; N = 133)*

Strukturindex	Strukturindex als Kontrollvariable		
	PRX	PTF	R^2
PRX	--	.37***	.35***
PTF	.00	--	.20*
R^2	.04	.25**	--

Anmerkungen. PRX = Korrelationskoeffizient aus der Produkt-Moment-Korrelation der Probandenratings mit den mittleren Expertenratings. PTF = Korrespondenzkoeffizient zur Quantifizierung der Übereinstimmung Pathfinder-generierter Probanden-*cognitive maps* mit der formalen Struktur. R^2 = Korrespondenzkoeffizient zur Quantifizierung der Übereinstimmung MDS-generierter Probanden-*cognitive maps* mit der formalen Struktur.

*p ≤ .05, 2-seitig. **p ≤ .01, 2-seitig. ***p ≤ .001, 2-seitig.

In der statistischen Vorhersage SV-2 wird davon ausgegangen, dass sich die Verwandtschaftsurteile und *cognitive maps* der Probanden im erwarteten Mittel vom Vortest zum Nachtest an die Verwandtschaftsurteile der Experten bzw. an die formale Struktur annähern. Die statistische Hypothese SH-2 ($H_1: \psi_1 = \mu_2 - \mu_1 > 0$) wird für jeden Strukturindex (*PRX*, *PTF*, R^2) separat getestet (t-Test für abhängige Stichproben) und kann in allen Fällen inferenzstatistisch gestützt werden (s. Tabelle 8, Spalte 6). Die vorhersagekonforme H_1 und die ihr äquivalente SV-2 werden für alle Strukturindizes angenommen. Der empirische Effekt ($d = 1.11$ bis $d = 1.39$, Zeile 7) überschreitet in allen Fällen den vorab spezifizierten Kriteriumswert von $\delta_{krit} = 0.50$, so dass die psychologische Vorhersage PV-2 eingetreten ist. In Übereinstimmung mit dem Ergebnis, dass sich die *cognitive maps* der Probanden im erwarteten Mittel vom Vortest zum Nachtest an die formale Struktur angleichen, zeigen die Monte Carlo Simulationen (s. Kapitel 4.2.9, S. 62), dass die Probanden den kritischen Wert für ein Alpha-Niveau von .01 ($R_z^2 = .44$; s. Tabelle 5, Zeile 5, Spalte 9) zum Zeitpunkt des Nachtests mit einem mittleren beobachteten $R_o^2 = .51$ ($SD = .28$; s. Tabelle 8, letzte Zeile) deutlich überschreiten. Zum Zeitpunkt des Vortests stimmt das mittlere beobachtete $R_o^2 = .18$ ($SD = .12$; s. Tabelle 8, letzte Zeile) dagegen mit dem mittleren zufallsbedingten

R_z^2 ($M[R_z^2] = .16$, $SD = .11$; s. Tabelle 5, letzte Zeile, Spalte 6) überein. Diese Ergebnisse deuten darauf hin, dass die SJTs zum Zeitpunkt des Vortests aufgrund der fehlenden Vorkenntnisse der Probanden in dem spezifischen zellbiologischen Inhalt im Mittel durch Raten bearbeitet wurden. Zum Zeitpunkt des Nachtests stimmen die *cognitive maps* der Probanden dagegen in substantieller Weise mit der formalen Struktur überein.

Tabelle 8. *Mittelwerte und Mittelwertsunterschiede zwischen den Vor- und Nachtestergebnissen (N = 124, listenweiser Fallausschluss)*

Strukturindex	Vortest		Nachtest		$t(123)$	d
	M	SD	M	SD		
PRX	.19	.15	.56	.25	14.52[+++]	1.30
PTF	.03	.06	.25	.15	15.49[+++]	1.39
R^2	.18	.12	.51[**]	.28	12.35[+++]	1.11

Anmerkungen. d = Effektstärkemaß: $d = 0.20$ geringer Effekt, $d = .50$ mittlerer Effekt, $d = .80$ starker Effekt (J. Cohen, 1983). *PRX* = Korrelationskoeffizient (Wertebereich -1 bis 1) aus der Produkt-Moment-Korrelation der Probandenratings mit den mittleren Expertenratings. *PTF* = Korrespondenzkoeffizient (Wertebereich 0 bis 1) zur Quantifizierung der Übereinstimmung Pathfinder-generierter Probanden-*cognitive maps* mit der formalen Struktur. R^2 = Korrespondenzkoeffizient (Wertebereich 0 bis 1) zur Quantifizierung der Übereinstimmung MDS-generierter Probanden-*cognitive maps* mit der formalen Struktur; die kritischen R^2-Werte für den Signifikanztest sind Tabelle 5 zu entnehmen.
[+++]$p \leq .001$, 1-seitig. [**]$p \leq .01$, 2-seitig.

In der statistischen Vorhersage SV-3 wird davon ausgegangen, dass die Verwandtschaftsurteile und *cognitive maps* der Probanden mit hoher biologiebezogener Expertise (IBO) im erwarteten Mittel mit den Verwandtschaftsurteilen der Experten bzw. der formalen Struktur stärker übereinstimmen als die Verwandtschaftsurteile und *cognitive maps* der Probanden mit hoher chemie- oder physikbezogener Expertise (IChO bzw. IPhO). Die statistischen Einzelhypothesen ($H_{1,1}: \psi_{1,1} = \mu_{12} - \mu_{22} > 0$) $\wedge$ ($H_{1,2}: \psi_{1,2} = \mu_{12} - \mu_{32} > 0$) werden für jeden Strukturindex separat getestet (Varianzanalyse mit a priori Kontrastanalysen). Da ein χ^2-Test zeigt, dass sich die Lernumgebungen (*concept mapping* mit/ohne metakognitive *prompts*, Notizen mit/ohne metakognitive *prompts*) nicht unterschiedlich auf die Olympionikenkohorten verteilen (s. Kapitel 4.3.1, S. 68), wird der Einfluss der Lernumgebung nicht kontrolliert. Tabelle 9 enthält deskriptive Statistiken für die Testleistung der verschiedenen Olympionikenkohorten zum Zeitpunkt des Vor- und Nachtests ohne die Lernumgebung aufzuführen.

Tabelle 9. *Mittelwerte und Standardabweichungen für die Strukturindizes PRX, PTF und R^2 in Abhängigkeit von der Olympionikenkohorte und dem Messzeitpunkt (listenweiser Fallausschluss)*

Struktur-index	Olympioniken-kohorte	Vortest			Nachtest		
		M	SD	n	M	SD	n
PRX	IBO	.20	.15	45	.66	.18	44
	IChO	.17	.15	40	.44	.29	46
	IPhO	.21	.13	44	.49	.29	46
PTF	IBO	.05	.07	45	.31	.14	44
	IChO	.02	.06	40	.18	.16	46
	IPhO	.03	.06	44	.21	.13	46
R^2	IBO	.17	.12	45	.58***	.25	44
	IChO	.17	.11	40	.43*	.25	46
	IPhO	.19	.13	44	.46**	.32	46

Anmerkungen. PRX = Korrelationskoeffizient (Wertebereich -1 bis 1) aus der Produkt-Moment-Korrelation der Probandenratings mit den mittleren Expertenratings. PTF = Korrespondenzkoeffizient (Wertebereich 0 bis 1) zur Quantifizierung der Übereinstimmung Pathfinder-generierter Probanden-*cognitive maps* mit der formalen Struktur. R^2 = Korrespondenzkoeffizient (Wertebereich 0 bis 1) zur Quantifizierung der Übereinstimmung MDS-generierter Probanden-*cognitive maps* mit der formalen Struktur; die kritischen R^2-Werte für den Signifikanztest sind Tabelle 5 zu entnehmen.
*$p \leq .05$, 2-seitig. **$p \leq .01$, 2-seitig. ***$p \leq .001$, 2-seitig.

Der Levene-Test auf Varianzhomogenität zwischen den Olympionikenkohorten fällt für die Wissensindizes aus der Pathfinder-Skalierung und der MDS (*PRX* bzw. R^2) signifikant aus (s. Anhang G-X-22). Daher werden Varianzanalysen nach M. B. Brown und Forsythe (1974, in Field, 2009) mit dem Zwischensubjektfaktor der Olympionikenkohorte und den Strukturindizes (*PRX*, *PTF* oder R^2; nur Nachtest) als abhängige Variablen berechnet. Die Varianzanalysen zeigen, dass im Nachtest inferenzstatistische Unterschiede hinsichtlich der Übereinstimmung der Verwandtschaftsurteile und *cognitive maps* der Probanden mit den Verwandtschaftsurteilen der Experten bzw. der formalen Struktur zwischen den Olympionikenkohorten existieren (s. Tabelle 10, Spalte 2).

Tabelle 10. *Varianzanalyse nach M. B. Brown und Forsythe (1974, in Field, 2009) mit dem Zwischensubjektfaktor der Olympionikenkohorte und der abhängigen Variable Strukturindex (N = 136, listenweiser Fallausschluss)*

Index	F_{BF}	df1	df2	f
PRX	9.32***	2	119.28	0.35
PTF	10.37***	2	129.47	0.37
R^2	3.35*	2	125.71	0.22

Anmerkungen. F_{BF} = Brown und Forsythe F-Wert; F_{BF} ist asymptotisch F-verteilt. f = Effektstärkemaß: f = .10 geringer Effekt, f = .25 mittlerer Effekt, f = .40 starker Effekt (J. Cohen, 1983). PRX = Korrelationskoeffizient aus der Produkt-Moment-Korrelation der Probandenratings mit den mittleren Expertenratings. PTF = Korrespondenzkoeffizient zur Quantifizierung der Übereinstimmung Pathfinder-generierter Probanden-*cognitive maps* mit der formalen Struktur. R^2 = Korrespondenzkoeffizient zur Quantifizierung der Übereinstimmung MDS-generierter Probanden-*cognitive maps* mit der formalen Struktur. Die Ergebnisse der a priori Kontrastanalysen finden sich in Tabelle 11.
*$p \leq .05$, 1-seitig. ***$p \leq .001$, 1-seitig.

Zur Prüfung der statistischen Hypothesen werden a priori Kontrastanalysen durchgeführt. Die Ergebnisse aus den Paarvergleichen sind Tabelle 11 zu entnehmen. Alle Strukturindizes decken einen signifikanten Unterschied zwischen Teilnehmern der dritten Vorrunde zur IBO (μ_{12}) und IChO (μ_{22}) bzw. IPhO (μ_{32}) auf (Spalte 5). Die vorhersagekonformen statistischen Einzelhypothesen $H_{1,1}$ und $H_{1,2}$ gelten damit als angenommen. Die statistische Vorhersage SV-3 setzt sich aus zwei testbaren statistischen Einzelhypothesen zusammen. Für die Entscheidung über die SV-3 wurde ein konjunktives, d. h. strenges, Entscheidungskriterium (kK) festgelegt. Es müssen also beide vorhersagekonformen statistischen Einzelhypothesen angenommen werden, um positiv über die vorgeordnete SV-3 zu entscheiden. Da alle vorhersagekonformen statistischen Einzelhypothesen angenommen werden, wird auch die SV-3 für alle Strukturindizes angenommen. Die empirischen Effektgrößen überschreiten mit einer Ausnahme (Strukturindex R^2; s. Tabelle 11, Spalte 7, letzte Zeile) den vorab spezifizierten Kriteriumswert von $\delta = 0.50$. Bezogen auf den Vergleich der beiden Olympionikenkohorten IBO und IPhO ist der empirische Effekt ($d = 0.38$) für den Strukturindex aus der MDS (R^2) kleiner als der vorab spezifizierte Kriteriumswert, liegt aber in der vorhergesagten Richtung. Die PV-3 wird für den Strukturindex R^2 als eingeschränkt zutreffend beurteilt, im Fall der Strukturindizes *PRX* und *PTF* hat sich die PV-3 uneingeschränkt bewährt.

Tabelle 11. *A priori Kontrastanalysen über Mittelwertsunterschiede in der Testleistung verschiedener Olympionikenkohorten; die Testleistung wird durch die Strukturindizes des Nachtests repräsentiert. Die $H_{1,1}$ vertritt den Mittelwertsunterschied in der Testleistung von Teilnehmern der dritten Vorrunde zur IBO (μ_{12}) und IChO (μ_{22}). Die $H_{1,2}$ vertritt den Mittelwertsunterschied in der Testleistung von Teilnehmern der dritten Vorrunde zur IBO (μ_{12}) und IPhO (μ_{32}).*

Struktur-Index	SH	KW	SE	t	df	d	SH angenommen?
PRX	$H_{1,1}: \mu_{12} - \mu_{22} > 0$	0.22	0.05	4.49***	75.85	0.95	ja
	$H_{1,2}: \mu_{12} - \mu_{32} > 0$	0.17	0.05	3.31***	75.61	0.70	ja
PTF	$H_{1,1}: \mu_{12} - \mu_{22} > 0$	0.13	0.03	4.37***	133	0.92	ja
	$H_{1,2}: \mu_{12} - \mu_{32} > 0$	0.10	0.03	3.33***	133	0.70	ja
R^2	$H_{1,1}: \mu_{12} - \mu_{22} > 0$	0.15	0.05	2.75**	87.94	0.58	ja
	$H_{1,2}: \mu_{12} - \mu_{32} > 0$	0.11	0.06	1.82*	84.09	0.38	ja

Anmerkungen. SH = Vorhersagekonforme statistische Hypothese. KW = Kontrastwert; der Kontrastwert basiert auf den adjustierten Mittelwerten. SE = Standardfehler. d = Effektstärkemaß: d = 0.20 geringer Effekt, d = .50 mittlerer Effekt, d = .80 starker Effekt (J. Cohen, 1983); die Berechnung der Effektstärke d erfolgt nach Westermann (2000, S. 357). PRX = Korrelationskoeffizient (Wertebereich -1 bis 1) aus der Produkt-Moment-Korrelation der Probandenratings mit den mittleren Expertenratings. PTF = Korrespondenzkoeffizient (Wertebereich 0 bis 1) zur Quantifizierung der Übereinstimmung Pathfinder-generierter Probanden-*cognitive maps* mit der formalen Struktur. R^2 = Korrespondenzkoeffizient (Wertebereich 0 bis 1) zur Quantifizierung der Übereinstimmung MDS-generierter Probanden-*cognitive maps* mit der formalen Struktur.
*$p \leq .05$, 1-seitig. **$p \leq .01$, 1-seitig. ***$p \leq .001$, 1-seitig.

4.4 Diskussion

Wird in der vorliegenden Arbeit vom Lernen gesprochen, so bezieht sich dieser Terminus auf den Erwerb deklarativen Wissens. Das deklarative Wissen der Lernenden im Inhaltsbereich Zellbiologie wird als wichtiges Förderziel betrachtet; Maßnahmen zur Verbesserung des deklarativen Wissens der Lernenden werden in der nachfolgenden Studie auf ihre Lernwirksamkeit hin überprüft (s. Kapitel 5, S. 87). Bevor die Lernwirksamkeitsstudie durchgeführt werden kann, muss das Konzept des deklarativen Wissens konkretisiert und einer Diagnose zugänglich gemacht werden. De Jong und Ferguson-Hessler (1996) unterscheiden eine von der Dimension der deklarativen Wissensdomäne unabhängige zweite Dimension, die die Struktur, das Niveau, die Automation, die Modalität und den Allgemeinheitsgrad der angesprochenen Wissensdomäne beschreibt. Im Mittelpunkt der vorliegenden

Validierungsstudie stehen die Struktur der deklarativen Wissensdomäne und die Forschungsfrage, ob die Kenntnis der hypothetischen Wissensstruktur eines Lernenden eine valide Aussage über den Expertisegrad des Lernenden erlaubt. Zur Erfassung des Struktur des deklarativen Wissens wird ein Verfahren genutzt, dem die Annahme unterliegt, dass deklaratives Wissen kognitiv in mentalen Begriffsnetzen repräsentiert ist und die hypothetische Anordnung dieser Begriffe eine Aussage über den Expertisegrad eines Lernenden erlaubt. In den theoretischen Ausführungen (s. Kapitel 4.1.1, S. 45) und bei der Ableitung der psychologischen Vorhersagen (s. Kapitel 4.2.2, S. 52) wird die Hilfshypothese vertreten, dass die Struktur der deklarativen Wissensdomäne bei Kenntnis der semantischen Verwandtschaft verschiedener Begriffe erfasst und in Gestalt einer *cognitive map* visualisiert werden kann (Quillian, 1968). Die Operationalisierung des Strukturaspekts erfolgt über Paarvergleiche, in denen die semantische Verwandtschaft von Begriffspaaren erfasst wird. Diese Daten wurden mit einem Referenzsystem verglichen und hinsichtlich ihrer Übereinstimmung mit diesem quantifiziert. Drei verschiedene Strukturindizes (*PRX*, *PTF*, R^2) bringen diese Übereinstimmung zum Ausdruck.

Das Referenzsystem selbst geht aus den Paarvergleichen, d. h. semantischen Verwandtschaftsurteilen, von sechs Experten hervor. Es bildet die Grundlage für die reliable und valide Einschätzung des Expertisegrads eines Probanden in Bezug auf die Struktur seines deklarativen Wissens. Daher verdient die Güte des Referenzsystems gesonderte Aufmerksamkeit und wird anhand zwei festgelegter Kriterien explorativ evaluiert. Das erste Entscheidungskriterium für die Güte des Referenzsystems bildet die interne Konsistenz der Expertenratings. Diese ist in allen Fällen hoch und liefert eine erste positive Entscheidung über die Güte des Referenzsystems. Das zweite Entscheidungskriterium für die Güte des Referenzsystems bildet die gegenseitige Übereinstimmung der Experten in ihren semantischen Verwandtschaftsurteilen und ihren individuellen *cognitive maps*. Dieses Entscheidungskriterium basiert auf der Hilfshypothese, dass eine Organisationsstruktur existiert, die den relevanten biologischen Inhalt in optimaler Art und Weise repräsentiert. Die semantischen Verwandtschaftsurteile und *cognitive maps* aller Experten stimmen stark mit den mittleren semantischen Verwandtschaftsurteilen der Experten bzw. der formalen Struktur überein, daher wird die Hilfshypothese über die Existenz einer optimalen Organisationsstruktur für den relevanten biologischen Inhalt angenommen und auch bezüglich des zweiten Entscheidungskriteriums ein positives Urteil über die Güte des Referenzsystems gefällt. Die Existenz optimaler Organisationsstrukturen für bestimmte fachliche Inhalte konnte auch in anderen Inhaltsbereichen bestätigt werden. Fenker (1975) verglich die *cognitive maps* von acht Experten im Bereich der Experimentalpsychologie über die MDS-Prozedur INDSCAL (*Individual Differences multidimensional SCALing*) und konnte eine hohe Übereinstimmung zwischen diesen beobachten.

Vom Strukturbegriff der Dimension *Qualität des Wissens* nach de Jong und Ferguson-Hessler (1996) unterscheidet sich der Niveaubegriff. Der Niveaubegriff bezieht sich auf das Ausmaß, in dem eine externe Information, z. B. ein biologischer Inhalt, abstrahiert wird. Ist die Abstraktionsleistung eines Lernenden gering, so entspricht die mentale Repräsentation dieses Inhalts mehr oder weniger einer Kopie der ursprünglichen externen Information. Diese Kopie befähigt den Lernenden zur Reproduktion der ursprünglichen externen Information (de Jong & Ferguson-Hessler, 1996; Royer et al., 1993). Transferleistungen oder die Anwendung neuen Wissens erfordern jedoch mehr als die wortwörtliche Repräsentation einer externen Information. Sie setzen voraus, dass neue Informationen in ihrer Bedeutung erfasst und mit dem bestehenden Vorwissen in Verbindung gebracht werden (s. Kapitel 3.2, S. 26; de Jong & Ferguson-Hessler, 1996; R. Glaser, 1991; Novak & Cañas, 2006). Die Operationalisierung des Niveauaspekts erfolgt in dieser Studie über *multiple choice* Aufgaben, deren Lösung Reproduktions- und Transferleistungen verlangt.

Die vorliegende Studie verfolgt das Ziel, einen *similarity judgments test* (SJT) als Diagnoseinstrument für die Struktur deklarativen Wissens im Bereich der Zellbiologie zu validieren. Die Validierung erfolgt in drei Schritten und bezieht sich auf die Beziehung zwischen dem Struktur- und Niveauaspekt deklarativen Wissens (PH-1; s. Kapitel 4.1.2, S. 48), auf die Veränderung der Struktur deklarativen Wissens im Verlauf einer Lerngelegenheit (PH-2) und auf vorhergesagte Unterschiede in der Struktur deklarativen Wissens zwischen Personen unterschiedlicher Expertise im Bereich der Zellbiologie (PH-3).

Die psychologische Hypothese PH-1 unterstellt einen positiven Zusammenhang zwischen dem Niveau und der Struktur deklarativen Wissens. Die psychologische Vorhersage PV-1 gilt für alle drei Strukturindizes als eingetreten, die PH-1 hat sich für das konstruierte empirische System bewährt. Der stärkste Zusammenhang zwischen dem Niveau (operationalisiert über das *multiple choice* Testergebnis MC) und der Struktur (operationalisiert über die Strukturindizes PRX, PTF oder R^2) kann für den Strukturindex PRX berichtet werden. Goldsmith et al. (1991) untersuchten die prädiktive Validität von SJTs für das Klausurergebnis in einem Statistikkurs (Kriteriumsvariable; $N = 40$ Collegestudenten). Dabei wurden die bloßen semantischen Verwandtschaftsurteile der Teilnehmer und ihre MDS- sowie Pathfinder-generierten *cognitive maps* mit einem Referenzsystem verglichen. Der Expertisegrad eines jeden Teilnehmers drückte sich aus in der Korrelation seiner Verwandtschaftsurteile mit den Verwandtschaftsurteilen eines Experten (Strukturindex *PRX*), in der Korrelation der euklidischen Distanzen der MDS-generierten Probanden-*cognitive map* mit den korrespondierenden euklidischen Distanzen der MDS-generierten Experten-*cognitive map* (Strukturindex *MDS-R*) und in der Berechnung des Strukturindexes *Closeness* (*PF-C*). Letzterer geht aus dem Vergleich der Nachbarschaften korrespondierender Begriffe einer Pathfinder-generierten Probanden-*cognitive map* und einer Pathfinder-generierten Experten-*cognitive map* hervor. Dabei konnten die Autoren zeigen, dass die prädiktive Validität Pathfinder-generierter *cognitive maps* (Strukturindex *PF-C*) für die Kriteriumsvariable höher ist als die prädiktive Validität MDS-generierter *cognitive maps* (*MDS-R*) oder die prädiktive Validität der nicht-transformierten semantischen Verwandtschaftsurteile (*PRX*). Die Autoren führten die geringere prädiktive Validität des Strukturindexes aus der multidimensionalen Skalierung (*MDS-R*) darauf zurück, dass die multidimensionale Skalierung und die Pathfinder-Skalierung unterschiedliche Aspekte der latenten Struktur der Daten erfassen. Im Fall MDS-generierter *cognitive maps* würden strukturelle Eigenschaften global erfasst, im Fall Pathfinder-generierter *cognitive maps* fiele der Fokus auf lokale Zusammenhänge. In einer Folgestudie untersuchten P. J. Johnson et al. (1994) unter Verwendung der Daten aus der oben skizzierten Studie die prädiktive Validität verschiedener Strukturindizes für die Kriteriumsvariable in Abhängigkeit davon, wie die Übereinstimmung der Pathfinder-generierten Probanden-*cognitive maps* mit der Pathfinder-generierten Experten-*cognitive map* quantifiziert wird. Dabei zeigte sich, dass alle fünf Strukturindizes aus dem Vergleich der Pathfinder-generierten Probanden-*cognitive maps* mit der Pathfinder-generierten Experten-*cognitive map* eine höhere prädiktive Validität besaßen als der Strukturindex aus der Korrelation der Verwandtschaftsurteile der Probanden mit den Verwandtschaftsurteilen des Experten (*PRX*). Der Strukturindex *PTF* aus der vorliegenden Validierungsstudie, der das Verhältnis zwischen den gemeinsamen und den in beiden Pathfinder-generierten *cognitive maps* vorkommenden Relationen beschreibt (s. Kapitel 4.2.1.2, S. 50), wurde in der Studie von P. J. Johnson et al. (1994) allerdings nicht berücksichtigt. In der vorliegenden Validierungsstudie kann zwar eine gute Übereinstimmungsvalidität des Strukturindexes aus der Pathfinder-Skalierung (*PTF*) mit dem *multiple choice* Testergebnis als Kriteriumsvariable beobachtet werden (Nachtest), eine Überlegenheit des Strukturindexes *PTF* gegenüber *PRX* kann jedoch nicht festgestellt werden. Gleiches gilt für den Strukturindex R^2. Auch dieser korreliert in der vorliegenden Validierungsstudie schwächer mit dem *multiple choice* Textergebnis (Kriteriumsvariable) als *PRX*. Diese Ergebnisse sprechen dafür, dass strukturelle Repräsentationen die korrespondierenden Werte der Kriteriumsvariable nicht besser vorhersagen können als die bloßen semantischen Verwandtschaftsurteile. Diesbezüglich vermuten P. J. Johnson et al. (1994) allerdings eine starke bereichsspezifische Abhängigkeit. Neben der prädiktiven Validität der verschiedenen Strukturindizes (*PRX, MDS-R, PF-C*) für das Klausurergebnis in einem Statistikkurs untersuchten Goldsmith et al. (1991) auch die prädiktive Validität des Strukturindexes *PF-C* in Abhängigkeit von der Größe des gewählten Begriffspools. Zu diesem Zweck wählten sie aus dem ursprünglichen Begriffspool Teilmengen der Begriffe aus. Die randomisiert ausgewählten Teilmengen bestanden aus 5, 10, 15, 20 und 25 Begriffen. Der Vergleich der daraus konstruierten Pathfinder-Netze mit der formalen Struktur ergab für den vollständigen Begriffspool ($N = 30$ Begriffe) eine deutlich höhere prädiktive Validität, $r = .75$, als bei einer Teilmenge aus 5 Begriffen, $r = .15$. Insgesamt konnte eine lineare Abnahme der prädiktiven Validität bei sinkender Begriffszahl beobachtet werden. Die prädiktive Validität betrug bei einem Begriffspool aus 10 Begriffen $r = .32$. PF-C wird von der aktuellen Pathfinder-Version nicht berechnet, die vorliegende Studie zeigt jedoch, dass die Übereinstimmungsvalidität des Strukturindexes *PTF* der aktuellen Pathfinder-Version mit der Kriteriumsvariable *MC* bei einem Pool aus 11 Begriffen vergleichsweise gut ist, $r = .44$.

In den theoretischen Ausführungen werden unterschiedliche Konzeptualisierungen vorgestellt, in denen eine strukturelle Komponente des Wissens angenommen wird (de Jong & Ferguson-Hessler, 1996; Jonassen et al., 1993; Krathwohl, 2002; Mitchell & Chi, 1984; W. A. Scott et al., 1979; Shavelson et al., 2005). Dabei können unterschiedliche Positionen identifiziert werden: Jonassen et al. (1993) stellen der prozeduralen und deklarativen Wissensdomäne eine strukturelle Wissensdomäne zur Seite. Mitchell und Chi (1984) sowie W. A. Scott et al. (1979) unterscheiden innerhalb der deklarativen Wissensdomäne zwei Dimensionen, die Struktur und den Inhalt. In dieser Arbeit wird die Position von de Jong und Ferguson-Hessler (1996) vertreten. Beide Autoren beschreiben die Struktur als eine Eigenschaft der deklarativen Wissensdomäne, die aber selbst keine eigenständige Wissensdomäne darstellt. Bezieht man die Bewährung der PH-1 auf obige Konzeptualisierungen, dann ist sie mit der Position von Jonassen et al. (1993) am wenigsten vereinbar, da diese Autoren eine Unabhängigkeit zwischen der strukturellen und deklarativen[13] Wissensdomäne postulieren. Am besten vereinbaren lässt sich die Bewährung der PH-1 dagegen mit einer Abhängigkeit des Strukturaspekts und des Niveau- bzw. Inhaltsaspekts[14], wie diese bezüglich des Niveauaspekts explizit und bezüglich des Inhaltsaspekts implizit unterstellt wird. Des Weiteren stützt der klare Zusammenhang zwischen der Struktur und dem Niveau des Wissens die These, dass Expertise in abstrakten Domänen (hier: Niveau) das Verständnis der Beziehungen (hier: Struktur) zwischen den zentralen Begriffen der Domäne voraussetzt (Fenker, 1975; Goldsmith & Johnson, 1990; P. J. Johnson et al., 1994). Eine Empfehlung für einen der drei Strukturindizes (*PRX*, *PTF*, R^2) kann aus dem bisherigen Stand der Diskussion noch nicht gegeben werden. Der Strukturindex *PRX* korreliert zwar signifikant stärker mit dem *multiple choice* Testergebnis als die korrespondierenden Strukturindizes. Steht man der Position von de Jong und Ferguson-Hessler (1996) aber nahe, so erscheint es willkürlich aus diesem Sachverhalt abzuleiten, dass der Strukturindex *PRX* die deklarative Wissensstruktur besser erfasst, zumal beide Eigenschaften (Struktur und Niveau) unterschiedliche Aspekte der deklarativen Wissensdomäne beschreiben.

Neben der theoriegeleiteten Untersuchung der Zusammenhänge zwischen dem Struktur- und Niveauaspekt des deklarativen Wissens auf Ebene der psychologischen Hypothese (PH-1; s. Kapitel 4.1.2, S. 48) oder der Untersuchung der Zusammenhänge zwischen den verschiedenen Strukturindizes (*PRX*, *PTF*, R^2) und dem *multiple choice* Testergebnis auf Ebene der statistischen Hypothese (s. Kapitel 4.2.6, S. 59), werden die Zusammenhänge zwischen den einzelnen Strukturindizes explorativ untersucht (s. Kapitel 4.3.2, S. 70, Tabelle 6). Berücksichtigt man die Verschiedenheit der Algorithmen der Pathfinder-Skalierung und der MDS, so überrascht die gleichermaßen starke Korrelation der entsprechenden Strukturindizes (*PTF*, R^2) mit dem Strukturindex *PRX*. Der starke Zusammenhang

---

[13] Es wird die Hilfshypothese vertreten, dass die deklarative Wissensdomäne bei Jonassen et al. (1993) durch den *multiple choice* Test operationalisiert werden kann.

[14] Es wird die Hilfshypothese vertreten, dass der Inhaltsaspekt bei Mitchell und Chi (1984) sowie W. A. Scott et al. (1979) durch den *multiple choice* Test operationalisiert werden kann.

zwischen dem Strukturindex *PRX* und dem Strukturindex aus der MDS (R^2) ist direkt auf den MDS-Algorithmus zurückzuführen. MDS-generierte *cognitive maps* gehen aus einer Maximierung der Korrelation zwischen den semantischen Verwandtschaftsurteilen und den euklidischen Distanzen hervor. Der entscheidende Unterschied zwischen den semantischen Verwandtschaftsurteilen einer Person und den euklidischen Distanzen innerhalb ihrer MDS-generierten *cognitive map* ist, dass erstere in einem hoch-dimensionalen Raum ($n-1$ Dimensionen bei n Begriffen) existieren, während letztere in einem niedrig-dimensionalen Raum repräsentiert werden. Beide Distanzmaßmatrizen, die semantischen Verwandtschaftsurteile und die euklidischen Distanzen, würden in einem n-1 dimensionalen Raum perfekt übereinstimmen. Nimmt die Anzahl der Dimensionen ab, so sinkt die Übereinstimmung beider Distanzmaße bei steigendem Kruskals Stress (s. Kapitel 4.2.5, S. 55). Obwohl die Korrelation zwischen dem Strukturindex *PRX* und dem Strukturindex aus der MDS (R^2) bei sinkender Dimensionszahl abnimmt, ist bei akzeptablem Kruskals Stress eine gute Übereinstimmung zu erwarten. Die hohe Übereinstimmung der Strukturindizes R^2 und *PRX* erklärt auch, warum der Zusammenhang zwischen R^2 und dem *multiple choice* Testergebnis verschwindet, wenn eine Partialkorrelation zwischen beiden Variablen mit *PRX* als Kontrollvariable berechnet wird (Gonzalvo, Cañas & Bajo, 1994). Im Gegensatz zur MDS, bei der angestrebt wird die euklidischen Distanzen zwischen den Objekten oder Begriffen so festzulegen, dass sie den relativen originalen semantischen Verwandtschaftsurteilen entsprechen, berücksichtigt Pathfinder nur die stärksten Verwandtschaftsurteile bei der Konstruktion einer *cognitive map* (Clariana & Wallace, 2009; Cooke, 1992; Gonzalvo et al., 1994). Die hohe Übereinstimmung des Strukturindexes aus der Pathfinder-Skalierung (*PTF*) mit dem *multiple choice* Testergebnis bleibt überraschend; vermutlich haben höhere Verwandtschaftsurteile eine höhere Übereinstimmungsvalidität mit dem *multiple choice* Testergebnis als niedrige Verwandtschaftsurteile.

Die psychologische Hypothese PH-2 unterstellt, dass sich die deklarative Wissensstruktur eines Novizen beim Lernen an die deklarative Wissensstruktur eines Experten angleicht. Die psychologische Vorhersage PV-2 gilt für alle drei Wissensindizes als eingetreten, damit hat sich auch die PH-2 für das konstruierte empirische System bewährt. Für alle drei Auswertungsverfahren kann gezeigt werden, dass sich die semantischen Verwandtschaftsurteile und *cognitive maps* der Probanden im erwarteten Mittel vom Vortest zum Nachtest an die

Verwandtschaftsurteile der Experten bzw. die formale Struktur angleichen. Die Bewährung der PH-2 schafft damit neben den Studien von Großschedl und Harms (2008, Lernzeit 75 Minuten) sowie Stasz et al. (1976, Lernzeit 200 Minuten) empirische Evidenz dafür, dass SJTs unabhängig von den verwendeten Auswertungsverfahren eine hohe Sensitivität gegenüber Wissensveränderungen aufweisen. Zudem kann auf diese Weise P. E. Johnsons (1967) These empirisch gestützt werden, dass das Lernen eines fachlichen Inhalts zum Teil auch die Verinnerlichung der Beziehung zwischen unterschiedlichen Begriffen bedeutet. In den theoretischen Ausführungen (s. Kapitel 4.1.1.3; S. 42) wird angemahnt, dass SJTs an biologischen Inhalten kaum erprobt sind und dass die zentralen Validierungsversuche in der Mehrheit mit Strukturindizes arbeiten, die von der aktuellen Pathfinder-Version (Interlink, 2009b) nicht unterstützt werden (z. B. PF-R, PF-C in Goldsmith et al., 1991). Bezogen auf die Angleichung der Pathfinder-generierten *cognitive maps* an die formale Struktur vom ersten zum zweiten Messzeitpunkt kann jedoch gezeigt werden, dass der Strukturindex aus der Pathfinder-Skalierung (*PTF*) nicht minder sensitiv gegenüber Wissensveränderungen reagiert als der von Goldsmith und T. E. Johnson (1990) genutzte Strukturindex *Closeness* und dass SJTs im Bereich der Biologie als vielversprechendes Diagnoseinstrument eingesetzt werden können.

Eine besondere Variante zur Bestimmung der Kriteriumsvalidität ist die Technik der bekannten Gruppen. Das Kriterium dieses Validierungsansatzes bildet die Zugehörigkeit zu bestimmten Gruppen, für die Unterschiede hinsichtlich der Ausprägung eines zu messenden Merkmals erwartet werden (Bortz & Döring, 2005). In entsprechenden Validierungsstudien konnten beispielsweise Kampfpiloten (Schvaneveldt et al., 1985) und Programmierer (Cooke & Schvaneveldt, 1988) unterschiedlicher Expertise auf Grundlage ihrer *cognitive maps* (MDS- und Pathfinder-generierte *cognitive maps* bzw. Pathfinder-generierte *cognitive maps*) unterschieden werden. Die psychologische Hypothese PH-3 unterstellt, dass die deklarative Wissensstruktur eines Experten mit der deklarativen Wissensstruktur eines Novizen mittlerer Expertise stärker übereinstimmt als mit der deklarativen Wissensstruktur eines Novizen geringer Expertise. Die psychologische Vorhersage PV-3 gilt für die Strukturindizes *PRX* und *PTF* als uneingeschränkt eingetreten und für den Strukturindex R^2 als eingeschränkt zutreffend. Im ersten Fall kann damit die PH-3 für das konstruierte empirische System als uneingeschränkt, im zweiten Fall als bedingt bewährt beurteilt werden. Die im Vergleich zu den Strukturindizes *PRX* und

PTF schwächere Kriteriumsvalidität des Strukturindexes aus der MDS (R^2) könnte auf die verwendete MDS-Prozedur zurückgeführt werden. Bei der multidimensionalen Skalierung wird angenommen, dass die subjektive Wahrnehmung einer Person in Bezug auf einen bestimmten Objekt- oder Begriffspool ermittelt werden kann. Dieser Annahme unterliegt die Prämisse, dass Objekte oder Begriffe eine Position im Wahrnehmungsraum[15] einer Person einnehmen. Der Wahrnehmungsraum einer Person ist in der Regel mehrdimensional, d. h. die Beurteilung eines Objektes oder Begriffes (z. B. Apfelbaum, Kirschbaum) erfolgt auf der Grundlage verschiedener Dimensionen[16] (z. B. Geschmack, ästhetisches Empfinden, Lebensraum, taxonomische Verwandtschaft). Die Abbildung des Wahrnehmungsraumes, d. h. die Erstellung der *cognitive map*, erfolgt über einen Algorithmus, der die Rangfolge der euklidischen Distanzen zwischen den Objekten oder Begriffen möglichst gut an die Rangfolge der semantischen Verwandtschaftsurteile anpasst (Backhaus, Erichson, Plinke & Weiber, 2005; Janssen & Laatz, 2007). Die Bestimmung des Strukturindexes *MDS-R* bei Goldsmith et al. (1991) erfolgt über die Korrelation der euklidischen Distanzen der Objekt- oder Begriffspaare der Probanden-*cognitive map* mit den korrespondierenden euklidischen Distanzen der formalen Struktur. In der vorliegenden Validierungsstudie wurde die Probanden-*cognitive map* mit der fixierten formalen Struktur durch Zielrotation in maximale Deckung gebracht und anschließend die Korrelation zwischen den korrespondierenden Koordinatenpunkte beider Strukturen berechnet (Lingoes & Borg, 1976, 1978). Gonzalvo et al. (1994) kritisieren dieses Vorgehen, das als ungewichtete MDS bezeichnet wird. Dabei würde die *cognitive map* jedes Probanden unabhängig von der formale Struktur konstruiert und es bliebe unberücksichtigt, ob die Dimensionen der Probanden-*cognitive map* (z. B. Geschmack, ästhetisches Empfinden) mit den Dimensionen der formalen Struktur (z. B. Lebensraum, taxonomische Verwandtschaft) übereinstimmen. Mathematisch ist die Übereinstimmung der Dimensionen unerheblich, da der Vergleich zwischen einer Probanden-*cognitive map* und der formalen Struktur üblicherweise über die

---

[15] Der Wahrnehmungsraum stellt ein theoretisches Konstrukt über die räumlich Anordnung von Objekten in der Kognition einer Person dar (Kappelhoff, 2001). Seine externe Repräsentation wird als *cognitive map* bezeichnet (Diekhoff, 1983; Fenker, 1975; Jonassen, et al., 1993).

[16] Da die graphische Darstellung und die inhaltliche Interpretation der Dimensionen erleichtert wird, wenn die Zahl der Dimensionen der *cognitive map* gering ist, wird bei der MDS eine Darstellung in zwei oder drei Dimensionen angestrebt.

euklidischen Distanzen beider Systeme erfolgt und sich diese bei der Rotation der Achsen invariant verhalten. Es sollte jedoch kritisch hinterfragt werden, ob die psychologische Bedeutung korrespondierender euklidischer Distanzen noch übereinstimmt, wenn diese auf unterschiedlichen Dimensionen basieren. Beispielsweise könnten die Begriffe Apfelbaum und Birnbaum in einer Probanden-*cognitive map* stark verwandt sein, weil beide süße Früchte hervorbringen (Dimension Geschmack). Die starke semantische Verwandtschaft beider Gattungen könnte in der formalen Struktur jedoch auf ihrer taxonomischen Verwandtschaft beruhen. Die Übereinstimmung der euklidischen Distanzen der Probanden-*cognitive map* und der formalen Struktur würde zu einer hohen Ausprägung des Strukturindexes führen. Allerdings würde dieser Strukturindex vermutlich keine hohe Übereinstimmungsvalidität mit einem Test über die taxonomische Verwandtschaft der Pflanzen als Kriteriumsvariable erbringen. Es bleibt an dieser Stelle ungeklärt, ob eine gewichtete MDS eine höhere Übereinstimmungsvalidität für das *multiple choice* Testergebnis erbringen würde als die genutzte MDS-Prozedur. Eine entsprechende Auswertung soll folgen, ist jedoch nicht Bestandteil dieser Arbeit. Bei der gewichteten MDS werden zwar auch für den Probanden und die formale Struktur individuelle Konfigurationen erzeugt, diese unterscheiden sich jedoch nicht vollständig, sondern basieren auf einer einzigen Konfiguration, die durch unterschiedliche Gewichtungen (Stauchen oder Strecken) an die individuellen semantischen Verwandtschaftsurteile angepasst wird. Das Ergebnis der Analyse sind Dimensionsgewichte für jede Person und die formale Struktur. Gonzalvo et al. (1994) verwendeten eine gewichtete MDS Prozedur und konnten zeigen, dass der Strukturindex aus der MDS auch dann noch eine eigene prädiktive Varianz für die Kriteriumsvariable aufwies, wenn der Strukturindex *PRX* als Kontrollvariable in einer Partialkorrelation eingeführt wurde.

Abschließend soll eine Empfehlung für einen der drei Strukturindizes gegeben werden. Die Ergebnisse aus der Validierungsstudie zeigen, dass die erwarteten Effekte (s. Kapitel 4.2.2, S. 52) durch die Strukturindizes *PRX* und *PTF* besser aufgedeckt werden konnten als durch den Strukturindex aus der MDS (R^2). Wird neben der quantitative Repräsentation des Expertisegrads eines Probanden eine visuelle Repräsentation der Daten gewünscht, kann aus diesen Befunden eine Empfehlung für den Strukturindex aus der Pathfinder-Skalierung (*PTF*) ausgesprochen werden. Genügt eine quantitative Repräsentation des Expertisegrads eines Probanden, so kann eine Empfehlung für den Strukturindex *PRX* gegeben werden. Der Strukturindex *PRX* repräsentiert das Ergebnis der Produkt-Moment Korrelation der Ratings eines Probanden mit den mittleren Experten-Ratings, der Zwischenschritt der Pathfinder- oder multidimensionalen Skalierung entfällt. Neben der einfacheren Berechnung fällt ein weiterer Vorteil des Strukturindexes *PRX* gegenüber den Strukturindizes aus der Pathfinder-Skalierung (*PTF*) und der MDS (R^2) ins Gewicht: Die Berechnung von *PRX* ist nicht auf den Einsatz aller möglichen Paarkombinationen des relevanten Begriffspools angewiesen. Gemäß $n(n-1)/2$ ergäben sich für einen Begriffspool aus $n = 15$ Begriffen insgesamt 105 Paarvergleiche, die zu einem gewissen Teil auch von den Experten der jeweiligen Domäne nicht einheitlich beurteilt würden[17]. Da Paarvergleiche, die von den Experten der Domäne uneinheitlich beurteilt werden, kaum zur Einschätzung des Expertisegrads einer Person taugen dürften, erscheint ihr Einsatz fragwürdig, jedoch im Fall der Pathfinder- und multidimensionalen Skalierung notwendig. Eine Festlegung auf die korrelative Auswertung der SJTs (Strukturindex *PRX*) ermöglicht es, nur diejenigen Begriffspaare in einen Test einzubeziehen, die eine Differenzierung zwischen Probanden geringen und Probanden hohen Expertisegrads erlauben. Beispielsweise berücksichtigte Diekhoff (1983) nur solche Paarvergleiche, die bezogen auf die semantischen Verwandtschaftsurteile der Experten eine Standardabweichung $SD \leq 2.00$ (9-stufige Ratingskala) aufweisen.

---

[17] So zeigt auch die Korrelation der individuellen Experten-Ratings mit den mittleren Experten-Ratings in Kapitel 4.2.9 (s. S. 49) keine vollkommene Übereinstimmung der Experten hinsichtlich ihrer semantischen Verwandtschaftsurteile.

Fazit: Die psychologische Hypothese PH-1 unterstellt einen positiven Zusammenhang zwischen dem Niveau und der Struktur deklarativen Wissens. Die PH-1 hat sich für das konstruierte empirische System unabhängig vom verwendeten Strukturindex bewährt. Der stärkste Zusammenhang zwischen dem Niveau (operationalisiert über das *multiple choice* Testergebnis *MC*) und der Struktur (operationalisiert über die Strukturindizes *PRX*, *PTF* oder R^2) deklarativen Wissens kann für den Strukturindex *PRX* beobachtet werden. Die psychologische Hypothese PH-2 unterstellt, dass sich die deklarative Wissensstruktur eines Novizen während des Lernprozesses an die deklarative Wissensstruktur eines Experten angleicht. Auch die PH-2 hat sich für das konstruierte empirische System unabhängig vom verwendeten Strukturindex bewährt. Die psychologische Hypothese PH-3 unterstellt, dass die deklarative Wissensstruktur eines Experten mit der deklarativen Wissensstruktur eines Novizen mittlerer Expertise stärker übereinstimmt als mit der deklarativen Wissensstruktur eines Novizen geringer Expertise. Die PH-3 kann unter Verwendung der Strukturindizes *PRX* und *PTF* für das konstruierte empirische System als uneingeschränkt bewährt beurteilt werden. Unter Verwendung des Strukturindexes aus der MDS (R^2) gilt die PH-3 als bedingt bewährt. In der Konsequenz bejaht die Bewährung der PH-1 bis PH-3 die eingangs gestellte Forschungsfrage, ob die Kenntnis der hypothetischen Wissensstruktur eines Lernenden eine valide Aussage über den Expertisegrad des Lernenden erlaubt. Wird ein *similarity judgments test* als Diagnoseinstrument für die Struktur deklarativen Wissens verwendet, können Unterschiede im Expertisegrad der Lernenden valide erfasst werden.

5 Lernwirksamkeitsstudie

5.1 Theorie

5.1.1 Theoretischer Hintergrund

Zahlreiche Untersuchungen aus *Science Education* und Fachdidaktik belegen, dass es Lernenden im Bereich der Zellbiologie besonders schwer fällt, elaboriertes Fachwissen aufzubauen und Zusammenhänge zwischen zellulären Strukturen und verschiedenen Systemebenen (Makro- und Mikroebene) zu erkennen (s. Kapitel 1, S. 1). In Kapitel 3 (s. S. 25) werden psychologische Konzepte und Theorien aufgegriffen, um die Schwierigkeiten der Lernenden zu erklären. Für die Schwierigkeiten der Lernenden werden u. a. der defizitäre Tiefenstrategieeinsatz und der unzureichende Gebrauch metakognitiver Lernstrategien verantwortlich gemacht. In den folgenden Ausführungen wird die Lernmethode des *concept mapping* als vielversprechende Möglichkeit betrachtet, entsprechende (meta-)kognitive Prozesse anzuregen (s. Kapitel 5.1.1.1, S. 88). Kapitel 5.1.1.2 (s. S. 95) beschäftigt sich mit der Vermittlung der Lernmethode des *concept mapping* im Rahmen eines kognitiven Trainings. Bei der Vermittlung neuer Lernmethoden wird der Einsatz metakognitiver *prompts* als wichtig erachtet (s. Kapitel 5.1.1.3, S. 98). Folgende Forschungsfragen stehen im Zentrum der vorliegenden Lernwirksamkeitsstudie:

1. Erwerben Lernende, die die Lernmethode des *concept mapping* anwenden, mehr Fachwissen im Bereich der Zellbiologie als Lernende, die Notizen anfertigen?
2. Erwerben Lernende, die metakognitive *prompts* während ihres Lernprozesses nutzen, mehr Fachwissen im Bereich der Zellbiologie als Lernende, die keine metakognitiven *prompts* gebrauchen?
3. Unterscheidet sich die Lernwirksamkeit metakognitiver *prompts* in Verbindung mit der Lernmethode des *concept mapping* von der Lernwirksamkeit metakognitiver *prompts* in Verbindung mit der Lernmethode des Notizen-Erstellens?

5.1.1.1 Concept mapping

In den nachfolgenden Ausführungen wird das *concept mapping* als Methode zur Verbesserung des Tiefenstrategiegebrauchs vorgestellt. Zudem wird das Potential des *concept mapping* bei der Unterstützung der Lernenden unter Rückgriff auf das Modell der dualen Kodierung und das Konzept der Metakognition erörtert. Abschließend wird seine Rolle in kooperativen Lernsituationen diskutiert.

- *Concept mapping* als Lernmethode

Concept maps sind graphische *Organizer*, die die hypothetische Gedächtnisstruktur visualisieren und Lernprozesse unterstützen sollen. Sie bestehen aus Begriffen, die von einer Box umschlossen werden, und beschrifteten Pfeilen zwischen diesen Begriffen (s. Kapitel 1, S. 1). Die kleinste sinnstiftende Einheit einer *concept map* besteht aus zwei Begriffen, die durch einen beschrifteten Pfeil verbunden werden, und wird Proposition genannt (Cronin et al., 1982; Heinze-Fry & Novak, 1990; Novak, 1990a, 1990b; Novak & Cañas, 2006). Dem beschrifteten Pfeil kommen dabei zwei Aufgaben zu: Seine Beschriftung charakterisiert die Relation der verbundenen Begriffe, wohingegen seine Richtung die Leserichtung anzeigt. Abbildung 9 zeigt eine *concept map* über eine *concept map*.

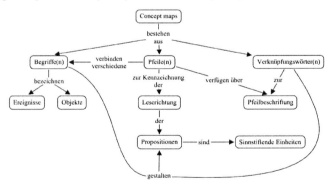

Abbildung 9. Eine *concept map* über eine *concept map*

Concept maps sind eine Folgeentwicklung auf Quillians Theorie vom semantischen Gedächtnis (Collins & Loftus, 1975; Collins & Quillian, 1969; Quillian, 1969) und Ausubels Lerntheorie (Nesbit & Adesope, 2006). Die folgenden Ausführungen nehmen Bezug auf beide Theorien. Semantische Modelle des Gedächtnisses unterstellen, dass deklaratives Wissen in Gestalt kognitiver Begriffsnetze gespeichert wird (Mandl & Fischer, 2002). In diesen Netzen entsprechen die Begriffe den

Knotenpunkten. Die Bedeutung der Knotenpunkte erschließt sich aus der Konfiguration des Begriffsnetzes oder - mit anderen Worten - der Gesamtsumme ihrer Verbindungen zu anderen Begriffen (Collins & Loftus, 1975; Collins & Quillian, 1969). Die Organisation des Gedächtnisses und die Nutzung verfügbarer Gedächtnisinhalte wurde in Kapitel 4.1.1.2 (s. S. 40) bereits detailliert behandelt und wird daher in den folgenden Ausführungen nicht mehr aufgegriffen. In Analogie zu semantischen Gedächtnismodellen stellen *concept maps* strukturierte Darstellungen von Zusammenhängen dar (Jüngst, 1995), in denen die Netzknoten über beschriftete Relationen in Beziehung gesetzt werden (Jüngst & Strittmatter, 1995; Novak & Cañas, 2006; Stracke, 2004). Die Externalisierung kognitiver Repräsentationen in Form einer *concept map* wird mit dem Aufbau kohärenter Wissensstrukturen (Hilbert, Nückles & Matzel, 2008) und der Entlastung des Arbeitsgedächtnisses in Verbindung gebracht. Letzteres bildet in Mehrspeichermodellen die kritische Passage vom Kurz- ins Langzeitgedächtnis (Novak & Cañas, 2006).

Ausubel et al. (1978) unterscheiden nach dem Ausmaß der Elaborationstätigkeit zwei Formen des Lernens: das Auswendiglernen und das bedeutungsvolle Lernen. Beide Lernformen führen zu Lernergebnissen, die im Langzeitgedächtnis repräsentiert sind, sich aber bezüglich ihrer Verflechtung mit dem Vorwissen unterscheiden. Auswendiglernen führt zu isoliertem Faktenwissen, die Verflechtung mit dem Vorwissen bleibt defizitär; bedeutungsvolles Lernen zeichnet sich durch die Anknüpfung neuer Gedächtnisinhalte an das Vorwissen und die Genese von Zusammenhangswissen aus (s. Kapitel 3.2, S. 26; Kattmann, 2003; Novak & Cañas, 2006). Seine Förderung hat sich in der Praxis als schwierig erwiesen, da es Ansprüche an die Beschaffenheit der Lernmaterialien (z. B. begriffliche Klarheit), die Motivation der Lernenden (Ausubel et al., 1978; Novak & Cañas, 2006) und das Lernstrategieinventar einer Person stellt (Artelt, 1999; Lind & Sandmann, 2003). Untersuchungen haben gezeigt, dass *concept mapping* über Potential verfügt bedeutungsvolles Lernen zu unterstützen (Heinze-Fry & Novak, 1990; Markow & Lonning, 1998; Nesbit & Adesope, 2006; Novak, 1990a, 2002; Novak & Cañas, 2006). Beispielsweise konnten Reader und Hammond (1994) in einer Studie mit $N = 16$ Studierenden zum Lernen mit Hypertext beobachten, dass Lernende, die Informationen in *concept maps* strukturierten, einen höheren Lernerfolg erzielten als Lernende, die Notizen erstellten. Starke Evidenz für die Lernwirksamkeit des *concept mapping* liefern außerdem die beiden relevanten Metaanalysen (Horton et al., 1993; Nesbit & Adesope, 2006). Zudem konnte gezeigt werden, dass sich *concept mapping* günstig auf die Motivation der Lernenden auswirkt und den Lernstrategiegebrauch verbessert (Hall & O'Donnel, 1996).

Die besondere Relevanz von Tiefenstrategien beim Lernen wurde in Kapitel 3.3 (s. S. 28) ausführlich beschrieben. Tiefenstrategien bilden den Oberbegriff für Organisations- und Elaborationsstrategien. Lernende, die dazu angeleitet werden ihr Wissen in *concept maps* zu strukturieren, führen reduktive (Organisationsaktivitäten) und elaborative Prozesse aus (Hilbert et al., 2008; Hilbert & Renkl, 2008; Mandl & Fischer, 2002; Reader & Hammond, 1994; van Boxtel, van der Linden, Roelofs & Erkens, 2002). Reduktive Prozesse treten bei der Identifizierung der zentralen Begriffe (Chrobak, 2001; Novak & Cañas, 2006) und Propositionen des Lernmaterials auf (Chrobak 2001; Cronin et al., 1982; Heinze-Fry & Novak, 1990; Hilbert et al., 2008; Nesbit & Adesope, 2006). Sie erfolgen nicht losgelöst von vorhandenen Wissensbeständen; vielmehr setzen sie elaborative Prozesse voraus, in denen die Bedeutsamkeit von Begriffen und Propositionen in Interaktion mit dem Vorwissen bestimmt wird (Chrobak, 2001).

Im Folgenden wird beschrieben, wie die Konstruktion von *concept maps* aus semantisch äquivalentem Text die Genese kognitiver Repräsentationen im Sinne des Modells der dualen Kodierung unterstützen kann (Nesbit & Adesope, 2006).

- *Concept mapping* und das Modell der dualen Kodierung

Paivios (1986) Modell der dualen Kodierung beschreibt strukturelle und funktionale Eigenschaften des Gedächtnisses. Es unterstellt, dass Kodierungsprozesse, die durch verbale Reize ausgelöst werden, qualitativ anders geartet sind als Kodierungsprozesse, die durch visuelle Reize bedingt werden. Aus diesem Grund postuliert Paivio die Notwendigkeit separater Gedächtnissysteme für die Verarbeitung beider Reizmodalitäten. Im Folgenden wird zwischen einem verbalen und einem nonverbalen Gedächtnissystem unterschieden.

Seine Annahme leitet Paivio aus experimentellen Befunden ab. In einem Experiment über den Einfluss der Reizmodalität auf die Gedächtnisleistung kam Shepard (1967) zu dem Ergebnis, dass die Gedächtniskapazität für visuelle Reize die Gedächtniskapazität für verbale Reize übertrifft (Bildüberlegenheitseffekt). An anderer Stelle wurde beobachtet, dass konkrete Begriffe schneller und genauer verarbeitet werden als abstrakte Begriffe (Konkretheitseffekt; Engelkamp, 1994; Jessen et al., 2000). Beide Effekte führt Paivio auf die größere Effizienz des nonverbalen Subsystems sowie die duale Kodierung von Bildern und konkreten

Wörtern zurück (Engelkamp, 1994). Zusätzliche empirische Evidenz findet sich in Untersuchungen über die Erinnerungsleistung von Personen mit einer Schädigung der rechten (bildverarbeitenden) Großhirnhemisphäre. Diese Patienten können sich signifikant schlechter an konkrete Substantive erinnern, während die Schädigung keinen Einfluss auf die Erinnerungsleistung bei abstrakten Substantiven nimmt (Villardita et al., 1988 in Jessen et al., 2000).

Beide Subsysteme des Gedächtnisses zeigen Eigenheiten bezüglich ihrer repräsentationalen Einheiten. Begrifflich wird zwischen verbalen Repräsentationseinheiten, den Logogenen, und nonverbalen Repräsentationseinheiten, den Imagenen, unterschieden. Beide Repräsentationseinheiten sind funktional unabhängig (Paivio, 1986) und bedienen sich unterschiedlicher Ressourcen. Durch diesen Umstand können verbale und nonverbale Informationen simultan und ergo effektiv verarbeitet werden (Nesbit & Adesope, 2006). Der Begriff der dualen Kodierung weist jedoch bereits darauf hin, dass korrespondierende Repräsentationseinheiten beider Subsysteme trotz ihrer funktionalen Unabhängigkeit miteinander in Verbindung stehen können. Paivio nimmt an, dass ein konkretes Wort oder Logogen (z. B. Hund) mit hoher Wahrscheinlichkeit mit dem jeweils korrespondierenden Imagen (z. B. Bild eines Welpen) in Verbindung steht und auf Grund seiner dualen Kodierung, die zusätzliche Erinnerungspfade bereit stellt (Nesbit & Adesope, 2006), besser erinnert werden kann als ein abstraktes Wort (Konkretheitseffekt; Paivio, 1986).

Den Bildüberlegenheitseffekt führt Paivio auf Unterschiede beider Subsysteme bezüglich ihrer Organisationsstruktur zurück. Imagene sind synchron organisierte Bild-Repräsentationen. Die synchrone Organisation erlaubt es, mehrere Elemente, z. B. die Bestandteile eines Gesichts wie Auge, Nase und Mund gleichzeitig vor dem geistigen Auge zu betrachten. Im Gegensatz dazu ist das verbale Subsystem für sequentielle Verarbeitungsprozesse ausgerichtet. Aus Wortassoziationsaufgaben konnte abgeleitet werden, dass das verbale Subsystem assoziativ organisiert ist. Es stellt ein probabilistisches Netzwerk von Verbindungen dar. Je stärker ein Logogen in dieses Netzwerk integriert ist, desto höher ist die Wahrscheinlichkeit, dass es von benachbarten Logogenen aktiviert wird (Paivio, 1986). Lernen aus Texten beansprucht v. a. das weniger effiziente verbale Subsystem des Gedächtnisses. Um auch das nonverbale Subsystem für die Informationsverarbeitung zu gewinnen, müssten die verbalen Reize zunächst in visuelle Reize übersetzt werden. *Concept mapping* stellt eine Möglichkeit dar, ebendiesen Transformationsprozess zu unterstützen. Es wird daher angenommen, dass die Konstruktion semantisch äquivalenter *concept maps* aus textlichen Informationen die Nutzung beider Subsysteme ermöglicht. Diese arbeiten dann synchron ohne die Kapazitäten des jeweils anderen Subsystems einzuschränken (Nesbit & Adesope, 2006). Zur leichteren Abgrenzung von Paivios Gedächtnismodell von einem semantischen Modell des Gedächtnisses sei darauf hingewiesen, dass Paivio auf einen von den beiden Subsystemen unabhängigen Repräsentationstyp verzichtet. Er geht davon aus, dass interne Repräsentationen multimodal sind und nicht unabhängig von der ursprünglichen Reizmodalität in einem einzigen abstrakten und uniformen Repräsentationstyp, der Proposition, abgebildet werden (Kieras 1978 in Engelkamp, 1994; Paivio, 1986).

Der nächste Absatz stellt eine Verbindung her zwischen der postulierten Lernwirksamkeit des *concept mapping* und dem Konzept der Metakognition.

- *Concept mapping* und Metakognition

Concept mapping wird in der Literatur als metakognitives Werkzeug bezeichnet (Novak, 1990b), weil es zu einer Verbesserung metakognitiver Lernaktivitäten führen soll (Hilbert et al., 2008). An vielen Stellen wird das *concept mapping* mit der Sequenzierung von Arbeitsabläufen (Novak & Cañas, 2006) und der Identifikation von Verständnisschwierigkeiten und Wissenslücken in Verbindung gebracht (Hilbert & Renkl, 2008; Iuli & Hellden, 2004; Novak, 1990b; Rickey & Stacy, 2000; Roth & Roychoudhury, 1993). Beispielsweise videographierte Konrad (2006) die metakognitiven Lernaktivitäten von 104 Studierenden bei der Bearbeitung eines Textes. Dabei wurden die Studierenden einer von drei Lernumgebungen zugeteilt, innerhalb derer sie in Paaren zusammenarbeiteten. Studierende, die der ersten Lernumgebung angehörten, diskutierten das Lernmaterial (Informationstext) ohne Hilfestellung. Studierende, die der zweiten Lernumgebung zugeteilt wurden, diskutierten das Lernmaterial unter Nutzung integrierter (meta-)kognitiver *prompts* und Studierende, die der dritten Lernumgebung zugewiesen wurden, übersetzten die wesentlichen Informationen des Lernmaterials in *concept maps*. Die Auswertung des videographischen Materials ergab, dass Lernpartner in *concept mapping*-Bedingungen signifikant mehr Planungs- und Evaluationsaktivitäten ausführen als Lernpartner, die den ersten beiden Lernbedingungen angehören.

- Kooperatives Lernen und *concept mapping*

Ein Anspruch des naturwissenschaftlichen Unterrichts ist es, den Lernenden naturwissenschaftliche Begriffe zu vermitteln und ihre Fähigkeiten im Umgang mit diesen Begriffen zu verbessern. Nach Wittgenstein (1967 in Sizmur & Osborne, 1997) setzt eine erfolgreiche Kommunikation voraus, dass die verwendeten Begriffe von beiden Gesprächspartnern mit identischen Bedeutungen belegt werden. Gemäß einem semantischen Modell des Gedächtnisses (s. Kapitel 4.1.1, S. 40) erschließt sich die Bedeutung eines Begriffs aus seinen Verbindungen zu anderen Begriffen, wobei jeder Begriff einen Knoten innerhalb eines Netzwerks aus Verbindungen bildet (Sainsbury, 1992). Diese Bedeutung muss aus sozialkonstruktivistischer Sicht zunächst im Dialog mit anderen Personen ausgehandelt werden (Bromme & Jucks, 2001; Roth, 1994).

Die Entwicklung geteilter Bedeutungen und die Aneignung der Fachsprache können nur dann gelingen, wenn die Lernenden die Gelegenheit bekommen in einen sprachlichen Diskurs über die vermittelten fachlichen Inhalte zu treten (van Boxtel, van der Linden, Roelofs & Erkens, 2002). Lemke (1990, S. 168) bemerkt in diesem Zusammenhang: *"The one single change in science teaching that should do more than any other to improve students ability to use the language of science is to give them more practice actually using it"*. Eine Möglichkeit den Lernenden Gelegenheit zu geben sich sprachlich auszutauschen, ist es, im naturwissenschaftlichen Unterricht kooperatives Lernen zu fördern (Sizmur & Osborne, 1997). E. G. Cohen (1994) bezeichnet kooperatives Lernen als eine Organisationsform, in der mindestens zwei Lernende zusammenarbeiten. Die Gruppengröße ist durch den Anspruch auf aktive Partizipation aller Gruppenmitglieder limitiert. Eine Metaanalyse zum Einfluss der Sozialform auf die Lernwirksamkeit beim Lernen mit Computern kommt zu dem Ergebnis, dass in Kleingruppen signifikant mehr gelernt wird als in individuellen *Settings*. Es muss allerdings darauf hingewiesen werden, dass die Lernleistungen in beiden Bedingungen sehr heterogen verteilt sind (Lou, 2001). Ein Review möglicher Einflussfaktoren auf den Erfolg beim kooperativen Lernen findet sich bei E. G. Cohen (1994). Neben der Verbesserung der Lernleistung konnte auch ein positiver Effekt des kooperativen Lernens auf die Motivation der Lernenden nachgewiesen werden (Krause, Stark & Mandl, 2004).

Die Qualität der Gesprächsführung und des kooperativen Lerngeschehens kann durch methodische Faktoren beeinflusst werden. So können computerunterstützte Lernumgebungen, in denen kooperativ gelernt wird, zur Verbesserung der Interaktion und zum Aufbau geteilter Bedeutungen beitragen (Mäkitalo-Siegl, 2008). Beide Aspekte scheinen auch durch die Wahl der Lernmethode beeinflusst zu werden. Die Lernmethode des *concept mapping* wird von einigen Autoren als ideales Werkzeug zur Verbesserung des Kommunikationsprozesses angesehen (Freeman, 2004; Nesbit & Adesope, 2006; Roth, 1994; van Boxtel et al., 2002). Nach Roschelle (1992) fungieren graphische Repräsentationsformen wie *concept maps* in einem Gesprächsprozess als soziale Werkzeuge zur Konstruktion konvergenter Sinnzusammenhänge und erleichtern auf diese Weise die Aushandlung von Bedeutungen. Dabei scheint die Visualisierung des gemeinsamen Problemraums insbesondere in komplexen Lernumgebungen von entscheidender Bedeutung (Mandl & Fischer, 2002; van Boxtel et al., 2002). Van Boxtel et al. (2002) zeichneten auf, wie oft in Zweiergruppen Aussagen über den Zusammenhang zweier oder mehrerer Begriffe (Proposition) getroffen wurden. Dabei konnten die Autoren beobachten, dass in den Paaren durchschnittlich drei Propositionen pro Minute formuliert wurden und dass beide Gruppenpartner zu vergleichbaren Teilen am fachlichen Diskurs teilnahmen.

Horton et al. (1993) führten eine Metaanalyse zur Lernwirksamkeit des *concept mapping* durch. Dabei kamen sie zu dem Ergebnis, dass die Lernleistung der Studienteilnehmer, die Gruppen-*concept maps* konstruierten, im Vergleich zu den Teilnehmern der Kontrollgruppe, die keine *concept maps* erstellten, deutlich verbessert werden konnte. Zudem war die beobachtete Lernleistung beim kooperativen *concept mapping* im Vergleich zur Kontrollgruppe höher als beim individuellen *concept mapping* im Vergleich zur Kontrollgruppe. Die hohe Lernwirksamkeit kooperativen *concept mapping* im Vergleich zur Kontrollgruppe mag mit der Verbesserung des Kommunikationsprozesses zusammenhängen (Roth, 1994; Roth & Roychoudhury, 1993). Aufgrund der vorangegangenen Überlegungen wird erwartet, dass kooperatives *concept mapping* die individuelle Lernkompetenz steigert und das Niveau und die Struktur des deklarativen Wissens verbessert. Offen bleibt, ob die einmalige und kooperative Erstellung von *concept maps* zu einer Verbesserung des Niveaus und der Struktur deklarativen Wissens bezogen auf den relevanten zellbiologischen Inhalt führt.

5.1.1.2 Kognitives Training im concept mapping

In Kapitel 3 (s. S. 25) wurden die Schwierigkeiten von Lernenden beim Erwerb domänenspezifischer Expertise aus unterschiedlichen Perspektiven beleuchtet. Dabei wurde ein enger Zusammenhang zwischen der Nutzung von Tiefenstrategien (Organisations- und Elaborationsstrategien) und dem Lernerfolg angenommen und empirisch belegt. Anschließend wurde der Fokus auf die Verbesserung entsprechender kognitiver Prozesse gelegt. Kapitel 5.1.1.1 (s. S. 90) stellte die Lernmethode des *concept mapping* als eine Möglichkeit vor, den Tiefenstrategieeinsatz zu befördern. Es stellt sich daher die Frage, wie die Lernmethode des *concept mapping* trainiert werden kann. Eine Sichtung vorliegender Trainingsmaßnahmen im *concept mapping* weist auf folgende Strukturmerkmale hin (Cronin et al., 1982; McClure, Sonak & Suen, 1999; Novak, 1987; Novak & Cañas, 2006; Ruiz-Primo, Schultz, Li & Shavelson, 2001): Trainingsmaßnahmen im *concept mapping* beginnen meist mit einer instruktionalen Phase, in der kognitives Strategiewissen vermittelt wird. Kognitives Strategiewissen bezeichnet Kenntnisse über die Anwendung und Ausführung der neuen Lernmethode. Es betrifft u. a. die Auswahl der Schlüsselbegriffe, die Verbindung der Schlüsselbegriffe zu einer Proposition und die Kennzeichnung der Leserichtung durch einen Pfeil (Novak, 1987; Novak & Cañas, 2006; Ruiz-Primo et al., 2001). Einige Trainingsmaßnahmen vermitteln auch kognitives Strategiewissen über die Konstruktion hierarchischer *concept maps*. In der Regel werden dazu Techniken vorgestellt, mit Hilfe derer die Schlüsselbegriffe in eine Rangreihe aus Ober- und Unterbegriffen gebracht werden (Cronin et al., 1982; Novak, 1987; Novak & Cañas, 2006; Ruiz-Primo et al., 2001). Neben dem kognitiven Strategiewissen berücksichtigen nur wenige Trainingsmaßnahmen metakognitives Strategiewissen (Ruiz-Primo et al., 2001). Metakognitives Strategiewissen bezeichnet Kenntnisse über die Anwendung einer Lernmethode und deren Nutzen (Großschedl & Harms, 2010; Hasselhorn & Hager, 2006; Schraw, 1998). Die instruktionale Phase geht in den meisten Fällen in eine Übungsphase über, in der die Lernenden die neue Lernmethode selbst erproben. Um die Aufmerksamkeit der Lernenden auf den Konstruktionsprozess zu lenken, wird in dieser Phase ein Thema ausgewählt, das den Lernenden vertraut ist (Novak & Cañas, 2006; Ruiz-Primo et al., 2001). Außerdem wird häufig eine Liste mit Schlüsselbegriffen vorgegeben, die den Konstruktionsprozess erleichtern (McClure et al., 1999; Novak & Cañas, 2006; Ruiz-Primo et al., 2001). Eine Diskussionsphase, in der die Erfahrungen und Probleme der Teilnehmer besprochen werden, schließt die Trainingsmaßnahme ab.

Eine Unterstützungsmaßnahme, die auf die Veränderung kognitiver Prozesse abzielt, wird als *kognitives Training* bezeichnet (Hasselhorn & Hager, 2006; Klauer, 2001). Ein kognitives Training ist erfolgreich, wenn es mindestens zwei Kriterien erfüllt: Es erzielt eine große Wirkungsintensität bei gleichzeitig hoher Wirkungsextensität. Der Begriff der Wirkungsintensität verweist auf große und relevante Trainingserfolge. Der Begriff der Wirkungsextensität bezieht sich dagegen auf den Wirkungsbereich der Fördermaßnahme und die Wahrscheinlichkeit von Transferleistungen. Da zwischen beiden Wirkkriterien ein umgekehrt proportionaler Zusammenhang besteht, können sie gemeinsam nur schwer erreicht werden. Es gelten folgende Faustregeln: Einerseits verringert sich mit steigendem Allgemeinheitsgrad einer Fördermaßnahme die Wirkungsintensität, andererseits vermindert sich mit zunehmender Bereichsspezifität der Wirkungsbereich der Fördermaßnahme und die Wahrscheinlichkeit von Transferleistungen. Erfolgreiche kognitive Trainings lösen dieses Dilemma, indem sie aus den beiden Wirkkriterien zwei Prinzipien ableiten und diese miteinander kombinieren. Das *Prinzip der Reziprozität zwischen der Bereichsspezifität der Inhalte und der Wirkungsintensität des Trainings* legt den Schluss nahe, dass die Trainingsinhalte bereichsspezifisch angelegt werden müssen. Das *Prinzip der Reziprozität zwischen dem Allgemeinheitsgrad der Inhalte und der Wirkungsextensität des Trainings* führt zu dem Schluss, dass jedes kognitive Training mit einer Komponente angereichert werden muss, die sich günstig auf den Transfer der bereichsspezifischen Trainingsinhalte auswirkt (Fritz & Hussy, 2001; Hasselhorn & Hager, 2006; Schreblowski & Hasselhorn, 2001).

In der Konsequenz lassen sich Empfehlungen benennen, die bei der Gestaltung erfolgreicher kognitiver Trainingsmaßnahmen zu berücksichtigen sind (Fritz & Hussy, 2001; Sternberg, 1983). Eine solche Empfehlung lautet, dass kognitive Fähigkeiten (*nonexecutive skills*) nicht isoliert, sondern in Verbindung mit Prozessen der Handlungssteuerung und Handlungsüberwachung (*executive skills*) trainiert werden müssen. Prozesse der Handlungssteuerung und Handlungsüberwachung werden auch als *allgemeine Techniken der Selbstkontrolle* bezeichnet und durch metakognitives Strategiewissen ergänzt. Zusammen ergeben sie die metakognitive Komponente kognitiver Trainingsmaßnahmen, die als Transfervehikel für die jeweilige bereichsspezifische kognitive Lernmethode angesehen wird (Hasselhorn, 2000; Hasselhorn & Hager, 2006). Allgemeine Techniken der Selbstkontrolle beziehen sich auf den Einsatz von Planungs-, Überwachungs- und Evaluationsaktivitäten (Großschedl & Harms, 2010; Hasselhorn & Hager, 2006; Schreblowski & Hasselhorn, 2001; Sternberg, 1983). Metakognitives Strategiewissen wird als Wissen über die Anwendung einer Lernmethode und deren Nutzen definiert (s. S. 95). Die Berücksichtigung metakognitiven Strategiewissens über die vermittelte Lernmethode wird als wichtig erachtet, weil gezeigt werden konnte, dass eine neu erworbene Lernmethode nur dann aufrechterhalten wird, wenn sie der Lernende als fruchtbar erlebt und ihr persönliche Bedeutung beimisst (Guterman, 2003; Hasselhorn, 2000; Hasselhorn & Hager, 2006). Die Berücksichtigung metakognitiven Strategiewissens lässt sich aus dem Prinzip der Reziprozität zwischen dem Allgemeinheitsgrad der Inhalte und der Wirkungsextensität des Trainings ableiten (s. S. 96; Hasselhorn & Hager, 2006).

Wird die Lernmethode des *concept mapping* mit dem Ziel vermittelt, kognitive Prozesse zu verändern, so kann dieser Vermittlungsversuch als kognitives Training bezeichnet werden und seine Gestaltung sollte sich an den Empfehlungen zur Durchführung kognitiver Trainingsmaßnahmen orientieren. Vergleicht man die Vorschläge zur Gestaltung kognitiver Trainingsmaßnahmen mit einschlägigen Trainingsmaßnahmen zur Vermittlung des *concept mapping*, dann fällt auf, dass sich die metakognitive Komponente, für den Fall, dass sie berücksichtigt wird, auf die Vermittlung metakognitiven Strategiewissens beschränkt. Es konnte kein Vermittlungsversuch identifiziert werden, der allgemeine Techniken der Selbstkontrolle berücksichtigt, obwohl sich die Bedeutung dieser Komponente bei der Vermittlung anderer Lernmethoden als bedeutsam erwiesen hat. In einer experimentellen Studie wurden zwei Formen eines unterrichtsintegrierten Trainings zur Förderung der Schreibkompetenz kontrastiert (C. Glaser, Keßler & Brunstein, 2009): In der einen Ausführung wurden die bloßen Schreibstrategien trainiert, in der anderen wurden diese in Verbindung mit allgemeinen Techniken der Selbstkontrolle vermittelt. Die Autoren gingen dabei von der Prämisse aus, dass die begleitenden Maßnahmen für die Überwachung, Steuerung und Optimierung des Strategieeinsatzes wichtig sind. Die Ergebnisse untermauern diese Annahme: Schüler, die in Verbindung mit allgemeinen Techniken der Selbstkontrolle trainiert wurden, übertrafen die Schüler der Kontrollgruppe in strategienahen Aufsatzvariablen (u. a. Kohärenz), einem holistischen Maß der Aufsatzqualität und einer untrainierten Transferaufgabe. Diese und andere Befunde haben dazu geführt, dass man inzwischen dazu übergegangen ist kognitive Fördermaßnahmen nicht isoliert, sondern in Verbindung mit metakognitiven Komponenten zu vermitteln.

Vor diesem Hintergrund stellt sich die Frage, ob die Einführung einer Komponente zur Verbesserung der Selbstkontrolle zur Effizienzsteigerung eines Trainings im *concept mapping* führt. Da die Berücksichtigung dieser Komponente bei der Vermittlung einer neuen Lernmethode als besonders wichtig erachtet wird, stellt sich darüber hinaus die Frage, ob Lernende, die eine neue Lernmethode (*concept mapping*) nutzen, von begleitenden Techniken der Selbstkontrolle hinsichtlich des Niveaus und der Struktur ihres deklarativen Wissens stärker profitieren als Lernende, die eine vertraute Lernmethode (Erstellung von Notizen) zum Einsatz bringen.

5.1.1.3 Metakognitive prompts

Vor dem Hintergrund lebenslanger Lernprozesse ist die Entwicklung von Fähigkeiten der Selbstregulation von entscheidender Bedeutung:

„Selbstregulation beim Lernen (SRL) bedeutet in der Lage zu sein, Wissen, Fertigkeiten und Einstellungen zu entwickeln, die zukünftiges Lernen fördern und erleichtern und die – vom ursprünglichen Lernkontext abstrahiert – auf andere Lernsituationen übertragen werden können".

(Baumert et al., 2000, S. 2).

In den letzten Jahren hat sich allerdings innerhalb der Erziehungswissenschaften eine gewisse Skepsis hinsichtlich der individuellen Voraussetzungen von Schülern zum selbstregulierten Lernen ausgebreitet. Das Konzept der Metakognition stellt ein Beschreibungsmodell dar, mit dessen Hilfe individuelle Voraussetzungen zu selbstreguliertem Lernen einer Analyse und Förderung zugänglich gemacht werden können (Hasselhorn, 2000). Zwischen dem Metagedächtnis, das einen Teil der Metakognition darstellt, und der Lernleistung konnte Schneider (1985) in einer Metaanalyse einen mittleren Zusammenhang, $r = .41$, ermitteln. In Kapitel 5.1.1.2 (s. S. 95) wurde auf die geringe Wirkungsintensität von Förderprogrammen mit hohem Allgemeinheitsgrad verwiesen. Metakognitive Förderprogramme sind von Natur aus inhaltsunspezifisch und stehen prinzipiell vor den gleichen Problemen wie die kognitiven Förderprogramme. Berthold, Nückles und Renkl (2007) führten ein Experiment zur Lernwirksamkeit verschiedener *prompting*-Maßnahmen durch. Dabei wurden die Teilnehmer ($N = 84$ Psychologiestudenten) einer von vier Versuchsbedingungen zugewiesen. In allen Versuchsbedingungen verfolgten die

Teilnehmer ein Video, über dessen Inhalt ein Lernprotokoll anzufertigen war. In Abhängigkeit von der Lerngruppenzugehörigkeit wurden dabei entweder rein kognitive, rein metakognitive, eine Kombination aus kognitiven und metakognitiven *prompts* oder keine *prompts* bereitgestellt. Berücksichtigt man den postulierten Zusammenhang zwischen Allgemeinheitsgrad und Wirkungsintensität, dürfte nicht überraschen, dass der Lernerfolg im Vergleich zur Kontrollgruppe durch rein metakognitive *prompts* nicht gesteigert werden konnte. Dagegen erzielten Versuchsgruppen mit rein kognitiven oder einer Kombination aus kognitiven und metakognitiven *prompts* deutlich bessere Lernergebnisse (Berthold et al., 2007). Daher ist man inzwischen dazu übergegangen metakognitive Fördermaßnahmen nicht isoliert, sondern in Kombination mit bereichsspezifischen Fertigkeiten zu vermitteln (s. Kapitel 5.1.1.2, S. 96).

Nach einer Sichtung der Forschungsliteratur werden drei Kategorien gebildet, in die die verschiedenen Ansätze zur Verbesserung der Metakognition eingeordnet werden können. Die Zuweisung zu der jeweiligen Kategorie erfolgt nach zwei Kriterien. Das erste Kriterium bezieht sich auf den Bereich der Metakognition, der gefördert wird, und tritt in zwei Ausprägungen auf: metakognitivem Strategiewissen und exekutiver Metakognition. Das zweite Kriterium bezieht sich auf die Direktheit des Ansatzes bei der Vermittlung von Metakognition und unterscheidet zwischen expliziten und impliziten Ansätzen.

Metakognitives Strategiewissen setzt sich aus Kenntnissen über die Anwendung einer bereichsspezifischen Strategie, über den Nutzen dieser Strategie und den Zeitpunkt des Strategieeinsatzes zusammen (s. Kapitel 5.1.1.2, S. 95; Campione, 1984; Hasselhorn & Hager, 2006) und wird meist mit Hilfe von expliziten Ansätzen vermittelt. Zwei Ansätze zur Vermittlung metakognitiven Strategiewissens werden vorgestellt. Sie unterscheiden sich bezüglich der Kategorisierung metakognitiven Wissens und beziehen sich auf die entsprechenden Kategorien nach Schraw (1995) bzw. Flavell (1984). Ein Ansatz ist durch die Vermittlung deklarativen, prozeduralen und konditionalen Strategiewissens charakterisiert, das den Lernenden über eine *strategy evaluation matrix*, kurz SEM, dargeboten wird (Schraw, 1998). SEM beschreibt in tabellarischer Form die Ausführung der Strategie, den Zeitpunkt sowie Sinn des Strategieeinsatzes. Informationen über den Sinn des Strategieeinsatzes sind vor dem Hintergrund der Aufrechterhaltung der Strategienutzung von besonderer Bedeutung (s. Kapitel 5.1.1.2, S. 97; Gunstone & Baird, 1988; Schreblowski & Hasselhorn, 2001). Ein ähnliches Verfahren wurde auch zum Aufbau metakognitiven

Wissens über die Rolle des Faktors Aufmerksamkeit beim Lernprozess eingesetzt, wobei die Kategorisierung der Wissensbereiche in Anlehnung an Flavell (1984) nach Aufgaben-, Personen- und Strategievariablen erfolgte (Schöll, 1997). Beide Verfahren haben sich im Kontrollgruppendesign hinsichtlich des Lernerfolgs (Schraw, 1998) bzw. der Aufmerksamkeitswerte der Teilnehmer (Schöll, 1997) als wirksam herausgestellt.

Exekutive Metakognition wird entweder explizit vermittelt oder implizit angeregt. Explizite Ansätze zur Verbesserung der exekutiven Metakognition werden häufig in Form metakognitiver *prompts* operationalisiert. Metakognitive *prompts* sind frei von fachlichen Anregungen und können als prozessorientierte Lernhilfen charakterisiert werden (Konrad, 2006a, 2006b). Sie werden in der Regel als Fragen formuliert und zielen darauf ab, den metakognitiven Lernstrategiegebrauch anzuregen (z. B. „Was ist unsere Aufgabe?" in Berthold et al., 2007; Konrad, 2006, S. 195). Dies impliziert, dass dieser Ansatz davon ausgeht, dass die Lernenden bereits über die notwendigen metakognitiven Fähigkeiten verfügen, aber diese spontan nicht oder nicht in ausreichendem Maße nutzen können (Hilbert et al., 2008; Stark, Tyroller, Krause & Mandl, 2008). Haller et al. (1988) führten eine Metaanalyse zur Wirksamkeit metakognitiver Instruktionen auf das Leseverständnis durch. Dazu kontrastierten sie das Leseverständnis metakognitiv instruierter Gruppen mit dem Leseverständnis nicht instruierter Gruppen. Die Ergebnisse sprechen für die hohe Wirksamkeit metakognitiver Instruktionen. Andere Studien legten den Fokus auf die Lernleistung und die Problemlösefähigkeit und berichten vergleichbare Erfolge (vgl. King, 1991; Schoenfeld, 1985).

Prompting-Maßnahmen kommen in unterschiedlichen Ausprägungen zum Einsatz. Die folgenden Ausführungen verweisen auf eine Auswahl bekannter Verfahren. Dabei werden den Lernenden in allen Fällen *prompts* in Form von Fragenkatalogen unterbreitet. Drei verschiedene Ansätze werden vorgestellt, die sich bezüglich der verwendeten Fragetypen unterscheiden.

- Schraw (1998) entwickelte einen Fragenkatalog, der Problemlöseprozesse systematisch unterstützen soll, und als regulative Checkliste bezeichnet wird. Diese Checkliste enthält drei Typen von Fragen: (i) Fragen, die Planungsprozesse auslösen, (ii) Fragen die Überwachungsprozesse unterstützen und (iii) Fragen, die die Evaluation eigenen Denkens befördern. Ähnliche Ansätze zur Verbesserung der Problemlöseprozesse finden sich auch bei King (1991) und Schoenfeld (1985).

- Andere Fragenkataloge fokussieren sich auf den Zeitpunkt des Strategieeinsatzes. Zu diesem Zweck regen sie exekutive Prozesse (i) vor der eigentlichen Lerntätigkeit (Orientierung, Planung, Zielbildung), (ii) während (Überwachung, Steuerung) und (iii) nach oder gegen Ende der Lerntätigkeit (Endkontrolle) an (Bannert, 2003; Konrad, 2006; Nückles, Hübner & Renkl, 2008; Schöll, 1997). Beispielsweise setzte Guterman (2003) ein Set offener Fragen als psychologisches Werkzeug ein, das sich *metacognitive awareness guidance* (*MCAG*) nennt und der Aktivierung des Vorwissens vor dem Lesen eines Textes dient.
- Eine weitere Form des geführten Fragens ist in eine Methode mit dem Akronym IMPROVE eingebettet. In der zweiten von insgesamt sieben Unterrichtsphasen werden die Lernenden dazu veranlasst, vier Arten metakognitiver Fragen zu stellen und zu beantworten. Die Auswahl der Fragen orientiert sich an Polyas (1973) vierstufigem Modell des Problemlöseprozesses. Dabei handelt es sich um Verständnis-, Strategie-, Verbindungs- und Reflexionsfragen. Verständnisfragen sollen das Ziel oder Problem einer Lernaufgabe bewusst machen. Strategiefragen haben die Suche nach geeigneten Problemlösestrategien zum Ziel. Verbindungsfragen unterstützen die Ausbildung von Verknüpfungen zwischen dem Vorwissen und dem neu erworbenen Wissen. Reflexionsfragen sollen die Reflexion über den Prozess der Lösungssuche und die Qualität der Lösung selbst verbessern (Kramarski, 2004; Mevarech & Kramarski, 2003). Mevarech et al. (2003) ließen im Rahmen einer Untersuchung Lernaufgaben von drei Gruppen (A, B und C) bearbeiten. Beide Treatmentgruppen A und B erhielten ein Strategietraining (schematisierende Strategie = *diagraming strategy*), A wurde zusätzlich einem metakognitiven Training unterzogen. Die Kontrollgruppe C wurde keiner der genannten Interventionsmaßnahmen ausgesetzt. Die Erfassung des Lernerfolgs in Form mathematischen Problemlösens zeigte folgendes Bild: Beide Treatmentgruppen übertreffen die Kontrollgruppe hinsichtlich ihrer Leistung in einem Mathematiktest überzufällig. Darüber hinaus konnte Mevarech et al. (2003) einen signifikanten Unterschied zwischen den Treatmentgruppen A und B feststellen. Das zusätzliche metakognitive Fragen verbessert im Vergleich zu einem einfachen Strategietraining den Lernerfolg spürbar.

Von expliziten Maßnahmen zur Verbesserung der Metakognition können solche Maßnahmen unterschieden werden, von denen erwartet wird, dass sie die metakognitive Lernaktivität implizit anregen. Zu nennen sind Modelllernen (Garner & Alexander, 1989), Lautes Denken (Bannert, 2003; McCormick), *concept mapping*

(McCormick) oder die Technik der verbalen Selbstinstruktion (Hasselhorn, 2001; McCormick; Schreblowski & Hasselhorn, 2001). Die bisherigen Ausführungen werfen jedoch die Frage auf, ob die Arbeit mit *concept maps* ausreicht, um metakognitives Lernverhalten zu entwickeln. Beispielsweise kommt eine Untersuchung aus Kanada zu dem Ergebnis, dass ein kurzzeitiges Training im *concept mapping* keinen Einfluss auf die Entwicklung der Metakognition nimmt (Patry, 2004).

Es bleibt zu untersuchen, ob metakognitive *prompts* zur Unterstützung von Planungs-, Überwachungs-, Regulations- und Evaluationsaktivitäten den konzeptuellen Wissenserwerb in der Zellbiologie verbessern.

5.1.2 Psychologische Hypothesen

Ausgehend vom dargelegten Stand der Forschung und den entsprechenden psychologischen Theorien werden acht psychologische Hypothesen formuliert. Die psychologischen Hypothesen PH-1 bis PH-4 beziehen sich auf das Niveau deklarativen Wissens. Die psychologischen Hypothesen PH-5 bis PH-8 betreffen die deklarative Wissensstruktur. Für alle Versuchspersonen gilt *ceteris paribus distributionibus* und mit einer Wahrscheinlichkeit $\pi > 0$:

1. PH-1: Verglichen mit der Erstellung von Notizen[18] verbessert *concept mapping* im Mittel das Niveau deklarativen Wissens (s. Kapitel 5.1.1.1, S. 88).
2. PH-2: Im Vergleich zu Lernsituationen ohne metakognitive *prompting*-Maßnahme verbessert metakognitives *prompting* im Mittel das Niveau deklarativen Wissens (s. Kapitel 5.1.1.3, S. 98).
3. PH-3: Im Mittel verbessert metakognitives *prompting* das Niveau deklarativen Wissens beim *concept mapping* (neue Strategie) wirkungsvoller als bei der Erstellung von Notizen (vertraute Strategie; s. Kapitel 5.1.1.2, S. 95).
4. PH-4: Im Mittel verbessert metakognitives *prompting* das Niveau deklarativen Wissens bei der Erstellung von Notizen wirkungsvoller als beim *concept mapping* (s. Kapitel 5.1.1.1, S. 92; Kapitel 5.1.1.3, S. 98).
5. PH-5: Verglichen mit der Erstellung von Notizen verbessert *concept mapping* im Mittel die Struktur deklarativen Wissens (s. Kapitel 5.1.1.1, S. 88).

---

[18] Die Erstellung von Notizen wird der Konstruktion von *concept maps* gegenübergestellt, weil davon ausgegangen wird, dass die Erstellung von Notizen eine Lernmethode darstellt, die allen Lernenden vertraut ist und von vielen Lernenden alltäglich genutzt wird.

6. PH-6: Im Vergleich zu Lernsituationen ohne metakognitive *prompting*-Maßnahme verbessert metakognitives *prompting* im Mittel die Struktur deklarativen Wissens (s. Kapitel 5.1.1.3, S. 98).
7. PH-7: Im Mittel verbessert metakognitives *prompting* die Struktur deklarativen Wissens beim *concept mapping* (neue Strategie) wirkungsvoller als bei der Erstellung von Notizen (vertraute Strategie; s. Kapitel 5.1.1.2, S. 95).
8. PH-8: Im Mittel verbessert metakognitives *prompting* die Struktur deklarativen Wissens bei der Erstellung von Notizen wirkungsvoller als beim *concept mapping* (s. Kapitel 5.1.1.1, S. 92; Kapitel 5.1.1.3, S. 98).

5.2 Methode

5.2.1 Variablen

Gemäß den psychologischen Hypothesen (s. Kapitel 5.1.2, S. 102) werden die entsprechenden Variablen operationalisiert. Die verwendete Lernmethode (*concept mapping* vs. Notizen Erstellen) und die Verfügbarkeit metakognitiver *prompts* (ja vs. nein) werden in Kapitel 5.2.1.1 operationalisiert. In Kapitel 0 (s. S. 105) wird das Metakognitionsniveau als Kontrollvariable operationalisiert. Die Operationalisierung des Niveaus und der Struktur deklarativen Wissens stimmt mit der Operationalisierung der Variablen in der Validierungsstudie überein und wird deshalb in Kapitel 4.2.1.2 (s. S. 50) vorweggenommen.

5.2.1.1 Operationalisierung der unabhängigen Variablen

Als unabhängige Variablen werden die verwendete Lernmethode (**UV-A**) und die Verfügbarkeit metakognitiver *prompts* (**UV-B**) variiert. Bezogen auf die Variable verwendete Lernmethode werden zwei Bedingungen unterschieden: Eine Bedingung, in der softwarebasierte *concept maps* konstruiert werden (**UV-A$_1$**), und eine Bedingung, in der handschriftliche Notizen erstellt werden (**UV-A$_2$**)[19]. Ruiz-Primo (2004) sowie Ruiz-Primo und Shavelson (1996, 1997) unterscheiden hinsichtlich der Operationalisierung der UV-A$_1$ verschiedene Aufgabentypen des *concept mapping* (z. B. *fill-in-the-map, construct-a-map*) und differenzieren diesbezüglich zwischen dem Begriff der *Aufgabenstellung* und dem Begriff des *Aufgabenformats*. Der Begriff

---

[19] Die handschriftliche Erstellung von Notizen ist den Probanden vertraut und kann deshalb als starke Kontrollstrategie betrachtet werden.

der Aufgabenstellung beschreibt den Freiraum der Probanden oder das Ausmaß an Fremdbestimmung bei der Bearbeitung der entsprechenden Aufgabe. Dabei kann zwischen Aufgabenstellungen unterschieden werden, in denen die Begriffe, Relationsbeschriftungen, Verbindungslinien und die Struktur der *concept map* vorgeben oder aber offen gelassen werden. In der vorliegenden Studie wird eine Auswahl an besonders bedeutsamen Begriffen vorgeben, auf die Art der Relationsbeschriftung, die Verbindungslinien und die Struktur der *concept map* wird kein Einfluss genommen und die Begriffsauswahl kann beliebig erweitert werden. Der Begriff des Aufgabenformats bezieht sich auf das Medium, das zur Erstellung einer *concept map* genutzt wird. Die Entscheidung für die softwarebasierte Form wird damit begründet, dass softwarebasiertes *concept mapping* im Vergleich zu seinem handschriftlichen *Pendant* zahlreiche Vorteile wie z. B. umfangreiche gestalterische Möglichkeiten, Autolayout-Funktionen, die flexible Neustrukturierung der *concept map* und die bessere Lesbarkeit birgt (Novak & Cañas, 2006). Die Variable Verfügbarkeit metakognitiver *prompts* tritt ebenfalls in zwei Faktorstufen auf. Teilnehmer, die einer metakognitiven *prompting*-Maßnahme unterzogen werden, erhalten metakognitive *prompts* (**UV-B$_1$**) in Form prozessorientierter Impulse zur Unterstützung von Planungs-, Überwachungs- und Evaluationsaktivitäten zum Einsatz (s. Tabelle 12). Die übrigen Teilnehmer werden keiner *prompting*-Maßnahme ausgesetzt (**UV-B$_2$**).

Tabelle 12. *Beispiele der eingesetzten prompts und ihre Anzahl im Lernmaterial. Aufgegliedert nach den metakognitiven Lernstrategien der Planung, Überwachung und Evaluation*

Metakognitive Lernstrategie (Anzahl)	Beispiel
Planung (2)	Besprechen Sie mit Ihrem Arbeitspartner das gemeinsame Vorgehen! *Was ist unsere Aufgabe?*
Überwachung (3)	Kontrollieren Sie Ihren Lernweg! *Haben wir alle Text- und Bildinformationen genutzt?*
Evaluation (4)	Prüfen Sie Ihren Lernerfolg! *Welche neuen Zusammenhänge haben wir erkannt?*

5.2.1.2 Operationalisierung der Kontrollvariable und der abhängigen Variablen

Die Operationalisierung der abhängigen Variablen wird an dieser Stelle nicht mehr aufgegriffen. Entsprechend den Ausführungen in Kapitel 4.2.1.2 (s. S. 50) geben die Wissensindizes *MC* bzw. *PRX*, *PTF* und *PRX* Auskunft über den Expertisegrad eines Probanden hinsichtlich des Niveaus bzw. der Struktur deklarativen Wissens. Neben dem Niveau und der Struktur deklarativen Wissens wird das Metakognitionsniveau der Probanden durch eine Auswahl von Items aus der Skala *metakognitive Lernstrategien* des LIST kontrolliert (Wild & Schiefele, 1994).

5.2.2 Psychologische Vorhersagen

Ausgehend von den psychologischen Hypothesen und den Hilfshypothesen, dass...

- das Niveau deklarativen Wissens über einen *multiple choice* Test erhoben werden kann,
- die deklarative Wissensstruktur über SJTs erhoben werden kann,
- eine optimale Organisationsstruktur für den biologischen Inhalt existiert
- und diese optimale Organisationsstruktur über Expertenratings erhoben werden kann,

... werden für das vollständig spezifizierte empirische System acht psychologische Vorhersagen formuliert. Die psychologischen Vorhersagen PV-1 bis PV-4 beziehen sich auf das Niveau deklarativen Wissens (s. Kapitel 5.1.2, S. 102). Die psychologischen Vorhersagen PV-5 bis PV-8 betreffen die deklarative Wissensstruktur (s. Kapitel 5.1.2, S. 102). Es gelten für alle Versuchspersonen *ceteris paribus distributionibus* und mit einer Wahrscheinlichkeit $\pi > 0$ nachfolgende psychologischen Vorhersagen:

1. PV-1: Werden *concept maps* konstruiert, fällt das erwartete mittlere *multiple choice* Testergebnis der Probanden höher aus, als wenn Notizen erstellt werden.

2. PV-2: Werden metakognitive *prompts* bearbeitet, so fällt das erwartete mittlere *multiple choice* Testergebnis der Probanden höher aus, als wenn keine metakognitiven *prompts* bearbeitet werden.

3. PV-3: Metakognitive *prompts* führen bei der Konstruktion von *concept maps* (neue Strategie) zu einem im erwarteten Mittel höheren *multiple choice* Testergebnis als bei der Erstellung von Notizen (vertraute Strategie).

4. PV-4: Metakognitive *prompts* führen bei der Erstellung von Notizen zu einem im erwarteten Mittel höheren *multiple choice* Testergebnis als bei der Konstruktion von *concept maps*.

5. PV-5: Werden *concept maps* konstruiert, stimmen die Verwandtschaftsurteile und *cognitive maps* der Probanden mit den mittleren Verwandtschaftsurteilen der Experten bzw. der formalen Struktur im erwarteten Mittel stärker überein, als wenn Notizen erstellt werden.

6. PV-6: Werden metakognitive *prompts* bearbeitet, so stimmen die Verwandtschaftsurteile und *cognitive maps* der Probanden mit den mittleren Verwandtschaftsurteilen der Experten bzw. der formalen Struktur im erwarteten Mittel stärker überein, als wenn keine metakognitiven *prompts* genutzt werden.

7. PV-7: Metakognitive *prompts* führen bei der Konstruktion von *concept maps* (neue Strategie) zu einer im erwarteten Mittel höheren Übereinstimmung der Verwandtschaftsurteile und *cognitive maps* der Probanden mit den mittleren Verwandtschaftsurteilen der Experten bzw. der formalen Struktur als bei der Erstellung von Notizen (vertraute Strategie).

8. PV-8: Metakognitive *prompts* führen bei der Erstellung von Notizen zu einer im erwarteten Mittel höheren Übereinstimmung der Verwandtschaftsurteile und *cognitive maps* der Probanden mit den mittleren Verwandtschaftsurteilen der Experten bzw. der formalen Struktur als bei der Konstruktion von *concept maps*.

In Kapitel 4.2.2 (s. S. 52) wurde darauf eingegangen, dass die Entscheidung über das Eintreten und Nicht-Eintreten einer psychologischen Vorhersage von der Entscheidung über die Annahme bzw. Nicht-Annahme der statistischen Vorhersage und dem Vergleich der empirischen Effektgröße mit der kritischen Effektgröße (EG_{krit}) abhängig gemacht wird. Bei der Festlegung der kritischen Effektgrößen für die PV-1 und PV-5 werden vier relevante mittlere Effektgrößen aus der Metaanalyse von Nesbit und Adesope (2006) berücksichtigt. Unter Berücksichtigung dieser Werte wird eine kritische Effektgröße von $\varphi = .25$ ($EG_{1,\,krit}$ bzw. $EG_{5,\,krit}$) festgelegt. Bei der Festlegung der kritischen Effektgröße für die PV-2 und PV-6 werden neben der Metaanalyse von Haller et al. (1988) zwei weitere Studien berücksichtigt (Berthold et al., 2007; Hilbert et al., 2008). Entsprechend diesen Studien wird die kritische Effektgröße auf $\varphi = .20$ ($EG_{2,\,krit}$ bzw. $EG_{6,\,krit}$) festgelegt. Für die PV-3 und PV-7 sowie PV-4 und PV-8 liegen keine Effektgrößen aus empirischen Untersuchungen vor, die im gleichen Bereich und unter vergleichbaren Bedingungen stattgefunden haben. Es wird nach J. Cohen (1983) ein geringer Effekt von $\varphi = .20$ ($EG_{3,\,krit}$ bzw. $EG_{7,\,krit}$ sowie $EG_{4,\,krit}$ bzw. $EG_{8,\,krit}$) als kritische Effektgröße festgelegt.

5.2.3 Versuchsplan

In einer experimentellen Interventionsstudie mit einem 2 x 2 faktoriellen Design werden die verwendete Lernmethode (UV-A) und die Verfügbarkeit metakognitiver *prompts* (UV-B) in zwei Faktorstufen variiert. Die zweifaktorielle Versuchsplananlage findet sich in Tabelle 13.

Tabelle 13. *Zweifaktorielle Versuchsplananlage mit den unabhängigen Variablen Lernmethode und Verfügbarkeit metakognitiver prompts*

UV-A: Lernmethode	UV-B: Verfügbarkeit metakognitiver *prompts*	
	B_1: metakognitive *prompts*	B_2: keine metakognitiven *prompts*
A_1: *Concept mapping*	AV in Zelle AB_{11} ($n = 50$)	AV in Zelle AB_{12} ($n = 50$)
A_2: Notizen Erstellen	AV in Zelle AB_{21} ($n = 50$)	AV in Zelle AB_{22} ($n = 50$)

Anmerkungen. UV = Unabhängige Variable. AV = Abhängige Variable. *n* = Optimale Stichprobengröße pro Zelle. Die optimale Stichprobengröße ergibt sich aus einer a priori Poweranalyse mit der Software G*Power. Bezogen auf die PV-3 bzw. PV-7 sowie PV-4 bzw. PV-8 ergibt sich eine optimale Stichprobengröße von $N = 199$. Da die Zellbesetzung wegen der kooperativen Lernphase (Partnerarbeit) gerade sein muss, ergibt sich eine Stichprobe von $n = 50$ Probanden pro Zelle.

Zur Bestimmung der notwendigen Stichprobengröße werden drei a priori Poweranalysen mit den kritischen Effektgrößen aus Kapitel 5.2.2 (s. S. 105) durchgeführt. Die Berechnung erfolgt mit Hilfe der Software G*Power (Erdfelder et al., 2004; Erdfelder et al., 1996; Faul, 2007). Bezogen auf die PV-1 und PV-5 ergibt die Poweranalyse für ein α-Fehlerniveau von .05, für eine *Power* von $1-\beta = .80$ und für eine erwartete Effektstärke von $\varphi = 0.25$ eine optimale Stichprobengröße von $N = 128$. Bezogen auf die PV-2 bis PV-4 sowie die PV-6 bis PV-8 ergibt die Poweranalyse für ein α-Fehlerniveau von .05, für eine *Power* von $1-\beta = .80$ und für eine erwartete Effektstärke von $\varphi = 0.20$ eine optimale Stichprobengröße von $N = 199$. Damit ergibt sich die höchste Ausprägung der optimalen Stichprobengröße für die PV-2 bis PV-4 sowie die PV-6 bis PV-8. Diese wird als optimale Stichprobengröße für den vorliegenden Hypothesenprüfversuch festgelegt.

5.2.4 Statistische Hypothesenprüfung

Für alle statistischen Tests wird ein Alpha-Niveau von .05 verwendet. Die gerichteten Hypothesen werden einseitig getestet. Entsprechend den psychologischen Vorhersagen werden Kovarianzanalysen (ANCOVA) mit den Zwischensubjektfaktoren Lernmethode (*concept mapping* vs. Notizen Erstellen) und Verfügbarkeit metakognitiver *prompts* (ja vs. nein), der Kovariate Vorwissen (*MC*, *PRX*, *PTF* oder R^2) sowie der abhängigen Variable Lernerfolg (*MC*, *PRX*, *PTF* oder R^2) durchgeführt. Die statistischen Hypothesen werden durch anschließende a priori Kontrastanalysen getestet. In diese fließen die um das Vortestergebnis (*MC*, *PRX*, *PTF* oder R^2) bereinigten (adjustierten) Mittelwerte des Nachtestergebnisses ein (*MC*, *PRX*, *PTF* oder R^2). Die Hypothesen-spezifischen Kontraste werden in Kapitel 5.2.5 (s. S. 108) berichtet.

5.2.5 Statistische Vorhersagen und Hypothesen

Ausgehend von den psychologischen Vorhersagen (s. Kapitel 5.2.2, S. 105) werden die folgenden statistischen Vorhersagen (SV) und statistischen Hypothesen abgeleitet (SH; es werden nur die Alternativhypothesen formuliert). Die statistischen Hypothesen gehen über die adjustierten Mittelwerte (μ_{adj}) der entsprechenden abhängigen Variablen.

$SV - 1\ bzw.\ SV - 5(dKa): (\mu_{adj,11} > \mu_{adj,21};\ \mu_{adj,12} > \mu_{adj,22}) \approx>$
$(H_{1,1}: \psi_{1,1} = \mu_{adj,11} - \mu_{adj,21} > 0) \wedge (H_{1,2}: \psi_{1,2} = \mu_{adj,12} - \mu_{adj,22} > 0)$

$SV - 2\ bzw.\ SV - 6(dKa): (\mu_{adj,11} > \mu_{adj,12};\ \mu_{adj,21} > \mu_{adj,22}) \approx>$
$(H_{1,1}: \psi_{1,1} = \mu_{adj,11} - \mu_{adj,12} > 0) \vee (H_{1,2}: \psi_{1,2} = \mu_{adj,21} - \mu_{adj,22} > 0)$[20]

$SV - 3\ bzw.\ SV - 7: (\mu_{adj,11} - \mu_{adj,12} > \mu_{adj,21} - \mu_{adj,22}) \approx>$
$(H_1: \psi_1 = [(1/2)\mu_{adj,11} + (-1/2)\mu_{adj,12} + (-1/2)\mu_{adj,21} + (1/2)\mu_{adj,22}] > 0)$

$SV - 4\ bzw.\ SV - 8: (\mu_{adj,21} - \mu_{adj,22} > \mu_{adj,11} - \mu_{adj,12}) \approx>$
$(H_1: \psi_1 = [(1/2)\mu_{adj,21} + (-1/2)\mu_{adj,22} + (-1/2)\mu_{adj,11} + (1/2)\mu_{adj,12}] > 0)$

---

[20] Es wird ein disjunktives Entscheidungskriterium (∨ = *logisches Oder*) festgelegt, weil davon ausgegangen wird, dass sich metakognitive *prompts* in *concept mapping*-Bedingungen anders auswirken als in Notizen-Bedingungen (vgl. SV-3, SV-4, SV-7, SV-8).

5.2.6 Versuchspersonen

Die Studie wurde in zwei Lehrveranstaltungen durchgeführt ($N = 125$)[21], die für das Biologiestudium an der Universität Kiel verpflichtend sind. Die Teilnehmer waren im Mittel 23.0 Jahre alt ($SD = 3.1$) und in der Mehrheit weiblich ($n = 82$). 82 Teilnehmer befanden sich im dritten Studiensemester für das Fach Biologie, 29 Teilnehmer im fünften Studiensemester. Die übrigen 14 Teilnehmer verteilten sich auf höhere Studiensemester. Innerhalb der vier experimentellen Bedingungen bestand die Gruppengröße aus n Probanden: *concept mapping* mit metakognitiven *prompts* ($n = 29$), *concept mapping* ohne metakognitive *prompts* ($n = 28$), Notizen mit metakognitiven *prompts* ($n = 39$), Notizen ohne metakognitive *prompts* ($n = 29$). In Kapitel 5.2.3 (s. S. 107) wurden die optimalen Stichprobengrößen für die PV-1 bis PV-8 berechnet Post hoc Poweranalysen ergeben für den tatsächlichen Stichprobenumfang von $N = 125$ bezüglich der PV-1 und PV-5 eine geringfügig reduzierte *Power* von $1-\beta = .79$ und bezüglich der PV-2 bis PV-4 sowie der PV-6 bis PV-8 eine deutlich reduzierte *Power* von $1-\beta = .60$.

5.2.7 Material, Geräte und Hilfsmittel

Die PowerPoint-Präsentation zur Einführung der Probanden in die Lernmethode des *concept mapping* findet sich in Anhang B-I. Sie untergliedert sich in drei thematische Abschnitte. Der erste Abschnitt (Folien 1 bis 7) dient der Vermittlung (meta-)kognitiven Strategiewissens über die Lernmethode des *concept mapping* und führt die Software ein, die zur Konstruktion von *concept maps* genutzt wird. Der zweite Abschnitt (Folie 8) zeigt die Bearbeitung von SJTs mit Begriffen aus der Alltagssprache (z. B. Hund, Katze, Tasse). Der letzte Abschnitt (Folien 9-11) leitet in die Lernphase über und thematisiert die Gruppenaufteilung sowie die Gestaltung des Lernmaterials.

Die Konstruktion der *concept maps* erfolgt auf marktüblichen Laptops der Marke Fujitsu Siemens. Als Experimentalsoftware wird das Programm CmapTools (Version 5.03; Download: http://cmap.ihmc.us) verwendet. Die Anleitung zur

---

[21] Von den ursprünglich 129 Teilnehmern musste ein Teilnehmer ausgeschlossen werden, weil ihm aufgrund der ungeraden Stichprobengröße kein Arbeitspartner zugeteilt werden konnte. Drei Teilnehmer mussten ausgeschlossen werden, weil unvollständige Nachtestergebnisse vorlagen. Der Ausschluss dieser Teilnehmer erklärt die ungeraden Stichprobenzahlen in drei experimentellen Bedingungen.

softwarebasierten Konstruktion von *concept maps* findet sich in Anhang B-II. Sie enthält einen Kurzlehrgang zur Erstellung von softwarebasierten *concept maps* (Thema Photosynthese) und Hinweise zur Darstellung zeitlicher und logischer Abfolgen. Zwei Dateien befinden sich auf jedem Laptop. Die Datei „*1.Übungsdatei.cmap*" enthält vier Begriffe (Pflanzen, Wurzeln, Photosynthese, Blätter) und dient dazu, die Bedienung der Software während der Einführungsphase zu erlernen. Die Datei „*2.Arbeitsdatei.cmap*" enthält 11 zentrale Begriffe aus dem Lernmaterial. Diese Begriffe bilden den Startpunkt für die Erstellung der *concept map* während der Lernphase. Die vorgegebene Auswahl an Begriffen deckt sich mit dem Begriffspool, der in den SJTs verwendet wird.

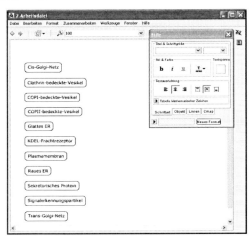

Abbildung 10. Konstruktionsansicht der Software CmapTools; die Probanden finden 11 Begriffe vor, die obligatorisch in die *concept map* aufgenommen werden sollen.

Der Vortest enthält acht Items aus der Skala *metakognitive Lernstrategien* des LIST (z. B. Skala *Regulation* „*Wenn ich während des Lesens eines Textes nicht alles verstehe, versuche ich, die Lücken festzuhalten und den Text daraufhin noch einmal durchzugehen.*"; Wild & Schiefele, 1994). Die Beantwortung der Items erfolgt über eine 5-stufige unipolare Ratingskala. Die Ratingskala verfügt über verbale Häufigkeits-Marker (*nie*, selten, gelegentlich, oft, *immer*) und numerische Marker (*1-5*). Die Wissenstests (*multiple choice* Aufgaben; SJT) sind mit den Wissenstests, die in der Validierungsstudie eingesetzt wurden, identisch. Es wird diesbezüglich auf Kapitel 4.2.8 verwiesen (s. S. 60). Bezüglich der demographischen Daten werden im Vortest zusätzlich der Studiengang und das Studiensemester der Teilnehmer erfasst.

Das Lernmaterial wird in vier verschiedenen Versionen eingesetzt. Es besteht aus einem Text zum Thema *„Intrazelluläre Kompartimente und der Transport von Proteinen"* (Umfang ca. 1000 Wörter), der in allen vier Versionen identisch ist. In allen experimentellen Bedingungen wird auf die besondere Relevanz des Begriffspools, der in den SJTs verwendet wird, durch blauen Kursivdruck aufmerksam gemacht. Die Kennzeichnung des relevanten Begriffspools wird vorgenommen, weil Fenker (1975) zeigte, dass die Kenntnis des relevanten Begriffspools während der Lernphase einen positiven Einfluss auf die Bearbeitung von SJTs im Nachtest hat. In das Lernmaterial integriert sind die Arbeitsaufträge, die die Lernenden zur handschriftlichen Erstellung von Notizen (z. B. *„Machen Sie sich in Partnerarbeit Notizen zum Inhalt des gelesenen Textteils."*) oder zur softwarebasierten Konstruktion von *concept maps* auffordern (z. B. *„Erstellen Sie in Partnerarbeit ein Begriffsnetz, das den Inhalt des gelesenen Textteils wiedergibt."*). Darüber hinaus finden sich in *prompting*-Bedingungen Hinweise zur Nutzung der metakognitiven *prompts* (s. Anhang C). Die metakognitiven *prompts* befinden sich auf der rechten Hälfte jeder Doppelseite des Lernmaterials. In den komplementären Bedingungen (keine *prompting*-Maßnahme) werden diese Seiten frei gelassen.

5.2.8 Versuchsdurchführung

Vor Beginn der Lernwirksamkeitsstudie selbst werden die Probanden vom Testleiter aufgefordert sich in Paaren zusammenzufinden. Auf eine zufällige oder vorwissensabhängige Zusammenstellung der Paare wird aus Gründen der ökologischen Validität verzichtet. An jedem Arbeitsplatz befindet sich ein verschlossener Umschlag, der den Vortest, eine Anleitung zur softwarebasierten Konstruktion von *concept maps* und das Lernmaterial in doppelter Ausführung enthält. Die 30-minütige Einführungsphase beginnt mit der Entnahme der Anleitung für die softwarebasierte Konstruktion von *concept maps* aus dem Umschlag. Die Einführungsphase musste in einer Lehrveranstaltung aus zeitlichen Gründen an einem früheren Termin erfolgen. Sie bestand in jedem Fall aus einem 15-minütigen theoretischen und einem ebenso langen praktischen Teil. Der theoretische Teil fokussierte sich auf die Vermittlung (meta-)kognitiven Strategiewissens über das *concept mapping*. Im praktischen Teil sammelten die Teilnehmer Erfahrungen mit der softwarebasierten Konstruktion der *concept maps*. Dabei konstruierten sie eine einfache *concept map* zum Thema Photosynthese. An der Einführungsphase nahmen alle Teilnehmer der Lernwirksamkeitsstudie teil.

Im Anschluss an die Einführungsphase werden die Bearbeitung der SJTs und der Begriff der semantischen Verwandtschaft unter Verwendung alltagssprachlicher Begriffe mündlich beschrieben (s. Kapitel 4.2.8, S. 60). Den Probanden wird außerdem erklärt, dass die semantische Verwandtschaft eines Begriffspaares maßgeblich von der jeweiligen Referenzgruppe bestimmt wird und nur relativ zu dieser beurteilt werden kann. Zur Veranschaulichung dieses Sachverhalts verweist der Versuchsleiter darauf, dass die semantische Verwandtschaft des Begriffspaares *„Hund – Vogel"* in einem Begriffspool aus *„Hund, Katze, Vogel"* anders eingeschätzt werden würde als in einem Begriffspool aus *„Hund, Vogel, Teller"*. Die nachfolgende Lernwirksamkeitsstudie besteht aus zwei 20-minütigen Testphasen und einer 60-minütigen Lernphase. Sie beginnt damit, dass die Probanden auf Anweisung des Testleiters die Vortests aus dem Umschlag entnehmen und mit der individuellen Testbearbeitung anfangen. Nach Abschluss der ersten Testphase wird der Vortest zurück in den Umschlag gegeben, das Lernmaterial entnommen und der Umschlag verschlossen. Die Aufgaben der Probanden und ihre Zuweisung zu der jeweiligen experimentellen Bedingung (*concept mapping* mit/ohne metakognitive *prompts*, Notizen mit/ohne metakognitive *prompts*) sind auf dem Lernmaterial vermerkt, d. h. die Zuweisung der Probanden zu den experimentellen Bedingungen erfolgt zufällig qua Platzwahl. Das Lernmaterial führt die Probanden durch die beginnende Lernphase. Unmittelbar nach der Lernphase wird die Zusammenarbeit der Paare aufgelöst und die zweite individuelle Testphase eingeleitet.

5.3 Ergebnisse

5.3.1 Voranalysen

Allen statistischen Analysen wird ein α-Level von .05 zugrunde gelegt.

Zunächst wird die interne Konsistenz der Probanden-SJTs, des *multiple choice* Tests und des LIST berichtet. Die interne Konsistenz der Probanden-SJTs wird als akzeptabel betrachtet, im Mittel überschreiten die Probanden den kritischen Wert von $R_{CO} = .20$ (s. Kapitel 4.2.4.1, S. 55) sowohl im Nachtest ($R_{CO} = .37$; $SD = .25$) als auch im Vortest ($R_{CO} = .29$; $SD = .29$). Die hohe Standardabweichung verweist jedoch auf erhebliche Unterschiede der internen Konsistenz zwischen den Probanden. Für den *multiple choice* Nachtest kann eine für Gruppenvergleiche hinreichende interne Konsistenz (Cronbach's $\alpha = .66$; 6 Items) berichtet werden; die interne Konsistenz des Vortests ist dagegen als schlecht zu bewerten (Cronbach's $\alpha = .32$; 4

Items). Für die Skala des *LIST* konnte eine interne Konsistenz von Cronbach's α = .69 (8 Items) bestimmt werden. Die psychologischen Vorhersagen PV-1 bis PV-8 widmen sich der Frage, ob sich die vier experimentellen Bedingungen (*concept mapping* mit/ohne metakognitive *prompts*, Notizen mit/ohne metakognitive *prompts*) in ihrem Lernerfolg unterscheiden. Um zu testen, ob experimentelle Bedingung mit dem Ausgangsniveau der Teilnehmer zum ersten Messzeitpunkt konfundiert ist, wird eine multivariate einfaktorielle Varianzanalyse mit dem Zwischensubjektfaktor der experimentellen Bedingung und den abhängigen Variablen *LIST*, *MC*, *PRX*, *PTF* und R^2 (nur Vortest) berechnet. Die Voraussetzungen zur Durchführung der Varianzanalyse sind erfüllt. Das Ergebnis der Varianzanalyse zeigt, dass sich die vier experimentellen Bedingungen in ihren Voraussetzungen nicht signifikant voneinander unterscheiden, $F(15, 354) = 0.88$, n. s., $f = 0.19$. Hinsichtlich der Anpassung der Lösungskonfigurationen aus der multidimensionalen Skalierung an die originalen Ratings wird der mittlere Kruskals Stress bestimmt. Die Anpassung der Lösungskonfiguration an die originalen Ratings kann im Mittel als akzeptabel beschrieben werden. Die Probanden unterschreiten den zulässigen Maximalwert von $S = .18$ (kritische Grenze, s. Kapitel 4.2.5, S. 58) mit einem mittleren Kruskals Stress von $S = .10$ ($SD = .06$) im Vortest und $S = .12$ ($SD = .04$) im Nachtest deutlich.

5.3.2 Überprüfung der Hypothesen und Vorhersagen

Tabelle 14 enthält deskriptive Statistiken über die mittlere Testleistung der Teilnehmer zum ersten und zweiten Messzeitpunkt in Abhängigkeit von der experimentellen Bedingung. Für die Strukturindizes *PRX* bzw. *PTF* und R^2 wird angegeben, ob die mittlere Übereinstimmung der Verwandtschaftsurteile der Probanden mit den mittleren Verwandtschaftsurteilen der Experten und ob die mittlere Übereinstimmung der *cognitive maps* der Probanden mit der formalen Struktur überzufällig sind (Spalte 5). Für den Strukturindex *PRX* ist die mittlere Übereinstimmung der Verwandtschaftsurteile der Probanden mit den mittleren Verwandtschaftsurteilen der Experten im Nachtest in allen experimentellen Bedingungen signifikant. Bezogen auf den Strukturindex *PTF* kann mit einer Irrtumswahrscheinlichkeit $\leq 5\%$ nur für die Notizenbedingung mit metakognitiven *prompts* (Nachtest) eine zufallsbedingte Übereinstimmung der *cognitive maps* der Probanden mit der formalen Struktur ausgeschlossen werden. Bezogen auf den Strukturindex R^2 überschreiten alle experimentellen Bedingungen den Erwartungswert für die mittlere Zufallsübereinstimmung von $M(R_z^2) = .16$ ($SD = 0.11$) im Nachtest (s. Tabelle 5, S. 65, Spalte 6, Zeile 5).

Tabelle 14. *Mittelwerte und Standardabweichungen des Wissensindexes MC und der Strukturindizes PRX, PTF und R^2 in Abhängigkeit von der experimentellen Bedingung und dem Messzeitpunkt (paarweiser Fallausschluss)*

Index	Experimentelle Bedingung	Vortest M	Vortest SD	Nachtest M	Nachtest SD	n
MC	concept mapping					
	prompting	-0.03	0.58	0.03	0.64	29
	kein prompting	-0.05	0.53	-0.27	0.51	28
	Notizen					
	prompting	-0.01	0.56	0.22	0.58	39
	kein prompting	0.09	0.64	-0.07	0.61	29
PRX	concept mapping					
	prompting	.17	.09	.52***	.25	29
	kein prompting	.09	.16	.33**	.23	28
	Notizen					
	prompting	.19	.18	.60***	.20	39
	kein prompting	.16	.14	.47***	.23	28
PTF	concept mapping					
	prompting	0.03	0.05	0.22	0.15	29
	kein prompting	0.03	0.06	0.14	0.12	28
	Notizen					
	prompting	0.04	0.08	0.27*	0.14	39
	kein prompting	0.04	0.08	0.23+	0.17	29
R^2	concept mapping					
	prompting	0.18	0.09	0.50**	0.25	29
	kein prompting	0.17	0.10	0.27+	0.22	28
	Notizen					
	prompting	0.21	0.17	0.54***	0.26	39
	kein prompting	0.17	0.15	0.48**	0.21	29

Tabelle 14. *(Fortsetzung)*

Anmerkungen. MC = z-standardisiertes *multiple choice* Testergebnis. PRX = Korrelationskoeffizient (Wertebereich -1 bis 1) aus der Produkt-Moment-Korrelation der Probandenratings mit den mittleren Expertenratings. PTF = Korrespondenzkoeffizient (Wertebereich 0 bis 1) zur Quantifizierung der Übereinstimmung Pathfinder-generierter Probanden-*cognitive maps* mit der formalen Struktur; Pathfinder KNOT berechnet die Wahrscheinlichkeit, dass mindestens die beobachtete Anzahl an gemeinsamen Relationen zwischen zwei *cognitive maps* zustande kommt. Dieser Wert wird als statistischer Test für die Übereinstimmung von zwei *cognitive maps* genutzt. R^2 = Korrespondenzkoeffizient (Wertebereich 0 bis 1) zur Quantifizierung der Übereinstimmung MDS-generierter Probanden-*cognitive maps* mit der formalen Struktur; die kritischen R^2-Werte für den Signifikanztest sind Tabelle 5 zu entnehmen.

$^+p \leq .10$, 2-seitig. $^*p \leq .05$, 2-seitig. $^{**}p \leq .01$, 2-seitig. $^{***}p \leq .001$, 2-seitig.

Probanden, die *concept maps* konstruieren und durch keine *prompting*-Maßnahme unterstützt werden, weisen die geringste Übereinstimmung mit der formalen Struktur auf. Unter den vier experimentellen Bedingungen unterschreiten nur sie den kritische Wert von $R^2 = .35$ für ein Signifikanzniveau von $\alpha = .05$ (s. Tabelle 5, Spalte 8, Zeile 5).

Zur Überprüfung der Hypothesen werden a priori Kontrastanalysen sowie Kovarianzanalysen (ANCOVA) mit den Zwischensubjektfaktoren Lernmethode (*concept mapping* vs. Notizen Erstellen) und Verfügbarkeit metakognitiver *prompts* (ja vs. nein), der Kovariate Vorwissen (MC, PRX, PTF oder R^2) sowie der abhängigen Variable Lernerfolg (MC, PRX, PTF oder R^2) durchgeführt[22] (s. Tabelle 15). Die (ANCOVA-) Voraussetzungen der Homogenität der Steigungen der Regressionsgeraden und die Homogenität der Regressionsresiduen sind erfüllt (s. Anhang G-XI, G-X-23). Gleiches gilt für die Normalverteilung der abhängigen Variablen (s. Anhang G-IX-21). Die gerichteten statistischen Hypothesen SH-1 bis SH-8 werden mit Hilfe von a priori Kontrastanalysen einseitig getestet.

---

[22] Die Kovarianzanalysen werden durchgeführt, obwohl sich die vier experimentellen Bedingungen in ihren Voraussetzungen nicht signifikant voneinander unterscheiden (s. Kapitel 5.3.1, S. 86). Die Anwendung der Kovarianzanalyse wird mit der Eliminierung des deskriptiven Unterschieds von $f = .19$ begründet.

Tabelle 15. *Zweifaktorielle ANCOVA mit den Zwischensubjektfaktoren Lernmethode und Verfügbarkeit metakognitiver prompts, der Kovariate Wissensindex im Vortest und der abhängigen Variable Wissensindex im Nachtest (N = 125 für MC, PRX, PTF und R^2; N = 124 für PRX)*

Wissensindex	Effekte	df	F	f
		Zwischensubjektfaktoren		
MC	Vortest (Kovariate)	1	2.54	0.15
	Lernmethode (L)	1	3.03*	0.16
	prompting (P)	1	8.34**	0.26
	L x P	1	0.00	0.00
	Fehler innerhalb der Gruppen	120	(0.34)	
PRX	Vortest (Kovariate)	1	10.46***	0.30
	Lernmethode (L)	1	5.05*	0.21
	prompting (P)	1	11.35***	0.31
	L x P	1	0.25	0.04
	Fehler innerhalb der Gruppen	119	(0.05)	
PTF	Vortest (Kovariate)	1	9.40**	0.28
	Lernmethode (L)	1	6.88**	0.24
	prompting (P)	1	4.62*	0.20
	L x P	1	1.16	0.10
	Fehler innerhalb der Gruppen	120	(0.02)	
R^2	Vortest (Kovariate)	1	12.41***	0.32
	Lernmethode (L)	1	7.48**	0.25
	prompting (P)	1	10.69***	0.30
	L x P	1	5.03*	0.20
	Fehler innerhalb der Gruppen	120	(0.05)	

Anmerkungen. f = Effektstärkemaß: f = .10 geringer Effekt, f = .25 mittlerer Effekt, f = .40 starker Effekt (J. Cohen, 1983). MC = z-standardisiertes *multiple choice* Testergebnis. PRX = Korrelationskoeffizient aus der Produkt-Moment-Korrelation der Probandenratings mit den mittleren Expertenratings. PTF = Korrespondenzkoeffizient zur Quantifizierung der

Tabelle 15. *(Fortsetzung)*

Übereinstimmung Pathfinder-generierter Probanden-*cognitive maps* mit der formalen Struktur. R^2 = Korrespondenzkoeffizient zur Quantifizierung der Übereinstimmung MDS-generierter Probanden-*cognitive maps* mit der formalen Struktur. Werte innerhalb der Klammern repräsentieren die mittleren Quadratfehler.

$^*p \leq .05$, 1-seitig. $^{**}p \leq .01$, 1-seitig. $^{***}p \leq .001$, 1-seitig.

In der statistischen Vorhersage SV-1 wird davon ausgegangen, dass das mittlere *multiple choice* Testergebnis der Probanden in *concept mapping*-Bedingungen höher ausfällt als in Notizen-Bedingungen. Eine zweifaktorielle ANCOVA mit den Zwischensubjektfaktoren verwendete Lernmethode und Verfügbarkeit metakognitiver *prompts*, der Kovariate *multiple choice* Vortestergebnis und der abhängigen Variable *multiple choice* Nachtestergebnis zeigt, dass ein signifikanter Haupteffekt der Lernmethode vorliegt (s. Tabelle 15, Zeile 4). Dieser liegt jedoch entsprechend den a priori Kontrastanalysen in Tabelle 16 (Zeile 3 und 4) nicht in der vorhergesagten Richtung, d. h. die Erstellung von Notizen erweist sich hypothesenwidrig als stärker lernförderlich als die Konstruktion von *concept maps*. Die statistischen Hypothesen $(H_{1,1}: \psi_{1,1} = \mu_{adj,11} - \mu_{adj,21} > 0) \wedge (H_{1,2}: \psi_{1,2} = \mu_{adj,12} - \mu_{adj,22} > 0)$ werden nicht angenommen. Damit gelten auch die statistische und die psychologische Vorhersage PV-1 als nicht eingetreten.

Bezogen auf die Wirksamkeit metakognitiver *prompts* wird in der statistischen Vorhersage SV-2 davon ausgegangen, dass das mittlere *multiple choice* Testergebnis der Probanden in *prompting*-Bedingungen höher ausfällt als in Bedingungen, in denen keine metakognitiven *prompts* eingesetzt werden. Der Haupteffekt der Verfügbarkeit metakognitiver *prompts* ist signifikant (s. Tabelle 15, Zeile 5). Die a priori Kontrastanalysen in Tabelle 16 (Zeile 5 und 6) zeigen, dass sich metakognitive *prompts* in Kombination mit beiden Lernmethoden vorhersagekonform auswirken. Die vorhersagekonformen statistischen Einzelhypothesen $(H_{1,1}: \psi_{1,1} = \mu_{adj,11} - \mu_{adj,12} > 0) \vee (H_{1,2}: \psi_{1,2} = \mu_{adj,21} - \mu_{adj,22} > 0)$ werden beibehalten. Die statistische Vorhersage SV-2 setzt sich aus zwei testbaren statistischen Einzelhypothesen zusammen. Für die Entscheidung über die SV-2 wurde ein wohlwollendes, d. h. disjunktives, Entscheidungskriterium (dKa) festgelegt. Diese Entscheidungsregel besagt, dass mindestens eine vorhersagekonforme statistische Einzelhypothese angenommen werden muss, um die SV-2 anzunehmen. Da beide vorhersagekonformen statistischen Einzelhypothesen angenommen werden, wird auch die SV-2 angenommen. Die empirischen Effektgrößen lauten: $f_{1,1} = .18$,

$f_{1,2} = .20$ (s. Tabelle 16, Zeile 5 und 6). Bezüglich der $H_{1,1}$ ist der empirische Effekt kleiner als der vorab spezifizierte Kriteriumswert von $EG_{2,\,krit} = \varphi = .20$, liegt aber in der vorhergesagten Richtung: $0 < EG_2 < EG_{2,\,krit}$. Da auch für die Entscheidung über die PV-2 ein disjunktives Entscheidungskriterium gilt und der empirische Effekt der vorhersagekonformen $SH_{1,2}$ dem erwarteten Effekt entspricht, wird die PV-2 als uneingeschränkt eingetreten beurteilt.

Tabelle 16. *A priori Kontrastanalysen über die Unterschiede der adjustierten Mittelwerte des multiple choice Testergebnisses verschiedener experimenteller Bedingungen. Bezogen auf die SV-1 vertritt die $H_{1,1}$ den Mittelwertsunterschied zwischen der concept mapping-Bedingung mit metakognitiven prompts ($\mu_{adj,11}$) und der Notizen-Bedingung mit metakognitiven prompts ($\mu_{adj,21}$). Die $H_{1,2}$ repräsentiert den Mittelwertsunterschied zwischen der concept mapping-Bedingung ohne metakognitive prompts (μ_{12}) und der Notizen-Bedingung ohne metakognitive prompts ($\mu_{adj,22}$). Bezogen auf die SV-2 vertritt die $H_{1,1}$ den Mittelwertsunterschied zwischen der concept mapping-Bedingung mit ($\mu_{adj,11}$) und ohne ($\mu_{adj,12}$) metakognitive prompts. Die $H_{1,2}$ repräsentiert den Mittelwertsunterschied zwischen der Notizen-Bedingung mit ($\mu_{adj,21}$) und ohne ($\mu_{adj,22}$) metakognitive prompts.*

SV	SH	KW	SE	$F(1, 120)$	f	SH angenommen?
1	$H_{1,1}: \mu_{adj,11} - \mu_{adj,21} > 0$	-0.19	0.14	1.77[+]	.12	nein
	$H_{1,2}: \mu_{adj,12} - \mu_{adj,22} > 0$	-0.18	0.16	1.31	.11	nein
2	$H_{1,1}: \mu_{adj,11} - \mu_{adj,12} > 0$	0.30	0.15	3.72[*]	.18	ja
	$H_{1,2}: \mu_{adj,21} - \mu_{adj,22} > 0$	0.31	0.14	4.70[*]	.20	ja

Anmerkungen. SV = Statistische Vorhersage (s. Kapitel 5.2.5, S. 108). SH = Vorhersagekonforme statistische Hypothese. KW = Kontrastwert, basiert auf geschätzten Randmitteln. SE = Standardfehler. f = Effektstärkemaß: $f = .10$ geringer Effekt, $f = .25$ mittlerer Effekt, $f = .40$ starker Effekt (J. Cohen, 1983).
[+]$p \leq .10$, 1-seitig. [*]$p \leq .05$, 1-seitig.

In den statistischen Vorhersagen SV-3 und SV-4 wird davon ausgegangen, dass sich metakognitive *prompts* beim *concept mapping* stärker auf das *multiple choice* Testergebnis auswirken als beim Notizen Erstellen (SV-3) bzw. dass sich metakognitive *prompts* beim Notizen Erstellen stärker auf das *multiple choice* Testergebnis auswirken als beim *concept mapping* (SV-4). Eine zweifaktorielle ANCOVA mit den Zwischensubjektfaktoren Lernmethode und Verfügbarkeit metakognitiver *prompts*, der Kovariate *multiple choice* Vortestergebnis und der abhängigen Variable *multiple choice* Nachtestergebnis zeigt, dass hypothesenwidrig keine Interaktion zwischen den Faktorstufen der beiden Zwischensubjektfaktoren vorliegt (s. Tabelle 15, Zeile 6). Die vorhersagekonformen statistischen Hypothesen SH-3 ($H_1: \psi_1 = [(1/2)\mu_{adj,11} + (-1/2)\mu_{adj,12} + (-1/2)\mu_{adj,21} + (1/2)\mu_{adj,22}] > 0$) und SH-4 ($H_1: \psi_1 = [(1/2)\mu_{adj,21} + (-1/2)\mu_{adj,22} + (-1/2)\mu_{adj,11} + (1/2)\mu_{adj,12}] > 0$) werden nicht angenommen, so dass auch die SV-3 bzw. SV-4 abgelehnt werden. Dies zieht nach sich, dass auch die psychologischen Vorhersagen PV-3 und PV-4 als nicht eingetreten gelten.

Die obigen Hypothesentestungen werden auch für die abhängigen Variablen *PRX* bzw. *PTF* und R^2 durchgeführt. In der statistischen Vorhersage SV-5 wird davon ausgegangen, dass die Verwandtschaftsurteile und *cognitive maps* der Probanden mit den Verwandtschaftsurteilen der Experten bzw. der formalen Struktur in *concept mapping*-Bedingungen im erwarteten Mittel stärker übereinstimmen als in Notizen-Bedingungen. Zweifaktorielle ANCOVAs mit den Zwischensubjektfaktoren Lernmethode und Verfügbarkeit metakognitiver *prompts*, der Kovariate Strukturindex im Vortest (*PRX*, *PTF* oder R^2) und der abhängigen Variable Strukturindex im Nachtest (*PRX*, *PTF* oder R^2) ergeben signifikante Haupteffekte der Lernmethode für alle Strukturindizes (s. Tabelle 15, Zeilen 9, 14, 19). A priori Kontrastanalysen zeigen, dass die empirischen Effekte nicht in der vorhergesagten Richtung liegen (s. Tabelle 17, Zeilen 3-8), es handelt sich folglich um einen Haupteffekt des Notizen Erstellens, d. h. Probanden, die Notizen erstellen, verzeichnen hypothesenwidrig einen höheren Lernerfolg als Probanden, die *concept maps* konstruieren. Die vorhersagekonformen statistischen Einzelhypothesen ($H_{1,1}: \psi_{1,1} = \mu_{adj,11} - \mu_{adj,21} > 0$) ∧ ($H_{1,2}: \psi_{1,2} = \mu_{adj,12} - \mu_{adj,22} > 0$) können somit für keinen der Strukturindizes angenommen werden. Dies zieht nach sich, dass auch die SV-5 für keinen der Strukturindizes angenommen werden kann und die PV-5 nicht eingetreten ist.

Bezogen auf die Wirksamkeit metakognitiver *prompts* wird in der statistischen Vorhersage SV-6 davon ausgegangen, dass die Verwandtschaftsurteile und *cognitive maps* der Probanden mit den Verwandtschaftsurteilen der Experten bzw. der formalen Struktur im erwarteten Mittel in *prompting*-Bedingungen stärker übereinstimmen als in komplementären Bedingungen, in denen keine *prompting*-Maßnahme eingesetzt wurde. Die Kovarianzanalysen berichten signifikante Haupteffekte der Verfügbarkeit metakognitiver *prompts* für alle Strukturindizes (s. Tabelle 15, Zeilen 10, 15, 20). A priori Kontrastanalysen zeigen, dass die $H_{1,1}$ ($\psi_{1,1} = \mu_{adj,11} - \mu_{adj,12} > 0$) für alle

Strukturindizes angenommen werden kann (s. Tabelle 17, Zeilen 9, 11, 13). Dagegen gilt die Annahme der $H_{1,2}$ ($\psi_{1,2} = \mu_{adj,21} - \mu_{adj,22} > 0$) nur für den Strukturindex *PRX* (Zeile 10). Für die Entscheidung über die SV-6 wurde ein disjunktives Entscheidungskriterium festgelegt. Da die vorhersagekonforme $H_{1,1}$ in allen Fällen angenommen werden kann, gilt Gleiches auch für die SV-6. Die empirischen Effektgrößen für die $H_{1,1}$ erreichen oder überschreiten in allen Fällen den Kriteriumswert von $EG_{2, krit} = \varphi = .20$. Dagegen fällt der empirische Effekt für die $H_{1,2}$ kleiner aus als der vorab spezifizierte Kriteriumswert, liegt aber in der vorhergesagten Richtung: $0 < EG_2 < EG_{2, krit}$. Da auch für die Entscheidung über die PV-2 ein disjunktives Entscheidungskriterium gilt, wird die PV-6 für alle Strukturindizes als uneingeschränkt eingetreten beurteilt.

Ausgehend von den statistischen Vorhersagen SV-7 und SV-8 werden zwei konkurrierende Interaktionen erwartet. Die SV-7 trifft die Vorhersage, dass sich metakognitive *prompts* beim *concept mapping* stärker und in positiver Weise auf die mittlere Übereinstimmung der Verwandtschaftsurteile und *cognitive maps* der Probanden mit den Verwandtschaftsurteilen der Experten bzw. der formalen Struktur auswirken als bei der Erstellung von Notizen. Die SV-8 trifft die entgegengesetzte Vorhersage. Die Kovarianzanalysen zeigen, dass bezogen auf den Strukturindex *PRX* und den Strukturindex aus der Pathfinder-Skalierung (*PTF*) keine Interaktionen zwischen den unabhängigen Variablen verwendete Lernmethode und Verfügbarkeit metakognitiver *prompts* vorliegen (s. Tabelle 15, Zeile 11 und 16). Die statistischen Hypothesen SH-7 ($H_1: \psi_1 = \mu_{adj,11} - \mu_{adj,12} - \mu_{adj,21} + \mu_{adj,22} > 0$) und SH-8 ($H_1: \psi_1 = \mu_{adj,21} - \mu_{adj,22} - \mu_{adj,11} + \mu_{adj,12} > 0$) werden für beide Strukturindizes nicht angenommen. Daher gelten auch die statistischen und psychologischen Vorhersagen für diese Strukturindizes als nicht angenommen bzw. nicht eingetreten. Für den Strukturindex aus der MDS (R^2) kann dagegen eine signifikante Interaktion festgestellt werden (s. Tabelle 15, Zeile 21). Die statistische Hypothese SH-7 ($H_1: \psi_1 = [(1/2)\mu_{adj,11} + (-1/2)\mu_{adj,12} + (-1/2)\mu_{adj,21} + (1/2)\mu_{adj,22}] > 0$) wird durch den folgenden a priori Kontrast repräsentiert[23]: AB$_{22}$: +½, AB$_{21}$: -½, AB$_{12}$: -½, AB$_{11}$: +½. Sie wird für den Strukturindex aus der MDS (R^2) angenommen, Kontrastwert = 0.09, $F(1, 120) = 5.03$, $p \leq .01$ (1-seitig), $f = 0.20$.

---

[23] Die Zahlen (1/2) und (− 1/2) sind die Kontrastkoeffizienten (Hager, 2004).

Tabelle 17. *A priori Kontrastanalysen über die Unterschiede der adjustierten Mittelwerte der Strukturindizes verschiedener experimenteller Bedingungen.* Bezogen auf die SV-5 vertritt die $H_{1,1}$ den Mittelwertsunterschied zwischen der concept mapping-Bedingung mit metakognitiven prompts ($\mu_{adj,11}$) und der Notizen-Bedingung mit metakognitiven prompts ($\mu_{adj,21}$). Die $H_{1,2}$ repräsentiert den Mittelwertsunterschied zwischen der concept mapping-Bedingung ohne metakognitive prompts (μ_{12}) und der Notizen-Bedingung ohne metakognitive prompts ($\mu_{adj,22}$). Bezogen auf die SV-6 vertritt die $H_{1,1}$ den Mittelwertsunterschied zwischen der concept mapping-Bedingung mit ($\mu_{adj,11}$) und ohne ($\mu_{adj,12}$) metakognitive prompts. Die $H_{1,2}$ repräsentiert den Mittelwertsunterschied zwischen der Notizen-Bedingung mit ($\mu_{adj,21}$) und ohne ($\mu_{adj,22}$) metakognitive prompts.

SV	Index	SH	KW	SE	F	df1, df2	f	SH angenommen?
5	PRX	$H_{1,1}: \mu_{adj,11} - \mu_{adj,21} > 0$	-0.07	0.05	1.71$^+$	1, 119	.12	nein
		$H_{1,2}: \mu_{adj,12} - \mu_{adj,22} > 0$	-0.11	0.06	3.47*	1, 119	.17	nein
	PTF	$H_{1,1}: \mu_{adj,11} - \mu_{adj,21} > 0$	-0.04	0.04	1.30	1, 120	.11	nein
		$H_{1,2}: \mu_{adj,12} - \mu_{adj,22} > 0$	-0.09	0.04	6.36**	1, 120	.23	nein
	R^2	$H_{1,1}: \mu_{adj,11} - \mu_{adj,21} > 0$	-0.02	0.06	0.13	1, 120	.03	nein
		$H_{1,2}: \mu_{adj,12} - \mu_{adj,22} > 0$	-0.20	0.06	11.54***	1, 120	.31	nein
6	PRX	$H_{1,1}: \mu_{adj,11} - \mu_{adj,12} > 0$	0.16	0.06	7.03**	1, 119	.24	ja
		$H_{1,2}: \mu_{adj,21} - \mu_{adj,22} > 0$	0.12	0.05	4.55*	1, 119	.20	ja
	PTF	$H_{1,1}: \mu_{adj,11} - \mu_{adj,12} > 0$	0.08	0.04	4.83*	1, 120	.20	ja
		$H_{1,2}: \mu_{adj,21} - \mu_{adj,22} > 0$	0.03	0.04	0.63	1, 120	.07	nein
	R^2	$H_{1,1}: \mu_{adj,11} - \mu_{adj,12} > 0$	0.23	0.06	14.18***	1, 120	.34	ja
		$H_{1,2}: \mu_{adj,21} - \mu_{adj,22} > 0$	0.04	0.06	0.58	1, 120	.07	nein

Anmerkungen. SV = Statistische Vorhersage (s. Kapitel 5.2.5, S. 108). SH = Vorhersagekonforme statistische Hypothese. KW = Kontrastwert, basiert auf geschätzten Randmitteln. SE = Standardfehler. f = Effektstärkemaß: f = .10 geringer Effekt, f = .25 mittlerer Effekt, f = .40 starker Effekt (J. Cohen, 1983). PRX = Korrelationskoeffizient (Wertebereich -1 bis 1) aus der Produkt-Moment-Korrelation der Probandenratings mit mittleren Expertenratings. PTF = Korrespondenzkoeffizient (Wertebereich 0 bis 1) zur Quantifizierung der Übereinstimmung Pathfinder-generierter Probanden-*cognitive maps* mit der formalen Struktur. R^2 = Korrespondenzkoeffizient (Wertebereich 0 bis 1) zur Quantifizierung der Übereinstimmung MDS-generierter Probanden-*cognitive maps* mit der formalen Struktur.
$^+p \leq .10$, 1-seitig. $^*p \leq .05$, 1-seitig. $^{**}p \leq .01$, 1-seitig. $^{***}p \leq .001$, 1-seitig.

Probanden, die *concept maps* konstruieren, erreichen im Mittel eine höhere Übereinstimmung ihrer *cognitive maps* mit der formalen Struktur, wenn sie durch metakognitive *prompts* unterstützt werden als Probanden, die Notizen erstellen. Das Interaktionsdiagramm zeigt die Unterschiede zwischen den experimentellen Bedingungen für den Strukturindex aus der MDS (R^2, s. Abbildung 11, Zeile 21, letzte Spalte). Die Annahme der SH-7 zieht die Annahme der SV-7 nach sich. Die empirische Effektgröße ($EG_7 = f = .20$; s. Tabelle 15) überschreitet den Kriteriumswert von $EG_{7,\text{krit}} = \varphi = .20$. Damit wird die PV-7 für den Strukturindex R^2 als uneingeschränkt eingetreten beurteilt. Die Annahme der SH-7 zieht die Nicht-Annahme der SH-8 ($H_1: \psi_1 = [(1/2)\mu_{adj,21} + (-1/2)\mu_{adj,22} + (-1/2)\mu_{adj,11} + (1/2)\mu_{adj,12}] > 0$) nach sich. Die SV-8 wird nicht angenommen und die PV-8 gilt als nicht eingetreten.

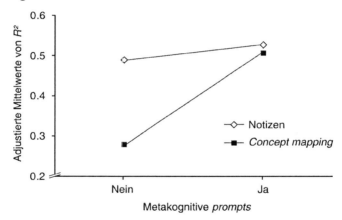

Abbildung 11. Adjustierte Mittelwerte des Strukturindexes R^2 als Funktion der Verfügbarkeit metakognitiver *prompts* und der verwendeten Lernmethode in einer Stichprobe aus $N = 125$ Biologiestudenten.

5.4 Diskussion

Die zahlreich dokumentierten Probleme der Lernenden beim Erwerb eines soliden Fachwissens im Bereich der Zellbiologie (s. Kapitel 1, S. 1) gaben den Anstoß zur Durchführung der vorliegenden Untersuchung. In einem ersten Schritt wurden die Probleme der Lernenden unter Verwendung psychologischer Konzepte und Theorien analysiert und auf wahrscheinliche Ursachen im Lernverhalten von Schülern und Studierenden zurückgeführt (s. Kapitel 3, S. 25). Im Detail wurden der unzureichende

Gebrauch von Tiefenstrategien und der defizitäre Einsatz metakognitiver Lernstrategien als verantwortliche Faktoren identifiziert. In einem zweiten Schritt markierten die verantwortlichen Faktoren die Entscheidungskriterien für die Auswahl geeigneter Interventionsmaßnahmen. Als adäquate Interventionsmaßnahme wurde das *concept mapping* erachtet, da es beide Strategietypen zu befördern scheint (s. Kapitel 5.1.1.1, S. 88). Gleiches gilt für den Einsatz metakognitiver *prompts* hinsichtlich des metakognitiven Lernstrategieeinsatzes. Die Verwendung metakognitiver *prompts* wird zudem mit der Erhöhung der Wirkungsextensität des Strategietrainings im *concept mapping* begründet (s. Kapitel 5.1.1.2, S. 95). In einem dritten Schritt wurde die Lernwirksamkeit beider Interventionsmaßnahmen untersucht. Dazu wurden *concept mapping*-Bedingungen mit Bedingungen verglichen, in denen Notizen erstellt wurden. Die Erstellung von Notizen wurde als konkurrierende Lernmethode festgelegt, weil angenommen wurde, dass sie allen Lernenden vertraut ist, bei der Aufarbeitung neuer Lerninhalte häufig genutzt wird und somit die ökologische Validität der Lernwirksamkeitsstudie erhöht. Sowohl innerhalb der *concept mapping*-Bedingung als auch innerhalb der Notizen-Bedingung wurde eine Zweiteilung vorgenommen; dabei wurde ein Teil durch metakognitives *prompting* unterstützt, während der andere Teil keiner *prompting*-Maßnahme ausgesetzt wurde. Entsprechend dem Vorgehen in der Validierungsstudie (s. Kapitel 4, S. 37) wurde zwischen zwei Eigenschaften des deklarativen Wissens unterschieden, nämlich seinem Niveau und seiner Struktur.

Die psychologischen Hypothesen PH-1 und PH-5 gehen davon aus, dass sich das Niveau bzw. die Struktur deklarativen Wissens beim *concept mapping* im Mittel stärker verbessert als bei der Erstellung von Notizen. In Kapitel 5.3.2 (s. S. 113) wird gezeigt, dass die entsprechenden psychologischen Vorhersagen PV-1 und PV-5 nicht eingetreten sind. Damit haben sich auch die PH-1 und die PH-5 für das konstruierte empirische System nicht bewährt. Erwartungswidrig verbessert die Erstellung von Notizen das Niveau und die Struktur deklarativen Wissens im Bereich der Zellbiologie stärker als die Konstruktion von *concept maps*. In den folgenden Ausführungen wird eine Verantwortlichkeit (i) des Studiendesigns, (ii) der Lernerspezifischen Merkmale und (iii) des fachlichen Inhalts diskutiert.

Aus der Perspektive des Studiendesigns (i) werden die zeitliche Dauer der Trainingsphase, die Quelle der Schlüsselbegriffe und die genutzte Kontrollstrategie als mögliche Ursachen für die geringe Lernwirksamkeit des *concept mapping* diskutiert:

- In der vorliegenden Lernwirksamkeitsstudie wurde die Lernmethode des *concept mapping* neu eingeführt und mit einer vertrauten Lernmethode verglichen. Einige Autoren berichten von lernhemmenden Effekten, die bei der Vermittlung neuer Lernmethoden auftreten können (R. E. Clark, 1990; Friedrich, 1992; Friedrich & Mandl, 1992; Klauer, 1992). Dabei wird vermutet, dass - nicht näher spezifizierte - Konflikte zwischen der neuen und der verdrängten Lernmethode auftreten und eine anfängliche Verschlechterung der Behaltensleistung herbeiführen. Bezogen auf die vorliegende Lernwirksamkeitsstudie heißt das, dass die geringe Erfahrung der Studierenden mit der neuen Lernmethode für die geringe Lernwirksamkeit des *concept mapping* verantwortlich gemacht werden kann. Dem Autor dieser Arbeit ist keine Studie bekannt, die den Einfluss der Erfahrung im *concept mapping* auf die Lernwirksamkeit untersucht. Zumindest zeigt die nachträgliche Inaugenscheinnahme der *concept maps*, dass die zeitliche Dauer der Schulungsphase ausreichend war, um den Studierenden die Technik des *concept mapping* zu vermitteln. Alle *concept maps* bestehen aus Begriffen, die korrekterweise über beschriftete Pfeile in Beziehung gesetzt wurden. Außerdem kann bemerkt werden, dass auch andere Untersuchungen ein vergleichbares Zeitbudget in der Vermittlung des *concept mapping* investieren wie die vorliegende Lernwirksamkeitsstudie (z. B. Lambiotte & Dansereau, 1992; Patterson, Dansereau & Wiegmann, 1993; Schmid & Telaro, 1990). Da nur wenig bekannt ist, wie intensiv die Lernmethode des *concept mapping* trainiert werden muss, können keine Empfehlungen über die zeitliche Gestaltung eines Trainings gemacht werden. Aufgrund der Ergebnisse der vorliegenden Lernwirksamkeitsstudie wird jedoch vermutet, dass erfolgreiches *concept mapping* mehr ist als das Beherrschen der Technik selbst.

Zwei weitere Erklärungsansätze für die geringe Lernwirksamkeit des *concept mapping* in der vorliegenden Studie lassen sich in den beiden Metaanalysen finden; gemeint sind die Quelle der Schlüsselbegriffe beim *concept mapping* (Horton et al., 1993) und die konkurrierende Lernmethode, mit der das *concept mapping* verglichen wird (Nesbit & Adesope, 2006). Die Frage nach der Quelle der Schlüsselbegriffe bezieht sich darauf, ob die Schlüsselbegriffe, die zur Konstruktion der *concept maps* genutzt werden, vom Untersuchungsleiter vorgegeben oder von den Probanden selbst ausgewählt werden. Die Metaanalyse von Horton et al. (1993) gibt den Hinweis, dass sich die Vorgabe der Schlüsselbegriffe durch den Versuchsleiter negativ auf die Lernwirksamkeit des *concept mapping* auswirkt. Die mittlere Effektstärke, die den Unterschied zwischen der *concept mapping-* und der Kontroll-Bedingung beschreibt, ist in Studien, in denen die Schlüsselbegriffe vorgegeben werden, deutlich geringer (Cohens $d = 0.08$) als in Studien, in denen die Probanden für die Auswahl der Schlüsselbegriffe selbst verantwortlich sind (Cohens $d = 0.87$). In der vorliegenden Lernwirksamkeitsstudie wurde den Teilnehmern ein Pool aus 11 Schlüsselbegriffen vorgegeben. Neben der obligatorischen Benutzung der Schlüsselbegriffe stand es den Probanden frei, beliebig viele andere Begriffe in ihre *concept map* aufzunehmen. Um einen Wettbewerbsnachteil der Notizen-Bedingung zu vermeiden, wurde die besondere Bedeutung der Schlüsselbegriffe auch in dieser Lernmethoden-Bedingung durch Markierung im Lernmaterial kenntlich gemacht. Die Kennzeichnung der Schlüsselbegriffe wurde vorgenommen, weil es empirische Belege gibt, dass die diagnostische Kraft von SJTs bei Kenntnis des relevanten Begriffspools steigt (Fenker, 1975).

- In der weiteren Diskussion wird die Rolle der konkurrierenden Lernmethode für die Einschätzung der Lernwirksamkeit des *concept mapping* diskutiert. In der Metaanalyse von Nesbit und Adesope (2006) wird gezeigt, dass meist dann eine besonders positive Aussage über die Lernwirksamkeit des *concept mapping* getroffen wird, wenn es mit einer Lernmethode verglichen wird, die die Verantwortung des Einzelnen für die Bewältigung einer Aufgabe unscharf definiert (z. B. Klassendiskussion; Cohens $d = 0.74$). Wird die Lernwirksamkeit des *concept mapping* hingegen mit konstruktiven Aufgaben (Anfertigung von Notizen oder Zusammenfassungen) verglichen, so ist die Befundlage weniger eindeutig (Cohens $d = 0.19$). Auf der einen Seite finden sich Studien, die die Lernwirksamkeit des *concept mapping* in der Gegenüberstellung mit diesen Lernmethoden in gewohnter Weise bestätigen. Bei Reader und Hammond (1994) sowie Haugwitz und Sandmann (2009) erzielten Lernende, die neue Informationen in *concept maps* strukturierten, einen höheren Lernerfolg als Lernende, die Notizen bzw. Zusammenfassungen erstellten. Im ersten Fall war dieser Effekt mit einer Effektstärke von $f = .73$ sehr hoch, jedoch aufgrund der geringen Stichprobengröße von $N = 16$ Studenten kaum generalisierbar. Im anderen Fall bestand die Stichprobe aus 248 Schülern und es wurde der Einfluss der Lernmethode auf den Erwerb anwendungsorientierten und inhaltlichen Wissens untersucht. Während die verwendete Lernmethode keinen Einfluss auf das anwendungsorientierte Wissens herbeiführte, ergaben sich hinsichtlich des inhaltlichen Wissen signifikante

Unterschiede zwischen den experimentellen Bedingungen im Nachtest. Legt man die Konventionen nach J. Cohen (1983) zugrunde, so ist der Vorsprung der *concept mapping*-Bedingung mit einer Effektstärke von $f = .16$ allenfalls als gering zu beurteilen. Auf der anderen Seite findet sich eine Reihe von Studien, in denen die Überlegenheit der konkurrierenden Lernmethoden festgestellt werden konnte. In einer Studie ($N = 44$ Schüler) von Fürstenau, Sommer, Kunath und Ryssel (2009) wurden die Konstruktion von *concept maps* und die Erstellung von Notizen gegenübergestellt. Wie in der vorliegenden Lernwirksamkeitsstudie konnte aufgezeigt werden, dass Probanden, die Notizen erstellten, signifikant mehr lernten als Probanden, die *concept maps* konstruierten. Ein ähnliches Ergebnis findet sich in der Untersuchung von Markow und Lonning (1998). Die Autoren verglichen die Effektivität des *concept mapping* (Experimentalgruppe) hinsichtlich des Erlernens chemischer Konzepte mit der Effektivität des Verfassens von Essays (Kontrollgruppe) in vier Einzelexperimenten ($N = 32$ Collegestudenten). In allen Fällen ergaben sich deskriptive Unterschiede zugunsten der Kontrollgruppe, in einem Fall war dieser Unterschied bei einer Effektstärke von $f = .19$ überzufällig. Henk und Stahl (1984) erklären die Lernwirksamkeit des Notizen Erstellens oder Durchsehens von Notizen auf zweierlei Weise. Ihre erste Hypothese wird als Kodierungshypothese bezeichnet und unterstellt, dass das Erstellen von Notizen die Lernenden zwingt das gesprochene Wort in einen schriftlichen Code zu übersetzen und diese Übersetzung einen lernförderlichen Einfluss ausübt. Die Autoren entschlossen sich, diese Hypothese metaanalytisch zu testen. Dabei konnten sie zeigen, dass sich Lernende an die Inhalte eines mündlichen Vortrags besser erinnerten, wenn sie im Vergleich zur bloßen Partizipation (Kontrollgruppe) begleitend Notizen erstellen (Experimentalgruppe). Die durchschnittliche Effektgröße betrug $d = 0.34$. In ähnlicher Weise beschreiben Nesbit und Adesope (2006) die Lernwirksamkeit des *concept mapping*. Vor dem Hintergrund Paivios dualer Kodierungstheorie argumentieren die Autoren, dass die Konstruktion einer *concept map* die Lernenden zwingt einen verbalen Code in einen nonverbalen Code zu übersetzen und diese Übersetzung neben dem verbalen auch das nonverbale Subsystem des Gedächtnisses aktiviert (Paivio, 1986). Bezogen auf das *concept mapping* sprechen die Studienergebnisse von Bogden (1977), Cardemone (1975) und Jüngst (1998) für die Lernwirksamkeit des Umcodierungsprozesses. Diese Autoren konnten zeigen, dass sich der Lernerfolg der Probanden steigern lässt, wenn nicht lehrergenerierte *concept maps* zum Studium vorgegeben werden, sondern die *concept maps* selbst konstruiert werden. Die zweite Hypothese von Henk und Stahl (1984), die sich auf die Lernwirksamkeit der Erstellung von Notizen bezieht, wird als externe Speicherhypothese bezeichnet und unterstellt, dass Notizen Arbeitsprodukte darstellen, die zur späteren Revision eines Unterrichtsinhaltes herangezogen werden können und auf diese Weise einen positiven Einfluss auf den Lernerfolg ausüben. Zur metaanalytischen Hypothesentestung zogen die Autoren Studien heran, in denen die Durchsicht eigener Notizen (Experimentalgruppe) mit der Durchsicht lehrergenerierter Notizen oder der mentalen Revision eigener Notizen verglichen wurde. Die Testung führte zur Annahme der externen Speicherhypothese. Die Teilnehmer der Experimentalgruppe übertrafen die Teilnehmer der Kontrollgruppe mit einer durchschnittlichen Effektstärke von $d = 1.56$. Vergleicht man diese mit der Effektstärke, die bezüglich der Kodierungshypothese ermittelt wurde, so kann vermutet werden, dass sich Notizen insbesondere bei der Rekapitulation eines Lerninhaltes in positiver Weise auf den Lernerfolg auswirken. Auf die spezifischen Probleme des *concept mapping*-Formats bei der Wiedergabe eines fachlichen Inhalts wird unter Punkt (iii) eingegangen.

(ii) In den folgenden Ausführungen wird der Einfluss der Lerner-spezifischen Merkmale bezüglich der Nicht-Bewährung der psychologischen Hypothesen PH-1 und PH-5 diskutiert. In der Metaanalyse von Nesbit und Adesope (2006) wurde der Einflusses des Vorwissens und der verbalen Fähigkeiten der Lernenden auf die Lernwirksamkeit des *concept mapping* untersucht. Bezüglich beider Variablen wirken sich niedrige Werte in positiver Weise auf die Einschätzung der Lernwirksamkeit des *concept mapping* aus. Lernende mit geringem Vorwissen profitieren von der Konstruktion von *concept maps* weitaus stärker (Cohens $d = 0.37$) als Lernende mit hohem Vorwissen (Cohens $d = 0.03$). Lambiotte und *Dansere*au (1992) unterrichteten 74 Psychologiestudenten über die Funktion des Herz-Kreislaufsystems. Die Informationsaufnahme wurde in Abhängigkeit von der experimentellen Bedingung durch eine Liste mit Schlüsselbegriffen oder eine lehrergenerierte *concept map* unterstützt. Als Kontrollvariable wurde das Vorwissen der Probanden zu dem ausgewählten biologischen Thema erhoben. In einem zweifaktoriellen Design mit den Zwischensubjektfaktoren der experimentellen Bedingung und des Vorwissens (hohes vs. niedriges Vorwissen) wurde der Einfluss beider Variablen auf den Lernerfolg untersucht. Dabei zeigte sich eine signifikante Interaktion zwischen der experimentellen Bedingung und dem Vorwissen. Lernende mit geringem biologischem Vorwissen lernten am meisten, wenn ihnen *concept maps* als Strukturierungshilfen angeboten wurden und am wenigsten, wenn sie durch Listen mit Schlüsselbegriffen unterstützt wurden. Dieses Ergebnis kehrt sich um, wenn es sich um Lernende mit hohem Vorwissen handelt. Es kann daher vermutet werden, dass in der vorliegenden Lernwirksamkeitsstudie ein positiver und zielgruppenspezifischer Effekt des *concept mapping* durch den Einfluss des Vorwissens verdeckt wird. In gleicher Weise verhält sich die Lernwirksamkeit des *concept mapping* bezogen auf die Variable verbale Fähigkeiten. Lernende mit hohen verbalen Fähigkeiten werden durch die Konstruktion von *concept maps* in ihrem Lernfortschritt gehemmt (Cohens $d = -0.33$), wohingegen Lernende mit geringen verbalen Fähigkeiten vom *concept mapping* profitieren (Cohens $d = 0.44$; Nesbit & Adesope, 2006). Patterson et al. (1993) führten eine Studie mit 38 Psychologiestudenten zu dem biologischen Thema *vegetatives Nervensystem* durch. Dabei untersuchten sie den Einfluss der verbalen Fähigkeiten der Lernenden auf die Wirksamkeit zweier Vermittlungsstrategien. Im einen Fall wurde ihnen der fachliche Inhalt durch einen Tutor vermittelt, der einen Text nutzte, im anderen Fall nutzte der Tutor eine *concept map*. Die Studienergebnisse zeigen, dass nur für die Lernenden mit geringen sprachlichen Fähigkeiten ein Lernvorteil der *concept mapping*-Bedingung beobachtet werden kann. Für Lernende mit hohen verbalen Fähigkeiten spielte es dagegen keine Rolle, ob *concept maps* oder Texte zur Vermittlung genutzt wurden. Für die vorliegende Lernwirksamkeitsstudie heißt das, dass die verbalen Fähigkeiten einen möglichen zielgruppenspezifischen Effekt des *concept mapping* verdecken könnten. Keineswegs darf jedoch der Schluss gezogen werden, dass Studierende generell nicht von der Lernmethode des *concept mapping* profitieren. Die beiden Metaanalysen differenzierten zwischen unterschiedlichen Kohorten von Lernenden. Dabei zeigte sich, dass sich die Konstruktion von *concept maps* gegenüber der Kontrollbedingung auch in der Kohorte der Studierenden als überlegen erweist.

(iii) Zuletzt soll ein möglicher Einfluss des fachlichen Inhalts auf die Nicht-Bewährung der psychologischen Hypothesen PH-1 und PH-5 diskutiert werden. In der Metaanalyse von Horton et al. (1993) konnte gezeigt werden, dass auch in Studien mit biologischem Inhalt die *concept mapping*-Bedingung die Kontrollgruppe in ihrem Lernerfolg übertrifft (Cohens $d = 0.60$). Offensichtlich stellt die Biologie keinen Inhaltsbereich dar, der von der positiven Wirkung des *concept mapping* ausgenommen ist. Für den gewählten zellbiologischen Inhalt kann jedoch festgestellt werden, dass kausale Zusammenhänge sowie zeitliche und logische Abfolgen eine zentrale Rolle einnehmen. Eigene Erfahrungen und vereinzelte Rückmeldungen der Probanden führen zu der Vermutung, dass sich zeitliche und logische Abfolgen in *concept maps* nur schwer darstellen lassen. Den Teilnehmern wurde in der Schulungsphase empfohlen, zeitliche und logische Abfolgen durch die Einführung von Nummerierungen in die Relationsbeschriftung kenntlich zu machen (s. Abbildung 12, links). Auch dieses Vorgehen birgt jedoch Problem bei komplexen *concept maps* mit unterschiedlichen Nummerierungsfolgen. Des Weiteren fällt auf, dass sich Propositionen, die mehr als zwei Begriffe umfassen, schwierig darstellen lassen und die Nutzung der *concept map* als externen Speicher einschränken.

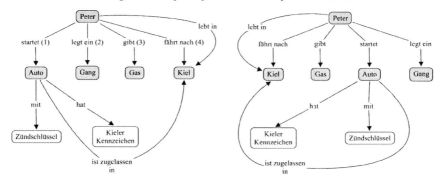

Abbildung 12. Darstellung zeitlicher oder logischer Abfolgen durch die Einführung von Nummerierungen in die Relationsbeschriftungen einer *concept map* (links) im Vergleich zur schwierigen Identifizierung zeitlicher oder logischer Abfolgen ohne entsprechende Nummerierungen (rechts)

Neben der Lernwirksamkeit des *concept mapping* steht der Einfluss des metakognitiven *prompting* auf den Erwerb zellbiologischen Fachwissens im Zentrum der Lernwirksamkeitsstudie. Zur Untersuchung der Lernwirksamkeit des metakognitiven *prompting* werden Gruppen, die metakognitive *prompts* zur Unterstützung von Planungs-, Überwachungs- und Evaluationsaktivitäten nutzen (s. Tabelle 12, S. 104), mit Gruppen kontrastiert, die durch keine *prompting*-Maßnahme unterstützt werden. In Kapitel 5.3.2 (s. S. 113) wird gezeigt, dass die psychologischen Vorhersagen PV-2 und PV-6 eingetreten sind. Damit haben sich auch die psychologischen Hypothesen PH-2 und PH-6 für das konstruierte empirische System bewährt. Erwartungsgemäß verbessert die Nutzung metakognitiver *prompts* das Niveau und die Struktur deklarativen Wissens im Bereich der Zellbiologie. In den theoretischen Ausführungen wurde darauf verwiesen, dass Fördermaßnahmen mit hohem Allgemeinheitsgrad unter einer geringen Wirkungsintensität leiden (s. Kapitel 5.1.1.2, 96). Berthold, Nückles und Renkl (2007) verglichen die Lernwirksamkeit verschiedener *prompting*-Maßnahmen (kognitive *prompts*, metakognitive *prompts*, eine Kombination aus kognitiven und metakognitiven *prompts*) in einer Studie mit $N = 84$ Psychologiestudenten mit einer Kontrollgruppe, die keinem *prompting* unterzogen wurde. Es zeigte sich, dass die Treatmentgruppe, die rein metakognitive *prompts* während ihres Lernprozesse nutzte, der Kontrollgruppe nicht überlegen war, wohingegen die anderen *prompting*-Maßnahmen eine Verbesserung des Lernergebnisses bewirkten. Stark et al. (2008) untersuchten die Wirksamkeit metakognitiver *prompts* auf den Lernfortschritt und den Wissenserwerb ($N = 124$ Psychologie- und Pädagogik-Studenten) in einer computerbasierten Lernumgebung im Bereich Korrelationsrechnung. Der Lernfortschritt wurde durch Aufgaben erfasst, die im Vor- und Nachtest identisch waren. Auch dabei konnte kein Unterschied hinsichtlich des Lernfortschritts zwischen Teilnehmern, die metakognitive *prompts* nutzten oder nicht über diese verfügten, festgestellt werden. Neben dem Lernfortschritt von Vor- zum Nachtest wurde der Wissenserwerb über komplexe Nachtestaufgaben operationalisiert. Dabei schnitten die Teilnehmer der *prompting*-Bedingung erwartungsgemäß besser ab als jene, die keinen *prompts* ausgesetzt wurden. Die Ergebnisse der vorliegenden Studie geben zusätzliche empirische Evidenz für die Lernwirksamkeit metakognitiver *prompts*.

In den psychologischen Hypothesen PH-3 und PH-7 wird erwartet, dass metakognitives *prompting* das Niveau bzw. die Struktur deklarativen Wissens beim *concept mapping* (neue Strategie) im Mittel wirkungsvoller verbessert als bei der Erstellung von Notizen (vertraute Strategie). Beide Hypothesen werden durch theoretische Überlegungen gestützt, in denen davon ausgegangen wird, dass ein kognitives Training (z. B. im *concept mapping*) durch allgemeine Techniken der Selbstkontrolle (z. B. metakognitive *prompting*) bereichert werden muss (Hasselhorn & Hager, 2006; Sternberg, 1983). In Kapitel 5.3.2 (s. S. 113) wird gezeigt, dass die psychologische Vorhersage PV-3 nicht eingetreten ist, damit hat sich auch die PH-3 im konstruierten empirischen System nicht bewährt. Metakognitive *prompts* scheinen in Kombination mit einer vertrauten Lernmethode nicht weniger Einfluss auf das Niveau deklarativen Wissens zu nehmen als in Kombination mit einer neuen Lernmethode. Eine differenziertere Aussage muss in Bezug auf die Struktur des deklarativen Wissens gemacht werden. Wird der Strukturindex aus der MDS (R^2) als

Lernerfolgsmaß verwendet, so gilt die psychologische Vorhersage PV-7 als eingetreten (Effektstärke $f = .20$) und die PH-7 hat sich für das konstruierte empirische System bewährt. Werden hingegen der Strukturindex PRX und der Strukturindex aus der Pathfinder-Skalierung (PTF) als Lernerfolgsmaße verwendet, so gilt eine Nicht-Bewährung der PH-7. Deskriptiv ergibt sich allerdings auch für den Strukturindex PTF ein erwartungskonformer Unterschied zwischen den experimentellen Bedingungen (geringer Effekt; $f = .10$); dieser ist aufgrund der geringen *Power* des Tests ($1-\beta = .29$) nicht signifikant. Ein weiteres Ergebnis spricht für die stärkere Wirksamkeit metakognitiver *prompts* bei der Konstruktion von *concept maps* als bei der Erstellung von Notizen: Für alle Strukturindizes kann berichtet werden, das Probanden, die Notizen erstellen, signifikant mehr lernen als Probanden die concept maps konstruieren. Werden die Konstruktion von *concept maps* und die Erstellung von Notizen dagegen durch metakognitives *prompting* unterstützt, besteht kein signifikanter Unterschied mehr zwischen den Lernmethoden. Das heißt, dass nicht unterstütztes *concept mapping* eine abträgliche Wirkung auf den Lernerfolg ausübt, während unterstütztes *concept mapping* beinahe so effektiv ist, wie die Erstellung von Notizen. Hilbert et al. (2008) führten eine Studie durch, an der $N = 112$ Gymnasiasten teilnahmen. Untersucht wurde, ob Lernende, die beim Anfertigen einer ersten *concept map* durch rein kognitive, rein metakognitive oder eine Kombination aus kognitiven und metakognitiven *prompts* unterstützt werden, einen höheren Lernerfolg erzielen als Lernende, die eine derartige Unterstützung nicht erfahren. Obgleich die Studie keine Unterschiede zwischen unterschiedlichen *prompting*-Maßnahmen feststellen konnte, waren die *prompting*-Bedingungen effektiver hinsichtlich des erzielten Lernerfolgs als die Kontrollgruppe, die *concept maps* ohne *prompts* anfertigte. Ebenso wie die skizzierte Studie bezieht sich die vorliegende Lernwirksamkeitsstudie auf die Erstellung einer ersten *concept map* im Anschluss an eine Schulungsphase. Wie lange die Probanden auf die Bereitstellung von *prompts* angewiesen sind, bleibt in beiden Studien unberücksichtigt. Hilbert et al. (2008) untersuchten darüber hinaus, ob sich der Gebrauch der *prompts* bei der ersten *concept map* auf den Lernerfolg beim Anfertigen einer zweiten *concept map*, bei der keine *prompts* zur Verfügung standen, auswirkt. Wenngleich sich beim zweiten Termin deskriptive Unterschiede zugunsten der experimentellen Bedingungen, die am ersten Termin durch *prompts* unterstützt wurden, zeigten, waren diese nicht signifikant. Offensichtlich wirkt sich die einmalige Unterstützung der Teilnehmer durch *prompts* nicht substantiell auf einen nachfolgenden Versuchstermin aus. Eine wichtige Erkenntnis aus der vorliegenden Lernwirksamkeitsstudie ist folglich, dass *concept mapping* ohne metakognitives *prompting* eine abträgliche Wirkung auf die Struktur deklarativen Wissens hat. Nur wenn es durch metakognitives *prompting* unterstützt wird, wirkt es sich ebenso positiv auf die Struktur deklarativen Wissens aus, wie die Erstellung von Notizen.

Das Eintreten und Nicht-Eintreten der PV-7 bei Verwendung des Strukturindexes aus der MDS (R^2) bzw. des Strukturindexes *PRX* und des Strukturindexes aus der Pathfinder-Skalierung (*PTF*), steht im Widerspruch zu dem Ergebnis der Validierungsstudie, in der sich der Strukturindex aus der MDS (R^2) als vermeintlich schwächer herausgestellt hat. Repliziert man die Interkorrelationen zwischen den Wissensindizes aus der Validierungsstudie explorativ mit den Daten der Lernwirksamkeitsstudie, so fällt auf, dass die Korrelationskoeffizienten mit einer Ausnahme (s. Tabelle 18, Zeile 2) recht genau mit den Werten aus der Validierungsstudie (s. Tabelle 6, S. 70) übereinstimmen.

Tabelle 18. *Interkorrelationen (r) für die Wissensindizes des Nachtests (N = 125, listenweiser Fallausschluss)*

Wissensindex	1	2	3	4
1. *MC*	--	.59***	.48***	.59***
2. *PRX*		--	.72***	.86***
3. *PTF*			--	.65***
4. R^2				--

Anmerkungen. *MC* = z-standardisiertes *multiple choice* Testergebnis. *PRX* = Korrelationskoeffizient aus der Produkt-Moment-Korrelation der Probandenratings mit den mittleren Expertenratings. *PTF* = Korrespondenzkoeffizient zur Quantifizierung der Übereinstimmung Pathfinder-generierter Probanden-*cognitive maps* mit der formalen Struktur. R^2 = Korrespondenzkoeffizient zur Quantifizierung der Übereinstimmung MDS-generierter Probanden-*cognitive maps* mit der formalen Struktur. *r* = Effektstärkemaß: *r* = .10 geringer Effekt, *r* = .30 mittlerer Effekt, *r* = .50 starker Effekt (J. Cohen, 1983).

***$p \leq .001$, 2-seitig.

Im Vergleich zur Validierungsstudie, *r* = .46 (Zeile 2), steigt der Korrelationskoeffizient für die Produkt-Moment-Korrelation zwischen dem *multiple choice* Testergebnis (*MC*) und dem Strukturindex aus der MDS (R^2) in der Lernwirksamkeitsstudie auf einen Wert von *r* = .59 an. Folglich hat der Strukturindex aus der MDS (R^2) in dieser Studie eine höhere Übereinstimmungsvalidität mit der Kriteriumsvariable. Dieser Unterschied ist jedoch nicht überzufällig, z = -1.44, n. s.[24].

Des Weiteren wird explorativ untersucht, wie groß der Varianzanteil des *multiple choice* Testergebnisses (*MC*) ist, der durch die einzelnen Strukturindizes aufgeklärt werden kann, wenn der Teil der Varianz, der gleichzeitig durch einen oder beide korrespondierenden Strukturindizes aufgeklärt wird, herauspartialisiert wird. Auf diese Weise kann gezeigt werden, dass der Strukturindex aus der MDS (R^2) das Ergebnis im *multiple choice* Test auch dann noch signifikant voraussagen kann, wenn die Varianz des *multiple choice* Testergebnisses (*MC*), die von den Strukturindizes *PRX* und *PTF* aufgeklärt wird, herauspartialisiert wird, r = .20, p ≤ .05. Bei analogem Vorgehen findet sich für die Partialkorrelation zwischen dem *multiple choice* Testergebnis und dem Strukturindex *PRX* bzw. dem Strukturindex aus der Pathfinder-Skalierung (*PTF*) kein signifikanter Zusammenhang, r = .15, n. s. bzw. r = .08, n. s. Für die vorliegende Lernwirksamkeitsstudie heißt das, dass der Strukturindex aus der MDS (R^2) ein effizienteres Lernerfolgsmaß darstellt als die Strukturindizes *PRX* und *PTF*.

In den psychologischen Hypothesen PH-4 und PH-8 wird erwartet, dass metakognitives *prompting* das Niveau bzw. die Struktur deklarativen Wissens bei der Erstellung von Notizen im Mittel wirkungsvoller verbessert als beim *concept mapping*. Beide Hypothesen werden durch theoretische Überlegungen gestützt, in denen davon ausgegangen wird, dass *concept mapping* per se metakognitives Lernverhalten auslöst und die zusätzliche Aktivierung metakognitiven Lernverhaltens durch metakognitives *prompting* in Teilen redundant wirkt. In Kapitel 5.3.2 (s. S. 113) wird gezeigt, dass die psychologischen Vorhersagen PV-4 und PV-8 nicht eingetreten sind, damit haben sich auch die PH-4 und PH-8 im konstruierten empirischen System nicht bewährt.

Die psychologischen Hypothesen PH-3 und PH4 auf der einen Seite und die psychologischen Hypothesen PH-7 und PH-8 auf der anderen Seite sind konkurrierende Alternativhypothesen, die sich gegenseitig ausschließen. Das heißt im vorliegenden Fall, dass lediglich eine von beiden Lernmethoden hinsichtlich des Niveaus oder der Struktur deklarativen Wissens vom Einsatz metakognitiver prompts in besonderer Weise profitieren kann. Es stellt sich daher die Frage, unter welchen

---

[24] Die Berechnung erfolgt nach J. Cohen & Cohen (1983) mit der Software von Preacher (2002).

Umständen das *concept mapping* vom metakognitiven *prompting* stärker profitiert und unter welchen gleiches für die Erstellung von Notizen gilt. Ein Anknüpfungspunkt zur Beantwortung dieser Frage findet sich in einer Studie, an der $N = 50$ Psychologiestudenten teilnahmen (Nückles et al., 2008). Die Teilnehmer wurden aufgefordert an 12 Kurstagen Lernprotokolle - eine neu eingeführte Lernmethode - zu erstellen. In der Kontrollgruppe erhielten sie dabei keine zusätzliche Hilfestellung, in der Experimentalgruppe wurden die Lernenden durch eine Kombination aus kognitiven und metakognitiven *prompts* unterstützt. Die Lernwirksamkeit der Verfügbarkeit der *prompting*-Maßnahme wurde nach jedem Kurstag getestet. Danach wurden die Testergebnisse der ersten und letzten sechs Kurstage gemittelt. Folgendes Ergebnis konnte beobachtet werden: Die Experimentalgruppe übertraf die Kontrollgruppe hinsichtlich des Lernerfolgsmaßes, das die mittlere Testleistung während der ersten sechs Kurstage beschreibt. Dieses Ergebnis kehrte sich in der zweiten Hälfte der Studie zu Gunsten der Kontrollgruppe um. Übereinstimmende Effekte ließen sich auch hinsichtlich des kognitiven sowie metakognitiven Lernstrategiegebrauchs beobachten. Für die vorliegende Lernwirksamkeitsstudie heißt das, dass die Bewährung der PH-3 und PH-7 bei Lernenden, die das *concept mapping* als neue Lernmethode nutzen, wahrscheinlicher ist als die Bewährung der PH-4 und PH-8. Andererseits dürfte es den Lernenden mit zunehmender Übung im *concept mapping* immer besser gelingen das metakognitive Potential des *concept mapping* – gesetzt den Fall, es verfügt darüber – auszuschöpfen. Wird es einer Lernmethode gegenübergestellt, die über geringeres metakognitives Potential verfügt als das *concept mapping*, dürfte die Wahrscheinlichkeit einer Bewährung der PH-4 und PH-8 steigen, da metakognitives prompting dann in Teilen redundant wirkt. In einer Folgeuntersuchung müsste daher geklärt werden, ob Probanden, die routiniert *concept maps* erstellen, von metakognitiven *prompts* weniger profitieren als Probanden, die im *concept mapping* ungeübt sind. Des Weiteren müsste untersucht werden, wie lange Lernende, die die Lernmethode des *concept mapping* erlernen, hinsichtlich ihres Lernerfolgs von metakognitiven *prompts* profitieren.

Abschließend werden einige Limitationen der vorliegenden Lernwirksamkeitsstudie diskutiert: Bezogen auf die psychologischen Hypothesen PH-1 und PH-5 bestehen zwei Konfundierungen im engeren Sinne (Hager, 2004). Eine Konfundierung besteht, da bezüglich der UV-A (softwarebasiertes *concept mapping* vs. handschriftliche Erstellung von Notizen) nicht nur die Lernmethode variiert wurde, sondern auch das

Medium, das zur Anwendung dieser Lernmethode genutzt wurde. Streng genommen hieße dies für den vorliegenden Fall, dass nicht die Erstellung von Notizen lernwirksamer ist als die Konstruktion von *concept maps*, sondern dass die handschriftliche Erstellung von Notizen der softwarebasierten Konstruktion von *concept maps* überlegen ist. Obwohl in der Population der Studierenden davon ausgegangen werden kann, dass der Umgang mit dem Computer allen Teilnehmern vertraut ist, könnte vermutet werden, dass die Teilnehmer durch den Umgang mit der neuen Lernmethode und der neuen Software über die Maßen kognitiv belastet werden (Sweller, 1988; Sweller, van Merrienboër & Paas, 1998). Eine zweite Konfundierung besteht in der vorliegenden Lernwirksamkeitsstudie, da das *concept mapping* für die Probanden eine neue Lernmethode darstellte, während die Erstellung von Notizen allen Teilnehmern gut bekannt gewesen sein dürfte. Diese Konfundierung dürfte wohl in den meisten Studien zur Lernwirksamkeit des *concept mapping* bestehen; der Einfluss dieser konfundierenden Variable könnte durch die systematische Variation der Erfahrung im *concept mapping* in einem Folgeversuch untersucht werden.

Für die Praxis lassen sich im Wesentlichen zwei Lehren aus der vorliegenden Studie ziehen. Zum einen hat sich gezeigt, dass metakognitives *prompting* den Wissenserwerb der Lernenden befördert. Zum anderen konnte gezeigt werden, dass *concept mapping* per se die Probleme der Lernenden beim Erwerb eines soliden Fachwissens allein nicht löst. Vielmehr bedarf es zusätzlicher Unterstützung. Dabei haben sich metakognitive *prompts* als wirkungsvolle Maßnahme herausgestellt. Diese Erkenntnis impliziert, dass kognitive Förderprogramme im *concept mapping* durch eine metakognitive Komponente bereichert werden sollten, die die Auslösung von Planungs-, Überwachungs- und Evaluationsaktivitäten unterstützen. Hinsichtlich der Überwindung der Lernerprobleme muss jedoch einschränkend bemerkt werden, dass *concept mapping* kombiniert mit metakognitivem *prompting* nur zu ähnlich guten Lernleistungen wie die Erstellung von Notizen führt, eine Überlegenheit des *concept mapping* konnte nicht festgestellt werden. Bezüglich der Aufrechterhaltung und des Transfers der neuen Lernmethode muss außerdem beachtet werden, dass bei der Vermittlung der Lernmethode die Aufgabenstellung variiert wird. Je größer die Ähnlichkeit zwischen der Trainingssituation und der realen Anwendungssituation, desto höher ist die Wahrscheinlichkeit, dass die Lernmethode auch in neuen Lernsituationen verwendet wird. Des Weiteren muss die neue Lernmethode mit der persönlichen Zielmotivation der Lernenden verknüpft werden. Diese Komponente eines Trainings sorgt dafür, dass die eingeübte Lernmethode für die Teilnehmer des Trainings an persönlicher Bedeutung und funktionalem Wert gewinnt (Hasselhorn, 1995; Hasselhorn & Hager, 2006).

Fazit: In den psychologischen Hypothesen PH-1 und PH-5 wurde davon ausgegangen, dass sich das Niveau bzw. die Struktur des deklarativen Wissens im Bereich der Zellbiologie beim *concept mapping* im Mittel stärker verbessert als bei der Erstellung von Notizen (Haupteffekt des *concept mapping*). Beide Hypothesen haben sich für das konstruierte empirische System nicht bewährt. Erwartungswidrig verbessert die Erstellung von Notizen das Niveau und die Struktur deklarativen Wissens im Bereich der Zellbiologie stärker als die Konstruktion von *concept maps*. Neben der Lernwirksamkeit des *concept mapping* wurde die Lernwirksamkeit metakognitiver *prompts* untersucht. Die psychologischen Hypothesen PH-2 und PH-6 gingen davon aus, dass sich das Niveau bzw. die Struktur deklarativen Wissens im Bereich der Zellbiologie stärker verbessert, wenn metakognitive *prompts* dargeboten werden, als wenn diese nicht verfügbar sind (Haupteffekt der *prompting*-Maßnahme). Beide Hypothesen haben sich für das konstruierte empirische System bewährt. Erwartungsgemäß verbessert die Nutzung metakognitiver *prompts* das Niveau und die Struktur deklarativen Wissens im Bereich der Zellbiologie. Neben der Lernwirksamkeit der verwendeten Lernmethode (*concept mapping* vs. Notizen Erstellen) und der Verfügbarkeit metakognitiver *prompts* (ja vs. nein) bestand ein weiteres Erkenntnisinteresse darin, zu überprüfen, ob die Verfügbarkeit der *prompting*-Maßnahme zu Auffälligkeiten hinsichtlich der Lernwirksamkeit des *concept mapping* und des Notizen Erstellens führt (Interaktionseffekt). Zwei entgegengesetzte Alternativhypothesen wurden theoretisch hergeleitet und empirisch überprüft. Die psychologischen Hypothesen PH-3 und PH-7 gingen davon aus, dass metakognitives *prompting* das Niveau bzw. die Struktur deklarativen Wissens im Bereich der Zellbiologie beim *concept mapping* (neue Strategie) im Mittel wirkungsvoller verbessert als bei der Erstellung von Notizen (vertraute Strategie). Die theoretische Basis bildete die Annahme, dass Förderprogramme im *concept mapping* durch allgemeine Techniken der Selbstkontrolle (z. B. metakognitives *prompting*) bereichert werden müssen. Bezogen auf das Niveau des deklarativen Wissens im Bereich der Zellbiologie hat sich die entsprechende Hypothese (PH-3) im konstruierten empirischen System nicht bewährt. Bezogen auf die Struktur des deklarativen Wissens im Bereich der Zellbiologie hat sich die entsprechende Hypothese (PH-7) in Abhängigkeit von dem verwendeten Lernerfolgsmaß (R^2 und *PRX*, *PTF*) im konstruierten empirischen System bewährt bzw. nicht bewährt. Die psychologischen Hypothesen PH-4 und PH-8 gingen davon aus, dass metakognitives *prompting* das Niveau bzw. die Struktur deklarativen Wissens im Bereich der Zellbiologie bei der Erstellung von Notizen im Mittel wirkungsvoller verbessert als beim *concept mapping*. Die theoretische Basis bildete die Annahme, dass *concept mapping* per se metakognitives Lernverhalten auslöst und die zusätzliche Aktivierung metakognitiven Lernverhaltens durch metakognitives *prompting* in Teilen redundant wirkt. Die entsprechenden psychologischen Hypothesen haben sich für das konstruierte empirische System nicht bewährt. Die nachfolgenden Ausführungen skizzieren einige Fragestellungen, die aufbauend auf den hier berichteten Ergebnissen untersucht werden könnten.

6 Zusammenfassung und Ausblick

Die Ergebnisse aus der vorliegenden Validierungsstudie zeigen, dass der Strukturindex aus der Korrelation der semantischen Verwandtschaftsurteile der Probanden mit den semantischen Verwandtschaftsurteilen der Experten (*PRX*) nicht minder valide Aussagen über den Expertisegrad eines Probanden trifft wie die Strukturindizes aus der Pathfinder- und multidimensionalen Skalierung (*PTF* und R^2). Es liegt daher nahe, dem einfach zu berechnenden Strukturindex *PRX* in solchen Anwendungsbereichen den Vorzug zu geben, die das Ziel verfolgen, die Expertise eines Lernenden in Bezug auf seine deklarative Wissensstruktur zu quantifizieren. Neben der einfacheren Berechnung wohnt dem Strukturindexes *PRX* ein weiterer Vorteil inne: Die Korrelation der semantischen Verwandtschaftsurteile der Probanden mit den semantischen Verwandtschaftsurteilen der Experten erfordert es nicht, dass alle möglichen Paarkombinationen des relevanten Begriffspools berücksichtigt werden müssen. Zur Erhöhung der Testökonomie könnten nur diejenigen Paarvergleiche in einem Test berücksichtigt werden, die bei der Einschätzung der Expertise eines Lernenden als bedeutsam erachtet werden. Dabei bedürfte die Auswahl der Paarvergleiche zuverlässiger Entscheidungskriterien, anhand derer geeignete Paarvergleiche ausgewählt werden könnten. Zwei Kriterien könnten eine Entscheidung über die Bedeutsamkeit einzelner Begriffspaare erleichtern. Zum einen ist davon auszugehen, dass nur solche Paarvergleiche eine Auskunft über die Expertise eines Lernenden geben können, bezüglich derer sich die Experten der

Domäne in ihren semantischen Verwandtschaftsurteilen einig sind. Vor diesem Hintergrund berücksichtigte Diekhoff (1983) nur solche Paarvergleiche, die bezogen auf die semantischen Verwandtschaftsurteile der Experten eine Standardabweichung ≤ 2.00 (9-stufige Ratingskala) aufwiesen. Da Diekhoff (1983) die Übereinstimmungsvalidität des SJTs mit der Kriteriumsvariable nicht mit der Übereinstimmungsvalidität eines zweiten SJTs verglich, in den auch andere Paarvergleiche einflossen (z. B $SD \leq 3.00$), bleibt offen, ob dieser Ansatz zur Reduktion der Paarvergleiche erfolgversprechend ist. Ein anderer Ansatz zur Reduktion der Paarvergleiche könnte darauf basieren, dass die Übereinstimmungsvalidität unterschiedlicher SJTs für eine Kriteriumsvariable bestimmt wird. Eine Studie von Goldsmith et al. (1991) gab Hinweise darauf, dass sich die prädiktive Validität unterschiedlicher Begriffe oder Begriffspaare unterscheidet. Zu diesem Zweck erhoben die Autoren die semantischen Verwandtschaftsurteile von $N = 40$ Studierenden über alle möglichen Paarkombinationen eines 30 Begriffe umfassenden Pools. Nach der Datenerhebung zogen sie aus diesem Begriffspool randomisiert 200 Stichproben zu jeweils 15 Begriffen. Damit ergaben sich 200 neue Variablen, in die alle möglichen Paarkombinationen des jeweiligen Begriffspools einflossen. Im Mittel lag die prädiktive Validität eines 15 Begriffe umfassenden Pools bei $r = .45$ ($SD = .03$). Einer der randomisiert ausgewählten Begriffspools hatte eine deutlich höhere prädiktive Validität von $r = .78$. Dieser randomisiert ausgewählte Begriffspool wurde in einer nachfolgenden Untersuchung erneut auf seine prädiktive Validität getestet. Entgegen der Erwartung führte er in der nachfolgenden Untersuchung jedoch nicht zu besseren Vorhersageleistungen. Es bleibt daher weiterhin offen, ob Begriffskonstellationen existieren, die die Leistung in einem Vergleichstest (Kriteriumsvariable) besser vorhersagen als andere Begriffskonstellationen. Diese Frage müsste in nachfolgenden Untersuchungen geklärt werden.

Weiterer Forschungsbedarf besteht auch hinsichtlich der proklamierten Steigerung der prädiktiven Validität von SJTs durch die Verwendung einer gewichteten MDS-Prozedur. Gonzalvo et al. (1994) waren der Auffassung, dass die gewichtete MDS im Vergleich zur ungewichteten MDS den Vorteil böte, dass sich die Probanden-*cognitive map* und die formale Struktur nicht vollkommen unterscheiden, sondern auf einer einzigen Konfiguration basieren, die durch unterschiedliche Gewichtungen an die individuellen semantischen Verwandtschaftsurteile angepasst ist. Dadurch würde erreicht, dass die Dimensionen der Probanden-*cognitive map* mit den Dimensionen der formalen Struktur übereinstimmen (z. B. bezogen auf die Begriffe Apfelbaum und Kirschbaum könnten die Dimensionen Lebensraum und taxonomische Verwandtschaft abgebildet werden). Überprüft wurde die Annahme, ob die gewichtete MDS im Vergleich zur ungewichteten MDS eine höhere prädiktive Validität hinsichtlich einer Kriteriumsvariable aufweist, in der Studie von Gonzalvo et al. (1994) jedoch nicht. Weiterführende Untersuchungen werden zeigen, ob ein Vorteil zugunsten der gewichteten MDS hinsichtlich der prädiktiven Validität von SJTs besteht. Eine entsprechende Gegenüberstellung der Skalierungsprozeduren ist im Anschluss an diese Arbeit vorgesehen.

Ein interessanter Einsatzzweck von SJTs, der in der bisherigen Forschungspraxis vernachlässigt wurde und auch über den Einsatz der SJTs in der vorliegenden Studie hinausgeht, ist die Unterscheidung zwischen fehlenden Vorstellungen und fachlich inadäquaten Vorstellungen (alternative Vorstellungen, Fehlkonzepte; s. Kapitel 3.2, S. 27). Stanners et al. (1983) vermuteten, dass zwischen beiden Konstrukten bei der Kenntnis der internen Konsistenz eines Probanden-SJTs und bei der Kenntnis der Übereinstimmung eines SJTs mit einem Referenzsystem unterschieden werden kann. Theoretische Überlegungen führten zu der Annahme, dass fehlende Vorstellungen mit niedrigen Werten der internen Konsistenz eines SJTs und einer geringen Übereinstimmung des SJTs mit dem Referenzsystem einhergehen. Verfügt die Testperson jedoch über elaborierte aber fachlich inadäquate Vorstellungen, so dürften geringe Übereinstimmungswerte gepaart mit einer hohen internen Konsistenz des SJTs auftreten. Ob allerdings eine empirische Trennung zwischen fehlenden und fachlich inadäquaten Vorstellungen durch SJTs möglich ist, bleibt in weiterführenden Studien zu untersuchen.

Ein Anspruch des naturwissenschaftlichen Unterrichts ist es, den Lernenden naturwissenschaftliche Begriffe zu vermitteln und ihre Fähigkeiten im Umgang mit diesen Begriffen zu verbessern. Nach Wittgenstein setzt eine erfolgreiche Kommunikation voraus, dass die verwendeten Begriffe von beiden Gesprächspartnern mit identischen Bedeutungen belegt werden (Wittgenstein, 1967 in Sizmur & Osborne, 1997). Gemäß einem semantischen Modell des Gedächtnisses erschließt sich die Bedeutung eines Begriffs aus seinen Verbindungen zu anderen Begriffen, wobei jeder Begriff einen Knoten innerhalb eines Netzwerks aus Verbindungen bildet (Sainsbury, 1992). Diese Bedeutung muss aus sozialkonstruktivistischer Sicht zunächst im Dialog mit anderen Personen ausgehandelt werden (Bromme & Jucks, 2001; Roth, 1994). Die Lernmethode des *concept mapping* wird von einigen Autoren als ideales Werkzeug zur Verbesserung des Kommunikationsprozesses angesehen (Freeman, 2004; Nesbit & Adesope, 2006; Roth, 1994; van Boxtel et al., 2002). Nach Roschelle (1992) fungieren graphische Repräsentationsformen wie *concept maps* in einem Gesprächsprozess als soziale Werkzeuge zur Konstruktion konvergenter Sinnzusammenhänge und erleichtern auf diese Weise die Aushandlung von Bedeutungen. Dabei scheint die Visualisierung des gemeinsamen Problemraums insbesondere in komplexen Lernumgebungen von entscheidender Bedeutung (Mandl & Fischer, 2002; van Boxtel et al., 2002). Der SJT ist ein Verfahren, mit dem die Hypothese, ob die Lernmethode des *concept mapping* bezüglich der Konstruktion konvergenter Sinnzusammenhänge anderen Lernmethoden überlegen ist, einer empirischen Überprüfung zugänglich gemacht werden kann. SJTs ermöglichen den Vergleich der hypothetischen kognitiven Strukturen von Lernpartnern vor und nach einer Lernsituation. Dieser Vergleich ergibt zwar keinen Hinweis auf den Expertisegrad eines Lernenden, liefert aber eine Information darüber, inwieweit zwei Lernende ähnliche Vorstellungen teilen. Eine Untersuchung, die die Hypothese testet, ob die Lernmethode des *concept mapping* die Konstruktion konvergenter Sinnzusammenhänge befördert, würde erwarten, dass sich die hypothetischen kognitiven Strukturen in *concept mapping*-Bedingungen vom Vor- zum Nachtest stärker angleichen als in der Kontrollgruppe.

In der vorliegenden Lernwirksamkeitsstudie konnte gezeigt werden, dass Studierende bei der Erstellung erster *concept maps* in besonderer Weise von metakognitive *prompts* profitieren. Studierende, die *concept maps* konstruieren und durch metakognitive *prompts* unterstützt werden, erzielen einen deutlich höheren Lernerfolg als Studierende, die *concept maps* ohne zusätzliches *prompting* erstellen. Dieses Ergebnis legt nahe, dass Förderprogramme im *concept mapping* entgegen der üblichen Praxis durch allgemeine Techniken der Selbstregulation unterstützt werden müssen. Als eine zentrale Aufgabe für die Weiterentwicklung kognitiver Förderprogramme im *concept mapping* gilt daher die Klärung der Frage, wie lange die Lernenden vom Einsatz metakognitiver *prompts* profitieren (Hilbert et al., 2008). Auf der einen Seite gibt es Hinweise darauf, dass der einmalige Einsatz der *prompts* nicht genügt, damit die durch die *prompts* angeregten Aktivitäten weiterhin angewendet werden. Auf der anderen Seite gibt es Hinweise darauf, dass metakognitives *prompting* mit zunehmender Erfahrung im Umgang mit der neuen Lernmethode einen abträglichen Einfluss auf den Lernerfolg entwickelt (Nückles et al., 2008). Die besagte Studie von Nückles et al. (2008) trainierte allerdings nicht das *concept mapping*, sondern die Anfertigung von Lernprotokollen. Es bleibt zu untersuchen, ob sich in Verbindung mit der Lernmethode des *concept mapping* ähnliche Effekte feststellen lassen. In Verbindung mit der Anfertigung von Lernprotokollen empfahlen die Autoren ein schrittweises Ausklingen (*gradual fading*) der *prompting*-Maßnahme.

7 Literaturverzeichnis

Abrams, R., Kothe, D. & Iuli, R. (2006). Meaningful learning: A collaborative literature review of concept mapping. Retrieved from http://www2.ucsc.edu/mlrg/clr-conceptmapping.html [10.10.2009].

Adams, M. P. (2009). Empirical evidence and the knowledge-that/knowledge-how distinction. *Synthese, 170* (1), 97-114.

Alberts, B., Johnson, A., Lewis, J., Raff, M., Roberts, K. & Walter, P. (Eds.). (2004). *Molekularbiologie der Zelle*. Weinheim: WILEY-VCH.

Allen, G. A. & Baldwin, L. M. (1980). PCGEN: A FORTRAN IV program to generate paired-comparison stimuli. *Behavior Research Methods and Instrumentation, 12* (3), 383-384.

Amara, J. F., Cheng, S. H. & Smith, A. E. (1992). Intracellular protein trafficking defects in human disease. *Trends in Cell Biology, 2* (5), 145-149.

Anderson, J. R. (1983). *The architecture of cognition*. Cambridge: Harvard University Press.

Anderson, J. R. (1990). *Cognitive psychology and its implications*. New York: Freemann.

Anderson, R. C. (1984). Some reflections on the acquisition of knowledge. *Educational Researcher, 13* (9), 5-10.

Artelt, C. (1999). Lernstrategien und Lernerfolg: Eine handlungsnahe Studie. *Zeitschrift für Entwicklungspsychologie und Pädagogische Psychologie, 31*(2), 86-96.

Ausubel, D. P. (1968). *Educational psychology - a cognitive view*. London: Holt, Rinehart and Winston.

Ausubel, D. P., Novak, J. D. & Hanesian, H. (1978). *Educational psychology - a cognitive view*. New York: Holt, Rinehart and Winston.

Ayersman, D. J. (1995). Effects of knowledge representation format and hypermedia instruction on metacognitive accuracy. *Computers in Human Behavior, 11* (3-4), 533-555.

Backhaus, K., Erichson, B., Plinke, W. & Weiber, R. (2005). *Multivariate Analysemethoden. Eine anwendungsorientierte Einführung*. Berlin: Springer.

Bannert, M. (2003). Effekte metakognitiver Lernhilfen auf den Wissenserwerb in vernetzten Lernumgebungen. *Zeitschrift für Pädagogische Psychologie, 17* (1), 13-25.

Baumert, J., Klieme, E., Neubrand, M., Prenzel, M., Schiefele, U., Schneider, W. et al. (2000). Fähigkeit zum selbstregulierten Lernen als fächerübergreifende Kompetenz. Verfügbar unter: http://www.mpib-berlin.mpg.de/pisa/CCCdt.pdf [16.07.2009].

Beatty, I. D., Gerace, W. J. & Dufresne, R. J. (2002). Measuring and modeling physics students' conceptual knowledge structures through term association times. Retrieved from http://arxiv.org/ftp/physics/papers/0702/0702111.pdf. [20.11.2009].

Berthold, K., Nückles, M. & Renkl, A. (2007). Do learning protocols support learning strategies and outcomes? The role of cognitive and metacognitive prompts. *Learning and Instruction, 17* (5), 564-577.

Bogden, C. A. (1977). *The use of concept mapping as a possible strategy for instructional design and evaluation in college genetics.* Unpublished Master's thesis, Cornell University, Ithaca, NY.

Borg, I., Groenen, P. J. F. & Mair, P. (2010). *Multidimensionale Skalierung.* Mering: Hampp-Verlag.

Bortz, J. (2005). *Statistik für Human- und Sozialwissenschaftler.* Heidelberg: Springer.

Bortz, J. & Döring, N. (2005). *Forschungsmethoden und Evaluation für Human- und Sozialwissenschaftler* (3. Aufl.). Berlin: Springer.

Brechner, E., Dinkelaker, B. & Dreesmann, D. (2005). *Kompaktlexikon der Biologie.* Heidelberg: Spektrum.

Bromme, R. & Jucks, R. (2001). Wissensdivergenz und Kommunikation: Lernen zwischen Experten und Laien im Netz. In F. W. Hesse & H. F. Friedrich (Hrsg.), *Partizipation und Interaktion im virtuellen Seminar* (S. 81-103). Münster: Waxmann.

Brown, A. L. (1975). The development of memory: Knowing, knowing about knowing, and knowing how to know. In H. Reese (Ed.), *Advances in Child Development and Behavior* (pp. 104-153). New York: Academic Press.

Brown, A. L. (1984). Metakognition, Handlungskontrolle, Selbststeuerung und andere, noch geheimnisvollere Mechanismen. In F. E. Weinert & R. H. Kluwe (Hrsg.), *Metakognition, Motivation und Lernen* (S. 60-109). Stuttgart: Verlag W. Kohlhammer.

Brown, L. T. & Stanners, R. F. (1983). The assessment and modification of concept interrelationships. *Journal of Experimental Education, 52* (1), 11-21.

Büttner, G. & Schlagmüller, M. (2005). Wissenserwerb in der Schule: Zur Bedeutung strategischer und metakognitiver Kompetenzen. In G. Büttner, F. Sauter & W. Schneider (Hrsg.), *Empirische Schul und Unterrichtsforschung - Beiträge aus Pädagogischer Psychologie, Erziehungswissenschaft und Fachdidaktik. Teil II: Wege zur Optimierung von Wissensvermittlung* (S. 81-100). Lengerich: Pabst.

Byrnes, J. P. & Wasik, B. A. (1991). Role of conceptual knowledge in mathematical procedural learning. *Developmental Psychology, 27* (5), 777-786.

Campbell, N. A. & Reece, J. B. (2006). *Biologie* (J. Markl, Übers.). München: Pearson Studium.

Campione, J. C. (1984). Ein Wandel in der Instruktionsforschung mit lernschwierigen Kindern: Die Berücksichtigung metakognitiver Komponenten. In F. E. Weinert & R. H. Kluwe (Hrsg.), *Metakognition, Motivation und Lernen* (S. 109-131). Stuttgart: Verlag W. Kohlhammer.

Cardemone, P. F. (1975). *Concept mapping: A technique of analyzing a discipline and its use in the curriculum and instruction in a portion of a college level mathematics skill course.* Unpublished Master's thesis, Cornell University, Ithaca, NY.

Chi, M. T. H., Glaser, R. & Rees, E. (1982). Expertise in problem solving. In R. J. Sternberg (Ed.), *Advances in the psychology of human intelligence* (Vol. 1, pp. 7-75). Hilsdale, NJ: Erlbaum.

Chinn, C. A. & Brewer, W. F. (1993). The role of anomalous data in knowledge acquisition: A theoretical framework and implications for science education. *Review of Educational Research, 63* (1), 1-49.

Chrobak, R. (2001). Metacognition and didactic tools in higher education. *Proceedings of the International Conference on Information Technology Based Higher Education and Training.* Kumamoto, Japan. Retrieved from http://www.eecs.kumamoto-u.ac.jp/ITHET01/proc/082.pdf [14.10.2009].

Ciccorico, E. A. (1970). "Integration" in the curriculum. *Main Currents, 27* (2), 60-62.

Clariana, R. B. & Wallace, P. (2009). A comparison of pair-wise, list-wise, and clustering approaches for eliciting structural knowledge. *International Journal of Instructional Media, 36* (3), 287-302.

Clark, P. D. (2006). *Molecular biology: Understanding the genetic revolution.* München: Elsevier.

Clark, R. E. (1990). When teaching skills learning: Studies of mathematics. In H. Mandl, E. D. Corte, N. S. Bennet & H. F. Friedrich (Eds.), *Learning and Instruction: European research in an international context* (pp. 1-22). Oxford: Pergamon Press.

Claxton, G. (1986). Book reviews: The alternative conceivers' conceptions. *Studies in Science Education, 13* (1), 123-130.

Cohen, E. G. (1994). Restructuring the classroom: Conditions for productive small groups. *Review of Educational Research, 64* (1), 1-35.

Cohen, J. (1960). A coefficient of agreement for nominal scales. *Educational and Psychological Measurement, 20* (1), 37-46.

Cohen, J. (1983). *Statistical power analysis for the behavioral sciences.* New York: Academic Press.

Cohen, J. & Cohen, P. (1983). *Applied multiple regression/correlation analysis for the behavioral sciences.* Hillsdale, NJ: Erlbaum.

Collins, A. M. & Loftus, E. F. (1975). A spreading-activation theory of semantic processing. *Psychological Review, 82* (6), 407-428.

Collins, A. M. & Quillian, M. R. (1969). Retrieval time from semantic memory. *Journal of verbal learning and verbal behavior, 8* (2), 240-247.

Cooke, N. J. & Schvaneveldt, R. W. (1988). Effects of computer programming experience on network representations of abstract programming concepts. *International Journal of Man-Machine Studies, 29* (4), 407-427.

Cooke, N. J. (1992). Predicting judgment time from measures of psychological proximity. *Journal of Experimental Psychology: Learning, Memory, and Cognition, 18* (3), 640-653.

Cronin, P. J., Dekkers, J. & Dunn, J. G. (1982). A procedure for using and evaluating concept maps. *Research in Science Education, 12* (1), 17-24.

de Jong, T. & Ferguson-Hessler, M. G. M. (1988). The role of exercises in knowledge acquisition in a physics domain. In P. Span, E. De Corte & B. van Hout-Wolters (Eds.), *Onderwijsleerprocessen: Strategieën bij het verwerken van informatie* (pp. 57-67). Lisse: Swets & Zeitlinger.

de Jong, T. & Ferguson-Hessler, M. G. M. (1996). Types and qualities of knowledge. *Educational Psychologist, 31* (2), 105-113.

Diekhoff, G. M. (1983). Testing through relationship judgments. *Journal of Educational Psychology, 75* (2), 227-233.

Dörner, D. & Schölkopf, J. (1991). Controlling complex systems: or expertise as "grandmother's know how". In K. A. Ericsson & J. Smith (Eds.), *Toward a general theory of expertise: Prospects and limits* (pp. 218-239). Cambridge, MA: Cambridge University Press.

Douvdevany, O., Dreyfus, A. & Jungwirth, E. (1997). Diagnostic instruments for determining junior high-school science teachers' understanding of functional relationships within the 'living cell'. *International Journal for Science Education, 19* (5), 593-606.

Dreyfus, A. & Jungwirth, E. (1988). The cell concept of 10th graders: Curricular expectations and reality. *International Journal of Science education, 10* (2), 221-229.

Dreyfus, A. & Jungwirth, E. (1989). The pupil and the living cell: A taxonomy of dysfunctional ideas about an abstract idea. *Journal of Biological Education, 23* (1), 49-55.

Duit, R. (1995). *Lernen als Konzeptwechsel im naturwissenschaftlichen Unterricht.* Workshop: Lernen in den naturwissenschaftlichen Fächern, Pädagogische Hochschule Ludwigsburg.

Duit, R. (1999). Conceptual change approaches in science education. In W. Schnotz, S. Vosniadou & M. Carretero (Eds.), *New perspectives on conceptual change* (pp. 263-282). Oxford: Pergamon.

Duit, R., Roth, W.-M., Komorek, M. & Wilbers, J. (2001). Fostering conceptual change by analogies - between Scylla and Charybdis. *Learning and Instruction, 11* (4-5), 283-303.

Duit, R. & Treagust, D. F. (2003). Conceptual change: A powerful framework for improving science teaching and learning. *International Journal for Science Education, 25* (6), 671-688.

Eckert, A. (1998). Die "Netzwerk Elaborierungs Technik (NET)" - Ein computerunterstütztes wissensdiagnostisches Instrumentarium. *Diagnostica, 44* (4), 220-224.

Edelmann, W. (2000). *Lernpsychologie* (6. Aufl.). Weinheim: Beltz.

Efklides, A. (2006). Metacognition and affect: What can metacognitive experiences tell us about the learning process? *Educational Research Review, 1* (1), 3-14.

Engelkamp, J. (1994). Episodisches Gedächtnis: Von Speichern zu Prozessen und Informationen. *Psychologische Rundschau, 45*, 195-210.

Erdfelder, E., Buchner, A., Faul, F. & Brandt, M. (2004). GPOWER: Teststärkeanalysen leicht gemacht. In E. Erdfelder & J. Funke (Hrsg.), *Allgemeine Psychologie und Deduktivistische Methodologie* (S. 148-166). Göttingen: Vandenhoeck & Ruprecht.

Erdfelder, E., Faul, F. & Buchner, A. (1996). GPOWER: A general power analysis program. *Bahavior Research Methods, Instruments & Computers, 28* (1), 1-11.

Etschenberg, K. (1979). *Zielorientierter Biologieunterricht in der Sekundarstufe I.* Hamburg: Sample.

Faul, F. (2007). G*Power 3: A flexible statistical power analysis program for the social, behavioral, and biomedical sciences. *Behavior Research Methods, 39* (1), 175-191.

Fenker, R. M. (1975). The organization of conceptual materials: A methodology for measuring ideal and actual cognitive structures. *Instructional Science, 4* (1), 33-57.

Friedrich, H. F. & Mandl, H. (1992). Lern- und Denkstrategien - ein Problemaufriss. In H. Mandl & H. F. Friedrich (Hrsg.), *Lern- und Denkstrategien: Analyse und Intervention* (S. 3-54). Göttingen: Hogrefe.

Field, A. (2009). *Discovering statistics using SPSS* (3th ed.). Los Angeles: SAGE Publications.

Fischler, H. & Peuckert, J. (2000). Concept Mapping in Forschungszusammenhängen. In H. Fischler & J. Peuckert (Hrsg.), *Concept Mapping in fachdidaktischen Forschungsprojekten der Physik und Chemie* (S. 1-22): Studien zum Physiklernen.

Flavell, J. H. (1984). Annahmen zum Begriff Metakognition sowie zur Entwicklung von Metakognition. In F. E. Weinert & R. H. Kluwe (Hrsg.), *Metakognition, Motivation und Lernen* (S. 23-31). Stuttgart: Verlag W. Kohlhammer.

Flores, F. & Tavor, M. E. (2003). Representation of the cell and its processes in high school students: An integrated view. *International Journal for Science Education, 25* (2), 269-286.

Freeman, L. A. (2004). *The power and benefits of concept mapping: Measuring use, usefulness, ease of use, and satisfaction.* Proceedings of the First International Conference on Concept Mapping, Pamplona, Spain. Retrieved from http://cmc.ihmc.us/papers/cmc2004-164.pdf [13.09.2009].

Frey-Wyssling, A. (1978). Concerning the concept 'organelle'. *Cellular and Molecular Life Sciences, 34* (4), 547.

Friedrich, H. F. (1992). Vermittlung von reduktiven Textverarbeitungsstrategien durch Selbstinstruktion. In H. Mandl & H. F. Friedrich (Hrsg.), *Lern- und Denkstrategien: Analyse und Intervention* (S. 193-212). Göttingen: Hogrefe.

Friedrich, H. F. & Mandl, H. (1992). Lern- und Denkstrategien - ein Problemaufriß. In H. Mandl & H. F. Friedrich (Hrsg.), *Lern- und Denkstrategien. Analyse und Intervention* (S. 3-54). Göttingen: Hogrefe.

Fritz, A. & Hussy, W. (2001). Training der Planungsfähigkeit bei Grundschulkindern - eine Evaluationsstudie. In K. J. Klauer (Hrsg.), *Handbuch Kognitives Training* (S. 97-127). Göttingen: Hogrefe.

Fürstenau, B., Sommer, S., Kunath, J. & Ryssel, J. (2009, August). *Learning by text writing and concept mapping in business education.* Poster presented at the 13th Biennial Conference for Research on Learning and Instruction (EARLI), Amsterdam, NL.

Garner, R. (1988). Verbal-report data on cognitive and metacognitive strategies. In C. E. Weinstein, E. T. Goetz & P. A. Alexander (Eds.), *Learning and study strategies: issues in assessment, instruction, and evaluation* (pp. 63-76). New York: Academic press.

Garner, R. & Alexander, P. A. (1989). Metacognition: Answered and unanswered questions. *Ecucational Psychologist, 24* (2), 143-158.

Garskof, B. E. & Houston, J. P. (1963). Measurement of verbal relatedness: An idiographic approach. *Psychological Review, 70* (3), 277-288.

Geeslin, W. E. & Shavelson, R. J. (1975). Comparison of content structure and cognitive structure in high school students' learning of probability. *Journal for Research in Mathematics Education, 6* (2), 109-120.

Glaser, C., Keßler, C. & Brunstein, J. C. (2009). Förderung selbstregulierten Schreibens bei Viertklässlern. *Zeitschrift für Pädagogische Psychologie, 23* (1), 5-18.

Glaser, R. (1991). The maturing of the relationship between the science of learning and cognition and educational practice. *Learning and Instruction, 1* (2), 129-144.

Goldsmith, T. E. & Davenport, D. M. (1990). Assessing structural similarity of graphs. In R. W. Schvaneveldt (Ed.), *Pathfinder associative networks: Studies in knowledge organization* (pp. 75-87). Norwood, New Jersey: Ablex Publishing Corporation.

Goldsmith, T. E. & Johnson, P. J. (1990). A structural assessment of classroom learning. In R. W. Schvaneveldt (Ed.), *Pathfinder associative networks: Studies in knowledge organization* (pp. 241-254). Norwood, New Jersey: Ablex Publishing Corporation.

Goldsmith, T. E., Johnson, P. J. & Acton, W. H. (1991). Assessing structural knowledge. *Journal of Educational Psychology, 83* (1), 88-96.

González Weil, C. (2006). *Zusammenhang zwischen Konzeptwechsel und Metakognition.* Berlin: Logos Verlag.

González Weil, C. & Harms, U. (2006, September). *The analysis of learning processes in cell biology by collaborative concept maps.* Paper presented at the eridob, London.

Gonzalvo, P., Cañas, J. J. & Bajo, M.-T. (1994). Structural representations in knowledge acquisition. *Journal of Educational Psychology, 86* (4), 601-616.

Gropengießer, H. (2003). *Lebenswelten / Denkwelten / Sprechwelten: Wie man Vorstellungen der Lerner verstehen kann.* Oldenburg: Druckzentrum der Universität Oldenburg.

Gropengießer, H. (2007). Theorie des erfahrungsbasierten Verstehens. In D. Krüger & H. Vogt (Hrsg.), *Theorien in der biologiedidaktischen Forschung: Ein Handbuch für Lehramtsstudenten und Doktoranden* (S. 105-116). Berlin: Springer.

Großschedl, J. & Harms, U. (2008). „Similarity Judgments Test" - Ein Verfahren zur Erfassung von Wissensstrukturen. In D. Krüger, A. Upmeier zu Belzen, T. Riemeier & K. Niebert (Hrsg.), *Erkenntnisweg Biologiedidaktik* (Nr. 7, S. 85-100). Hannover: Universitätsdruckerei Kassel.

Großschedl, J. & Harms, U. (2010). Metakognition. In U. Spörhase-Eichmann & W. Ruppert (Hrsg.), *Biologie-Methodik - Handbuch für die Sek. I und II* (S. 48-52). Berlin: Cornelsen Scriptor.

Gunstone, R. (1992). Constructivism and metacognition: Theoretical issues and classroom studies. In R. Duit, F. Goldberg & H. Niedderer (Eds.), *Research in physics learning: Theoretical and empirical studies* (pp. 129-140). Kiel: IPN.

Guterman, E. (2003). Integrating written metacognitive awareness guidance as a psychological tool to improve student performance. *Learning and Instruction, 13* (6), 633-651.

Hacker, D. J. (1998). Metacognition: Definitions and empirical foundations. In Hacker, J. Dunlosky & A. C. Graesser (Eds.), *Metacognition in educational theory and practice* (pp. 1-24). Mahwah, NJ: Erlbaum.

Hager, W. (2004). *Testplanung zur statistischen Prüfung psychologischer Hypothesen.* Göttingen: Hogrefe.

Hager, W., Spies, K. & Heise, E. (2001). *Versuchsdurchführung und Versuchsbericht: Ein Leitfaden.* Göttingen: Hogrefe.

Hall, R. H. & O'Donnel, A. (1996). Cognitive and affective outcomes of learning from knowledge maps. *Contemporary Educational Psychology, 21* (1), 94-101.

Haller, E. P., Child, D. A. & Walberg, H. J. (1988). Can Comprehension Be Taught? A Quantitative Synthesis of "Metacognitive" Studies. *Educational Researcher, 17* (9), 5-8.

Hartmann, M. (1953). *Allgemeine Biologie. Eine Einführung in die Lehre vom Leben.* Stuttgart: Fischer.

Hasselhorn, M. (1995). Kognitives Training: Grundlagen, Begrifflichkeiten und Desiderata. In W. Hager (Hrsg.), *Programme zur Förderung des Denkens bei Kindern* (S. 14-40). Göttingen: Hogrefe.

Hasselhorn, M. (2000). Lebenslanges Lernen aus der Sicht der Metakognitionsforschung. In F. Achtenhagen & W. Lempert (Hrsg.), *Lebenslanges Lernen im Beruf & seine Grundlegung im Kindes- und Jugendalter* (Band 3: Psychologische Theorie, Empirie und Therapie, S. 41-53). Opladen: Leske + Budrich.

Hasselhorn, M. (2001). Metakognition. In D. H. Rost (Hrsg.), *Handwörterbuch Pädagogische Psychologie* (S. 466-471). Weinheim: Psychologie Verlags Union.

Hasselhorn, M. & Hager, W. (2006). Kognitives Training. In D. Rost (Hrsg.), *Handwörterbuch Pädagogische Psychologie* (S. 341-349). Weinheim: Psychologie Verlags Union.

Haugwitz, M. & Sandmann, A. (2009). Kooperatives Concept Mapping in Biologie: Effekte auf den Wissenserwerb und die Behaltensleistung. *Zeitschrift für Didaktik der Naturwissenschaften, 15*, 89-107.

Häussler, P. & Hoffmann, L. (2002). An intervention study to enhance girls' interest, self-concept, and achievement in physics classes. *Journal of Research in Science Teaching, 39* (9), 870-888.

Heinze-Fry, J. A. & Novak, J. D. (1990). Concept mapping brings long-term movement toward meaningful learning. *Science Education, 74* (4), 461-472.

Henk, W. A. & Stahl, N. A. (1984). *A meta-analysis of the effect of notetaking on learning from lecturs.* Proceedings of the Annual Meeting of the National Reading Conference, St. Petersburg, Florida.

Hesse, M. (2002). Nur geringes Wissen über Zellbiologie. *IDB Münster - Ber. Inst. Didaktik Biologie, 11*, 21-33.

Hewson, P. W., Beeth, M. E. & Thorley, N. R. (1998). Teaching for conceptual change. In B. J. Fraser & K. G. Tobin (Hrsg.), *International handbook of science education* (Nr. 1, S. 199-218). Great Britain: Academic Publishers.

Hewson, P. W. & Thorley, N. R. (1989). The conditions of conceptual change in the classroom. *International Journal of Science education, 11* (Special Issue), 541-553.

Hilbert, T. S., Nückles, M. & Matzel, S. (2008). *Concept mapping for learning from text: Evidence for a worked-out-map-effect.* Proceedings of ICLS2008, Utrecht, Netherlands.

Hilbert, T. S., Nückles, M., Renkl, A., Ninarik, C., Reich, A. & Ruhe, K. (2008). Concept Mapping zum Lernen aus Texten: Können Prompts den Wissens- und Strategieerwerb fördern? *Zeitschrift für Pädagogische Psychologie, 22* (2), 119-125.

Hilbert, T. S. & Renkl, A. (2008). Concept mapping as a follow-up strategy to learning from texts: What characterizes good and poor mappers? *Instructional Science, 36* (1), 53-73.

Horton, P. B., McConney, A. A., Gallo, M., Woods, A. L., Senn, G. J. & Hamelin, D. (1993). An investigation of the effectiveness of concept mapping as an instructional tool. *Science Education, 77* (1), 95-111.

Interlink (2009a). Correlation of proximity data. Retrieved from http://interlinkinc.net/FAQ.html#Correlation [29.09.2009].

Interlink (2009b). What is the difference between network similarity and "C" that I have read about? Retrieved from http://interlinkinc.net/FAQ.html#C [29.09.2009].

Iuli, R. J. & Hellden, G. (2004). *Using concept maps as a research tool in science education research.* Proceedings of the First International Conference on Concept Mapping, Pamplona, Spain. Retrieved from http://cmc.ihmc.us/papers/cmc2004-223.pdf [20.07.2010].

Janssen, J. & Laatz, W. (2007). *Statistische Datenanalyse mit SPSS für Windows* (6. Aufl.). Berlin: Springer.

Jessen, F., Heun, R., Erb, M., Granath, D.-O., Klose, U., Papassotiropoulos, A. et al. (2000). The concreteness effect: Evidence for dual coding and context availability. *Brain and Language, 74* (1), 103-112.

Johnson, P. E. (1967). Some psychological aspects of subject-matter structure. *Journal of Educational Psychology, 58* (2), 75-83.

Johnson, P. E. (1969). On the communication of concepts in science. *Journal of Educational Psychology, 60* (1), 32-40.

Johnson, P. J., Goldsmith, T. E. & Teague, K. W. (1994). Locus of the predictive advantage in Pathfinder-based representations of classroom knowledge. *Journal of Educational Psychology, 86* (4), 617-626.

Jonassen, D. H., Beissner, K. & Yacci, M. (1993). *Structural knowledge: Techniques for representing, conveying, and acquiring structural knowledge.* Hillsdale, New Jersey: Lawrence Erlbaum Associates.

Jüngst, K. L. (1995). Studien zur didaktischen Nutzung von Concept Maps. *Unterrichtswissenschaft, 23* (3), 229-250.

Jüngst, K. L. (1998). *Selbstkonstruktion und Durcharbeiten von Concept Maps* (Arbeitsbericht Nr. 76). Saarbrücken: Universität des Saarlandes, Fachrichtung Erziehungswissenschaft, Prof. Dr. Peter Strittmatter.

Jüngst, K. L. & Strittmatter, P. (1995). Wissensstrukturdarstellungen: Theoretische Ansätze und praktische Relevanz. *Unterrichtswissenschaft, 23* (3), 194-207.

Kappelhoff, P. (2001). Multidimensionale Skalierung - Beispieldatei zur Datenanalyse Retrieved from http://www.wiwi.uni-wuppertal.de/kappelhoff/papers/mds.pdf [21.05.2007].

Karp, G. (2005). *Molekulare Zellbiologie* (K. Beginnen, S. Vogel & S. Kuhlmann-Krieg, Übers.). Berlin: Springer.

Kattmann, U. (1993). Das Lernen von Namen, Begriffen und Konzepten - Grundlagen biologischer Terminologie am Beispiel "Zellenlehre". *MNU, 46* (5), 275-285.

King, A. (1991). Effects of training in strategic questioning on children's problem-solving performance. *Journal of Educational Psychology, 83* (3), 307-317.

Klahr, D. (1969). A Monte Carlo investigation of the statistical significance of Kruskal's nonmetric scaling procedure. *Psychometrika, 34* (3), 319-330.

Klauer, K. J. (1992). Problemlösestrategien im experimentellen Vergleich: Effekte einer allgemeinen und einer bereichsspezifischen Strategie. In H. Mandl & H. F. Friedrich (Hrsg.), *Lern- und Denkstrategien: Analyse und Intervention* (S. 57-78). Göttingen: Hogrefe.

Klauer, K. J. (Hrsg.). (2001). *Handbuch Kognitives Training*. Göttingen: Hogrefe.

Kleinig, H. & Sitte, P. (1986). *Zellbiologie: Ein Lehrbuch*. Stuttgart: Gustav Fischer Verlag.

Kluwe, R. H. & Schiebler, K. (1984). Entwicklung exekutiver Prozesse und kognitive Leistungen. In F. E. Weinert & R. H. Kluwe (Hrsg.), *Metakognition, Motivation und Lernen* (S. 31-60). Stuttgart: Verlag W. Kohlhammer.

Kockelmans, J. J. (1979). Science and discipline: Some historical and critical reflections. In J. J. Kockelmans (Ed.), *Interdisciplinarity and higher education* (pp. 11-48). University Park, Pennsylvania: The Pennsylvania State University Press.

Konrad, K. (2006a). (Meta)kognitive und interaktive Prozesse in Lernpartnerschaften. Anregung und Konsequenzen für den Wissenserwerb. *Empirische Pädagogik, 20* (3), 260-285.

Konrad, K. (2006b). Reflexion in interaktiven Lernumgebungen: Können (meta)kognitive prompts und concept maps reflexive Aktivitäten optimieren? *Psychologie in Erziehung und Unterricht, 53* (3), 188-200.

Kramarski, B. (2004). Making sense of graphs: Does metacognitive instruction make a difference on students' mathematical conceptions and alternative conceptions? *Learning and Instruction, 12* (6), 593-619.

Krathwohl, D. R. (2002). A revision of Bloom's taxonomy: An overview. *Theory into practice, 41* (4), 212-218.

Krause, U.-M., Stark, R. & Mandl, H. (2004). Förderung des computerbasierten Wissenserwerbs durch kooperatives Lernen und eine Feedbackmaßnahme. *Zeitschrift für Pädagogische Psychologie, 18* (2), 125-136.

Kruskal, J. B. (1964). Multidimensional scaling by optimizing goodness of fit to a nonmetric hypothesis. *Psychometrika, 29* (1), 1-27.

Lakoff, G. (1990). *Women, fire, and dangerous things: What categories reveal about the mind*. Chicago: Chicago Press.

Lakoff, G. (1993). The contemporary theory of metaphor. In A. Ortony (Ed.), *Metaphor and thought* (2nd ed., pp. 202-251). Cambridge: University Press.

Lambiotte, J. G. & Dansereau, D. F. (1992). Effects of knowledge maps and prior knowledge on recall of science lecture content. *Journal of Experimental Education, 60* (3), 189-201.

Langeheine, R. (1980). *Approximate norms and significance tests for the LINGOES-BORG Procrustean Individual Differences Scaling (PINDIS)* (39). Kiel: Institut für die Pädagogik der Naturwissenschaften an der Universität Kiel.

Larkin, J. H., McDermott, J., Simon, D. P. & Simon, H. A. (1980). Expert and novice performance in solving physics problems. *Science, 208* (4450), 1335-1342.

Lemke, J. L. (1990). *Talking science: Language, learning and values*. Norwood, NJ: Ablex.

Leopold, C. & Leutner, D. (2002). Der Einsatz von Lernstrategien in einer konkreten Lernsituation bei Schülern unterschiedlicher Jahrgangsstufen. *Zeitschrift für Pädagogik, Beiheft 45*, 240-258.

Lewis, J., Leach, J. & Wood-Robinson, C. (2000a). Chromosomes: The missing link - young people's understanding of mitosis, meiosis, and fertilisation. *Journal of Biological Education, 34* (4), 189-199.

Lewis, J., Leach, J. & Wood-Robinson, C. (2000b). What's in a cell? Young people's understanding of the genetic relationship between cells, within an individual. *Journal of Biological Education, 34* (3), 129-132.

Lewis, J. & Wood-Robinson, C. (2000). Genes, chromosomes, cell division and inheritance - do students see any relationship? *International Journal of Science Education, 22* (2), 177-195.

Lienert, G. A. & Raatz, U. (1994). *Testaufbau und Testanalyse*. Weinheim: BELTZ, Psychologie Verlags Union.

Lind, G. & Sandmann, A. (2003). Lernstrategien und Domänenwissen. *Zeitschrift für Psychologie, 211* (4), 171-192.

Lingoes, J. C. (1967). An IBM-7090 program for Guttman-Lingoes multidimensional scalogram analysis - II. *Behavioral science, 12* (3), 268-270.

Lingoes, J. C. & Borg, I. (1976). Procrustean individual difference scaling. *Journal of Marketing Research, 13* (4), 406-407.

Lingoes, J. C. & Borg, I. (1978). A direct approach to individual differences scaling using increasingly complex transformations. *Psychometrika, 43* (4), 491-519.

Lodish, H., Berk, A., Matsudaira, P., Kaiser, C. A., Krieger, M., Scott, M. P. et al. (2004). *Molecular cell biology.* New York: W.H. Freeman and Company.

Looß, M. (2007). Lernstrategien, Lernorientierungen, Lern(er)typen. In D. Krüger & H. Vogt (Hrsg.), *Theorien in der biologiedidaktischen Forschung* (S. 141-152). Berlin: Springer-Verlag.

Lou, Y. (2001). Small group and individual learning with technology: A Meta-analysis. *Review of Educational Research, 71* (3), 449-521.

Lowry, R. (2009). VassarStats: Web site for statistical computation Available from http://faculty.vassar.edu/lowry/VassarStats.html [13.11.2009].

Mäkitalo-Siegl, K. (2008). From multiple perspectives to shared understanding: A small group in an online learning environment. *Scandinavian Journal of Educational Research, 52* (1), 77-95.

Mandl, H. & Fischer, F. (2002). Mapping-Techniken und Begriffsnetze in Lern- und Kooperationsprozessen. In H. Mandl & F. Fischer (Hrsg.), *Wissen sichtbar machen. Wissensmanagement mit Mapping-Techniken* (S. 3-12). Göttingen: Hogrefe-Verlag.

Mandl, H. & Friedrich, H. F. (2006). *Handbuch Lernstrategien.* Göttingen: Hogrefe.

Mandl, H. & Friedrich, H. F. (Hrsg.). (1992). *Lern- und Denkstrategien.* Göttingen: Hogrefe.

Mandl, H., Gruber, H. & Renkl, A. (1993). Das träge Wissen. *Psychologie heute, 20* (9), 64-69.

Mandl, H. & Krause, U.-M. (2001). Lernkompetenz für die Wissensgesellschaft. Retrieved from http://epub.ub.uni-muenchen.de/archive/00000253/01/FB_145.pdf [17.02.2007].

Markow, P. G. & Lonning, R. A. (1998). Usefulness of concept maps in college chemistry laboratories: Students' perceptions and effects on achievement. *Journal of Research in Science Teaching, 35* (9), 1015-1029.

Mayer, J. (1992). *Formenvielfalt im Biologieunterricht.* Kiel: IPN.

Mayer, R. E. (1989). Models for understanding. *Review of Educational Research, 59* (1), 43-64.

Mayer, R. E. (2001). *Multimedia learning.* Cambridge: Cambridge University Press.

Mayer, R. E. (2002a). *Learning and Instruction.* Columbus, Ohio: Merrill Prentice Hall.

Mayer, R. E. (2002b). Rote versus meaningful learning. *Theory into practice, 41* (4), 226-232.

McClure, J. R., Sonak, B. & Suen, H. K. (1999). Concept map assessment of classroom learning: Reliability, validity, and logistical practicality. *Journal of Research in Science Teaching, 36* (4), 475-492.

McCormick, C. B. (2003). Metacognition and Learning. In W. M. Reynolds, G. J. Miller & I. B. Weiner (Eds.), *Handbook of psychology* (Vol. 7: Educational psychology, pp. 79-102). Hoboken: Wiley.

Meng, X.-L., Rosenthal, R. & Rubin, D. B. (1992). Comparing correlated correlation coefficients. *Psychological Bulletin, 111* (1), 172-175.

Mestre, J. & Touger, J. (1989). Cognitive research: What's in it for physics teachers? *Physics Teacher, 27* (6), 447-456.

Mevarech, Z. R. & Kramarski, B. (2003). The effects of metacognitive training versus worked-out examples on students' mathematical reasoning. *British Journal of Educational Psychology, 73* (4), 449-471.

Mintzes, J. J., Wandersee, J. H. & Novak, J. D. (1997). Meaningful learning in science: The human constructivist perspective. In G. D. Phye (Ed.), *Handbook of academic learning* (405-447). San Diego, CA: Academic press.

Mitchell, A. A. & Chi, M. T. H. (1984). Measuring knowledge within a domain. In P. Nagy (Ed.), *The representation of cognitive structures* (pp. 85-115). Toronto, Canada: The Ontario Institute for Studies in Education.

Nelson, T. O. & Narens, L. (1996). Why investigate metacognition? In J. Metcalfe & A. Shimamura (Eds.), *Metacognition: Knowing about knowing* (pp. 1-25). Cambridge, MA: Bradford.

Nesbit, J. C. & Adesope, O. O. (2006). Learning with concept and knowledge maps: A meta-analysis. *Review of Educational Research, 76* (3), 413-448.

Niketta, R. (1989). BASIC-Programme zur Paarvergleichsskalierung [Software und Manual]. Bielefeld: Universität Bielefeld, Fakultät für Soziologie Verfügbar unter: http://www.home.uni-osnabrueck.de/rniketta/edvstat1.html [22.07.2010].

Novak, J. D. (1987). Helping students learn how to learn. In Unesco (Ed.), *New trends in biology teaching*. Vendôme: Presses Universitaires de France.

Novak, J. D. (1990a). Concept mapping: A useful tool for science education. *Journal of Research in Science Teaching, 27* (10), 937-949.

Novak, J. D. (1990b). Concept maps and Vee diagrams: Two metacognitive tools to facilitate meaningful learning. *Instructional Science, 19* (1), 29-52.

Novak, J. D. (2002). Meaningful learning: The essential factor for conceptual change in limited or inappropriate propositional hierarchies leading to empowerment of learners. *Science Education, 86* (4), 548-571.

Novak, J. D. & Cañas, A. J. (2006). The theory underlying concept maps and how to construct them. Retrieved from http://cmap.ihmc.us/Publications/ResearchPapers/TheoryUnderlyingConceptMaps.pdf [09.12.2006].

Nückles, M., Hübner, S. & Renkl, A. (2008). *Short-term versus long-term effects of cognitive and metacognitive prompts in writing-to-learn.* Proceedings of the 8th International Conference of the Learning Sciences 2008, Utrecht, NL.

Paivio, A. (1986). *Mental representations: A dual coding approach.* Oxford: University Press.

Patry, J. (2004). *Effects of short term training in concept-mapping on the development of metacognition.* Proceedings of the First International Conference on Concept Mapping, Pamplona, Spain. Retrieved from http://cmc.ihmc.us/papers/cmc2004-051.pdf [22.07.2010].

Patterson, M. E., Dansereau, D. F. & Wiegmann, D. A. (1993). Receiving information during a cooperative episode: Effects of communication aids and verbal ability. *Learning and Individual Differences, 5* (1), 1-11.

Pollard, T. D. & Earnshaw, W. C. (2002). *Cell biology.* Pennsylvania: Elsevier Science.

Polya, G. (1973). *How to solve it?* Princeton, NJ: University Press.

Preacher, K. J. (2002). Calculation for the test of the difference between two independent correlation coefficients Available from http://www.people.ku.edu/~preacher/corrtest/corrtest.htm [29.10.2009].

Prenzel, M., Friedrich, A. & Stadler, M. (Hrsg.). (2009). *Von SINUS lernen - Wie Unterrichtsentwicklung gelingt.* Seelze-Velber: Kallmeyer Verlag in Verbindung mit Klett.

Pressley, M., Borkowski, J. G. & Schneider, W. (1989). Good information processing: What it is and how education can promote it. *International Journal of Eduactional Research, 13* (8), 857-867.

Quillian, M. R. (1968). Semantic memory. In M. Minsky (Ed.), *Semantic information processing.* Cambridge, MA: MIT Press.

Quillian, M. R. (1969). Computational linguistics: The teachable language comprehender: A simulation program and theory of language. *Communications of the ACM, 12* (8), 459-476.

Reader, W. & Hammond, N. (1994). Computer-based tools to support learning from hypertext: Concept mapping tools and beyond. *Computers & Education, 22* (1/2), 99-106.

Reif, F. & Heller, J. I. (1982). Knowledge structure and problem solving in physics. *Educational Psychologist, 17* (2), 102-127.

Reimann, P. (1998). Novizen- und Expertenwissen. In F. Klix, N. Birbaumer & C. F. Graumann (Hrsg.), *Enzyklopädie der Psychologie - Themenbereich C: Theorie und Forschung* (Ser. 2: Kognition (Bd. 6), S. 335-367). Göttingen: Hogrefe.

Renkl, A. (2001). Träges Wissen In D. H. Rost (Hrsg.), *Handwörterbuch Pädagogische Psychologie* (S. 717-721). Weinheim: Psychologie Verlags Union.

Resch, F. (1999). *Entwicklungspsychopathologie des Kindes- und Jugendalters: ein Lehrbuch.* Weinheim: Beltz.

Rickey, D. & Stacy, A. M. (2000). The role of metacognition in learning chemistry. *Journal of Chemical Education, 77* (7), 915-920.

Riemeier, T. (2005). Schülervorstellungen von Zellen, Teilung und Wachstum. *Zeitschrift für Didaktik der Naturwissenschaften, 11,* 41-55.

Roschelle, J. (1992). Learning by collaborating: Convergent conceptual change. *The Journal of the Learning Science, 2* (3), 235-276.

Rost, J. (2004). *Lehrbuch Testtheorie - Testkonstruktion.* Bern: Verlag Hans Huber.

Roth, W.-M. (1994). Student views of collaborative concept mapping: An emancipatory research project. *Science Education, 78* (1), 1-34.

Roth, W.-M. & Roychoudhury, A. (1993). The concept map as a tool for the collaborative construction of knowledge: A microanalysis of high school physics students. *Journal of Research in Science Teaching, 30* (5), 503-534.

Royer, J. M., Cisero, C. A. & Carlo, M. S. (1993). Techniques and procedures for assessing cognitive skills. *Review of Educational Research, 63* (2), 201-243.

Ruiz-Primo, M. A. (2004). *Examining concept maps as an assessment tool.* Proceedings of the First International Conference on Concept Mapping, Pamplona, Spain. Received from http://cmc.ihmc.us/papers/cmc2004-036.pdf [24.09.2009].

Ruiz-Primo, M. A., Schultz, S. E., Li, M. & Shavelson, R. J. (2001). Comparison of the reliability and validity of scores from two concept-mapping techniques. *Journal of Research in Science Teaching, 38* (2), 260-278.

Ruiz-Primo, M. A. & Shavelson, R. J. (1996). Problems and issues in the use of concept maps in science assessment. *Journal of Research in Science Teaching, 33* (6), 569-600.

Ruiz-Primo, M. A. & Shavelson, R. J. (1997). *Concept-map based assessment: On possible sources of sampling variability.* Los Angeles, CA: Center for Research on Evaluation, Standards, and Student Testing. Retrieved from EDRS [17.06.2009].

Ryle, G. (1949). *Collected papers, Vol II. Critical essays.* London: Hutchinson.

Sainsbury, M. J. (1992). *Meaning, communication and understanding in the classroom.* Aldershot: Avebury.

Sandmann, A. (2007). Theorien und Methoden der Expertiseforschung in biologiedidaktischen Studien. In D. Krüger & H. Vogt (Hrsg.), *Theorien in der biologiedidaktischen Forschung* (S. 231-242). Berlin: Springer.

Schaefer, G. (1990). Die Entwicklung von Lehrplänen für den Biologieunterricht auf der Grundlage universeller Lebensprinzipien. *MNU, 43* (8), 471-480.

Schmid, R. F. & Telaro, G. (1990). Concept mapping as an instructional strategy for high school biology. *Journal of Educational Research, 84* (2), 78-85.

Schneider, W. (1985). Developmental trends in the metamemory-memory behavior relationship: An integrative review. In D. L. Forrest-Pressley, G. E. MacKinnon & T. G. Waller (Eds.), *Metacognition, cognition, and hman performance* (pp. 57-110). Orlando: Academic Press.

Schnotz, W. (2001). Conceptual Change. In D. H. Rost (Hrsg.), *Handwörterbuch Pädagogische Psychologie.* (S. 75-81). Weinheim: Psychologie Verlags Union.

Schoenfeld, A. H. (1985). *Mathematical problem solving*. San Diego, CA: Academic Press.

Schöll, G. (1997). Metakognitiv orientiertes Aufmerksamkeitstraining in der Grundschule. *Unterrichtswissenschaft 23* (4), 350-364.

Schraw, G. (1998). Promoting general metacognitive awareness. *Instructional Science, 26* (1-2), 113-125.

Schraw, G. & Dennison, R. S. (1994). Assessing metacognitive awareness. *Contemporary Educational Psychology, 19* (4), 460-475.

Schraw, G. & Moshman, D. (1995). Metacognitive theories. *Ecucational Psychology Review, 7* (4), 351-371.

Schreblowski, S. & Hasselhorn, M. (2001). Zur Wirkung zusätzlicher Motivänderungskomponenten bei einem metakognitiven Textverarbeitungstraining. *Zeitschrift für Pädagogische Psychologie, 15* (3/4), 145-154.

Schvaneveldt, R. W., Durso, F. T. & Dearholt, D. W. (1989). Network structures in proximity data. In G. Bower (Ed.), *The psychology of learning and motivation: Advances in research and theory* (Vol. 24, pp. 249-284). New York: Academic Press.

Schvaneveldt, R. W., Durso, F. T., Goldsmith, T. E., Breen, T. J., Cooke, N. J., Tucker, R. G. et al. (1985). Measuring the structure of expertise. *International Journal of Man-Machine Studies, 23* (6), 699-728.

Scott, P. H., Asoko, H. M. & Driver, R. H. (1991). Teaching for conceptual change: A review of strategies: Children's learning in science research group. In R. Duit, F. Goldberg & u.a. (Eds.), *Research in physics learning: Theoretical and empirical studies* (pp. 310-329). Kiel.

Scott, W. A., Osgood, D. W. & Peterson, C. (1979). *Cognitive structure: Theory and measurement of individual differences.* New York: V.H. Winston & Sons.

Shavelson, R. J. (1974). Methods for examining representations of a subject-matter structure in a student's memory. *Journal of Research in Science Teaching, 11* (3), 231-249.

Shavelson, R. J. (1972). Some aspects of the correspondence between content structure and cognitive structure in physics instruction. *Journal of Educational Psychology, 63* (3), 225-234.

Shavelson, R. J., Ruiz-Primo, M. A. & Wiley, E. W. (2005). Windows into the mind. *Higher Education, 49* (4), 413-430.

Shavelson, R. J. & Stanton, G. C. (1975). Construct validation: Methodology and application to three measures of cognitive structure. *Journal of educational measurement, 12* (2), 67-85.

Shepard, R. N. (1967). Recognition memory for words, sentences, and pictures. *Journal of verbal learning and verbal behavior, 6* (1), 156-163.

Simon, D. P. & Simon, H. A. (1978). Individual differences in solving physics problems. In R. S. Siegler (Ed.), *Children's thinking: What develops?* (pp. 325-348). Hillsdale, NJ: Erlbaum.

Simon, H. A. & Chase, W. G. (1973). Skill in chess. *American Scientist, 61* (4), 394-403.

Sizmur, S. & Osborne, J. (1997). Learning processes and collaborative concept mapping. *International Journal for Science Education, 19* (10), 1117-1135.

Songer, C. J. & Mintzes, J. J. (1994). Understanding cellular respiration: An analysis of conceptual change in college biology. *Journal of Research in Science Teaching, 31* (6), 621-637.

Stanners, R. F., Brown, L. T., Price, J. M. & Holmes, M. (1983). Concept comparisons, essay examinations, and conceptual knowledge. *Journal of Educational Psychology, 75* (6), 857-864.

Stark, R., Tyroller, M., Krause, U.-M. & Mandl, H. (2008). Effekte einer metakognitiven Promptingmaßnahme beim situierten, beispielbasierten Lernen im Bereich Korrelationsrechung. *Zeitschrift für Pädagogische Psychologie, 22* (1), 59-71.

Stasz, C., Shavelson, R. J., Cox, D. L. & Moore, C. A. (1976). Field independence and the structuring of knowledge in a social studies minicourse. *Journal of Educational Psychology, 68* (5), 550-558.

Steiner, G. (2006). Lernen und Wissenserwerb. In A. Krapp & B. Weidenmann (Hrsg.), *Pädagogische Psychologie* (S. 137-202). Weinheim: Beltz.

Sternberg, R. J. (1983). Criteria for Intellectual skills training. *Educational Researcher, 12* (6), 6-12, 26.

Stracke, I. (2004). *Einsatz computerbasierter Concept Maps zur Wissensdiagnose in der Chemie*. Münster: Waxmann.

Strike, K. & Posner, G. (1992). A revisionist theory of conceptual change. In R. A. Duschl & R. J. Hamilton (Eds.), *Philosophy of science, cognitive psychology, and educational theory and practice* (pp. 147-176). Albany: State University of New York Press.

Sweller, J. (1988). Cognitive load during problem solving: Effects on learning. *Cognitive Science, 12* (2), 257-285.

Sweller, J., van Merrienboër, J. J. G. & Paas, F. G. W. C. (1998). Cognitive architecture and instructional design. *Educational Psychology Review, 10* (3), 251-296.

Thomas, G. P. & McRobbie, C. J. (2001). Using a metaphor for learning to improve students' metacognition in the chemistry classroom. *Journal of Research in Science Teaching, 38* (2), 222-259.

Tulving, E. (1972). Episodic and semantic memory. In E. Tulving & W. Donaldson (Eds.), *Organization of memory* (pp. 381-403). New York: Academic Press.

Tynjälä, P. (1999). Towards expert knowledge? A comparison between a constructivist and a traditional learning environment in the university. *International Journal of Educational Research, 31* (5), 357-442.

van Boxtel, C., van der Linden, J., Roelofs, E. & Erkens, G. (2002). Collaborative concept mapping: Provoking and supporting meaningful discourse. *Theory into practice, 41* (1), 40-46.

VanLehn, K. (1993). Problem solving and cognitive skill acquisition. In M. I. Posner (Ed.), *Foundations of cognitive science*. Cambridge: The MIT Press.

Veenman, M. V. J., Van Hout-Wolters, B. H. A. M. & Afflerbach, P. (2006). Metacognition and learning: Conceptual and methodological considerations. *Metacognition Learning, 1* (1), 3-14.

Verhoeff, R. P. (2003). *Towards systems thinking in cell biology education*. Utrecht: CD-ß Press.

Wallace, J. D. & Mintzes, J. J. (1990). The concept map as a research tool: Exploring conceptual change in biology. *Journal of Research in Science Teaching, 27* (10), 1033-1052.

Wang, P. (1999). *An empirical study of kowledge structures of research topics*. Proceedings of the 62nd ASIS annual meeting, Medford, NJ.

Weinert, F. E. (1984). Metakognition und Motivation als Determinanten der Lerneffektivität: Einführung und Überblick. In F. E. Weinert & R. H. Kluwe (Hrsg.), *Metakognition, Motivation und Lernen* (S. 9-21). Stuttgart: Verlag W. Kohlhammer.

Westermann, R. (2000). *Wissenschaftstheorie und Experimentalmethodik. Ein Lehrbuch zur Psychologischen Methodenlehre*. Göttingen: Hogrefe.

Wild, E., Hofer, M., & Pekrun, R. (2006). Psychologie des Lernens. In A. Krapp & B. Weidenmann (Hrsg.), *Pädagogische Psychologie* (S. 201-267). Weinheim: Beltz.

Wild, K.-P. & Schiefele, U. (1994). Lernstrategien im Studium: Ergebnisse zur Faktorenstruktur und Reliabilität eines neuen Fragebogens. *Zeitschrift für Differentielle und Diagnostische Psychologie, 15* (4), 185-200.

Yin, Y., Vanides, J., Ruiz-Primo, M. A., Ayala, C. C. & Shavelson, R. J. (2004). *A comparison of two construct-a-concept-map science assessments: Created linking phrases and selected linking phrases* (CSE Report 624). Los Angeles: University of California, National Center for Research on Evaluation, Standards, and Student Testing (CRESST). Retrieved from http://www.cse.ucla.edu/products/Reports/R624.pdf [22.07.2010].

ANHANG

8 Anhang

A Abkürzungsverzeichnis *167*

B Einführung *169*

    I   PowerPoint-Präsentation 169

    II   Anleitung zur softwarebasierten Konstruktion von *concept maps* 171

C Lernmaterialien *173*

D Fragebögen *183*

    III   Vortest 183

    IV   Nachtest 191

E Skalendokumentation *195*

    V   Validierungsstudie 195

        01 Multiple choice Vortest (Z_Wis_vor_ges) 195

        02 Multiple choice Nachtest (Z_Wis_nach_ges) 196

    VI   Lernwirksamkeitsstudie 197

        03 Metakognitive Lernstrategien (LIST) 197

        04 Multiple choice Vortest (Z_Wis_vor_ges) 198

        05 Multiple choice Nachtest (Z_Wis_vor_ges) 199

F Einzelitems aus den Fragebögen *200*

    VII Vortest 201

        06 Studium 201

        07 z_vor_2_FW 201

        08 z_vor_3_FW 202

        09 z_vor_4_FW 203

        10 z_vor_5_KW 203

        11 z_vor_6_KW 204

        12 z_vor_7_FW 205

VIII	Nachtest		206
	13	z_nach_1_FW	206
	14	z_nach_2_FW	207
	15	z_nach_3_FW	207
	16	z_nach_4_KW	208
	17	z_nach_5_KW	209
	18	z_nach_6_KW	210

G   Voraussetzungsanalysen 211

IX	Prüfung der Normalverteilung für statistische Testverfahren		211
	19	t-Test für abhängige Stichproben (s. Kapitel 4.3.2, S. 71)	211
	20	Varianzanalyse nach Brown und Forsythe (s. Kapitel 4.3.2, S. 73)	212
	21	Kovarianzanalyse (s. Kapitel 5.3.2, S. 113)	212
X	Prüfung der Varianzhomogenität der Regressionsresiduen		213
	22	Varianzanalyse nach Brown und Forsythe (s. Kapitel 4.3.2, S. 73)	213
	23	Kovarianzanalyse (s. Kapitel 5.3.2, S. 113)	214
XI	Prüfung der Homogenität der Regressionsgeraden (s. Kapitel 5.3.2, S. 113)		214

A Abkürzungsverzeichnis

EG	Effektgröße oder Effektstärke	53
EG$_{krit}$	Kritische Effektgröße	53
IBO	Internationale Biologieolympiade	49
IChO	Internationale Chemieolympiade	49
IFC1	Programmparameter in PINMC: IFC1 = 0: Zufallsbedingte Übereinstimmung der formalen Struktur mit einer Experten-*cognitive map*, die selbst in die formale Struktur einfließt. IFC1 = 1: zufallsbedingte Übereinstimmung einer Probanden-*cognitive map* mit der fixierten formalen Struktur	
IPhO	Internationale Physikolympiade	57
MC	Wissensindex und Variablenname; *MC* repräsentiert das *multiple choice* Testergebnis der Probanden.	50
MDS	Multidimensionale Skalierung	51
MZP	Messzeitpunkt	54
PH	Psychologische Hypothese	48
PINDIS	Akronym für *Procrustean INdividual DIfferences Scaling*	51
PINMC	FORTRAN IV Programm zur Ermittlung der Verteilungsfunktion der zufallsbedingten Übereinstimmung MDS-generierter *cognitive maps*.	56
PRX	Strukturindex und Variablenname; *PRX* repräsentiert die Korrelation der Ratings zweier SJTs.	50
PTF	Strukturindex und Variablenname; *PTF* repräsentiert die Übereinstimmung Pathfinder-generierter *cognitive maps*.	51
PV	Psychologische Vorhersage	48
R^2	Strukturindex und Variablenname; *R^2* repräsentiert die Übereinstimmung MDS-generierter *cognitive maps*.	52
R^2_o	Beobachtetes *R^2*	64
R^2_z	Zufallsbedingtes *R^2*	58
R_{CO}	Korrelationskoeffiezient zur Beschreibung der internen Konsistenz individueller SJTs	55

S	Kruskals Stress; *S* informiert über die Anpassung der euklidischen Distanzen einer MDS-generierten *cognitive map* an die originalen Ratings in einem SJT	55
SH	Statistische Hypothese	48
SJT	*Similarity judgments test*; Diagnoseinstrument zur Erfassung der Struktur des deklarativen Wissens	45
SV	Statistische Vorhersage	48

B Einführung
I PowerPoint-Präsentation

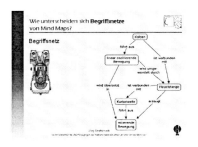
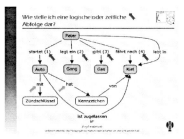
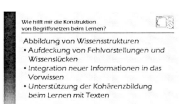
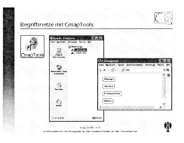

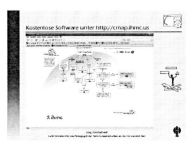
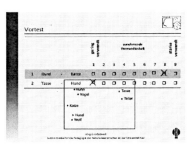

Einführung

II Anleitung zur softwarebasierten Konstruktion von *concept maps*

Wie bediene ich die Software CmapTools?*

Gliederung

1. Wie starte ich die Software CmapTools?
2. Wie erstelle ich Begriffsnetze in CmapTools?
   2.1 Wie kann ich einzelne Begriffe verschieben?
   2.2 Wie kann ich Verbindungen herstellen?
   2.3 Wie kann ich neue Begriffe hinzufügen?
   2.4 Wie kann ich Begriffe / Verbindungen löschen?
   2.5 Wie kann ich Bereiche verschieben?
   2.6 Wie bewege ich mich in umfangreichen Netzen?
   2.7 Wie formatiere ich mein Begriffsnetz?
3. Wie stelle ich eine zeitliche oder logische Abfolge dar?

Lehrgang

Erstellen Sie das folgende Begriffsnetz zur Frage „Wie ernähren sich Pflanzen?".

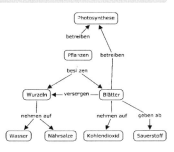

1. **Wie starte ich die Software CmapTools?**

   a) Klicken Sie doppelt auf das Programmlogo.

   CmapTools

   b) Folgende Programmansicht erscheint:

   c) Öffnen Sie die Konstruktionsansicht des Programms durch einen Doppelklick auf **1.Übungsdatei** in der Programmansicht.

2. **Wie erstelle ich Begriffsnetze in CmapTools?**

   2.1 *Wie kann ich einzelne Begriffe verschieben?*

   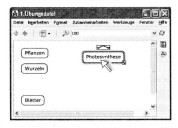

   a) Markieren Sie den zu verschiebenden Begriff durch einen einfachen Mausklick.

   b) Klicken Sie erneut auf diesen Begriff und verschieben Sie ihn bei gedrückter Maustaste an die gewünschte Position.

   2.2 *Wie kann ich Verbindungen herstellen?*

   a) Markieren Sie einen Begriff durch einen einfachen Mausklick.

   b) Über dem markierten Begriff erscheint ein Doppelpfeil. Klicken Sie auf den Doppelpfeil (1), halten Sie die Maustaste gedrückt und

* kostenloser Download unter: http://cmap.ihmc.us/

ziehen Sie einen Verbindungspfeil zu einem anderen Begriff (2). Sobald Sie eine Verbindung hergestellt haben, erscheint ein Eingabefeld „????" (3).

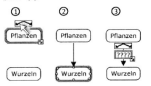

Schreiben Sie eine kurze und prägnante Relation in das Eingabefeld „????" (4). Klicken Sie anschließend auf einen beliebigen Punkt auf der freien Zeichenfläche (5).

2.3 Wie kann ich neue Begriffe hinzufügen?

a) Klicken Sie doppelt auf Ihre freie Zeichenfläche. Es erscheint ein Eingabefeld „????".

b) Schreiben Sie einen Begriff in das Eingabefeld.

2.4 Wie kann ich Begriffe / Verbindungen löschen?

Markieren Sie einen Begriff / eine Verbindung durch einen Mausklick und drücken Sie anschließend die „Entfernen-Taste".

2.5 Wie kann ich Bereiche verschieben?

a) Markieren Sie einzelne Objekte durch einen Mausklick. **Oder:** Markieren Sie mehrere Objekte gleichzeitig, indem Sie den Mauszeiger bei gedrückter Maustaste über diese Objekte ziehen.

b) Verschieben Sie den markierten Bereich bei gedrückter Maustaste.

2.6 Wie bewege ich mich in umfangreichen Netzen?

Navigieren Sie durch umfangreiche Begriffsnetze mit dem Navigationswerkzeug. Aktivieren Sie das Navigationswerkzeug in der Menüleiste „Fenster" --> „Navigationswerkzeug zeigen".

Verschieben Sie den blau umrandeten Bereich (siehe Abbildung) bei gedrückter Maustaste.

2.7 Wie formatiere ich mein Begriffsnetz?

Aktivieren Sie die Stilpalette in der Menüleiste „Fenster" --> „Zeige Stilpalette". In der Stilpalette finden Sie vielfältige Möglichkeiten Ihr Begriffsnetz zu verändern. Wichtig ist die Auswahl der „Pfeilspitzen" im Register „Linien". Um gerichtete Pfeile zu zeichnen, aktivieren Sie den zweiten Button von links.

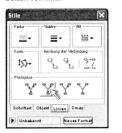

3. Wie stelle ich eine zeitliche oder logische Abfolge dar?

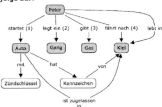

Beachten Sie bitte, dass eine zeitliche Abfolge durch Zahlen ausgedrückt werden kann. Neben Verben können auch Präpositionen (mit, zu, bei...) eine Relation bezeichnen.

C Lernmaterialien

Zusammenhänge erkennen
miteinander und voneinander Lernen

Bearbeitungshinweise

Auf der linken Hälfte jeder Doppelseite finden Sie einen Informationstext und drei Arten von Markierungen:

- blau unterlegte Arbeitsaufträge strukturieren Ihren gemeinsamen Lernweg.
- Verweise zeigen Ihnen, an welcher Stelle Sie eine bestimmte Lernhilfe einsetzen sollen. Nutzen Sie diese; sie dienen der Verbesserung des Textverständnisses und unterstützen kooperatives Lernen.
- *blau und kursiv* gedruckte Begriffe sind für das Textverständnis von besonderer Bedeutung.

Auf der rechten Hälfte jeder Doppelseite befinden sich Lernhilfen. An der Formulierung einer Lernhilfe erkennen Sie, ob Sie diese allein oder in Zusammenarbeit mit Ihrem Partner bearbeiten sollen.

Intrazelluläre Kompartimente und der Transport von Proteinen

Arbeitsauftrag: Lesen Sie den 1. Teil des Textes in Einzelarbeit!

Das endoplasmatische Retikulum (ER)

Innere Membranen unterteilen die Tier- und Pflanzenzelle in unterschiedliche Reaktionsräume, so genannte Kompartimente (z.B. Golgi-Apparat). Das ER gliedert sich in zwei Bereiche: das *raue ER* und das *glatte ER*. Beide Bereiche schließen einen gemeinsamen Innenraum, das Lumen, ein. Dieses wird durch eine Membran vom umgebenden Cytosol abgegrenzt. Die Membranoberfläche des *rauen ER* ist mit Ribosomen besetzt.

Proteinsynthese an „freien" oder membrangebundenen Ribosomen

Proteine können grundsätzlich in zwei verschiedenen Regionen synthetisiert werden: (i) Manche Proteine werden vollständig an den „freien" Ribosomen synthetisiert, d. h. an Ribosomen, die im Cytosol schwimmen. Diese Proteine verbleiben nach ihrer Synthese im Cytosol und werden deshalb cytosolische Proteine genannt. (ii) Vom Synthesweg dieser Proteine unterscheidet sich die Synthese (a) integraler Membranproteine, (b) *sekretorischer Proteine* und (c) luminaler Proteine. Integrale Membranproteine sind Proteine, die in Biomembranen verankert sind. *Sekretorische Proteine* sind Proteine, die aus der Zelle ausgeschleust werden. Luminale Proteine sind Proteine, die dauerhaft in Innenraum eines Kompartiments, dem Lumen, angesiedelt sind. Auch die Synthese dieser Proteine (a-c) beginnt an den „freien" Ribosomen. Kurze Zeit später ist der erste Abschnitt des Proteins synthetisiert. Er besteht aus der so genannten Signalsequenz. Sie sorgt dafür, dass die Synthese kurzfristig unterbrochen wird und der gesamte Komplex an die Membran des *rauen ER* bindet. Dort wird die Proteinsynthese wieder aufgenommen und abgeschlossen (Abb. 1). Auf diese Weise werden alle Proteine des ER und des Golgi-Apparats synthetisiert, außerdem die Proteine der Plasmamembran und des Extrazellulärraums.

> Erstellen Sie zu Partnerarbeit ein Begriffsnetz, das den Inhalt des gelesenen Textteils wiedergibt!

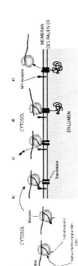

Abb. 1: (a) Die Signalsequenz des entstehenden Proteins tritt aus dem „freien" Ribosom aus und bindet an den im Cytosol schwimmenden Signalerkennungspartikel. Der Signalerkennungspartikel stoppt die Synthese des Proteins, bis (b) der gesamte Komplex aus Signalerkennungspartikel, Ribosom und entstehendem Protein an den SRP-Rezeptor, die andere zwischen dem Ribosom und dem Translokator. Sobald sich das Ribosom an der Membran des *rauen ER* befindet, (c) löst sich der Signalerkennungspartikel wieder ab und die Signalsequenz des entstehenden Proteins wird in den Translokator eingefädelt. Nach Ablösung des Signalerkennungspartikels wird die Proteinsynthese (d) wieder aufgenommen und das Protein durch den Translokator ins Lumen des *rauen ER* geschoben (integrale Membranproteine verbleiben in der ER-Membran). Ist die Proteinsynthese abgeschlossen, löst sich das Ribosom von der Membran des *rauen ER* und kehrt ins Cytosol zurück (e).

Besprechen Sie mit Ihrem Arbeitspartner das gemeinsame Vorgehen!

Was ist unsere Aufgabe?

Aktivieren Sie Ihr Vorwissen! Überfliegen Sie dazu die Überschriften und Abbildungen des Textes. Stellen Sie sich anschließend folgende Frage:

Was weiß ich bereits über den Inhalt des Textes?

Kontrollieren Sie Ihren Lernweg.

Habe ich alle Texte- und Bildinformationen genutzt?

Kontrollieren Sie gemeinsam Ihr Textverständnis!

Welche Begriffe / Zusammenhänge haben wir noch nicht verstanden?

Stichpunkte:

Lernmaterialien

Arbeitsauftrag: Lesen Sie den 2. Teil des Textes in Ruhezeiten.

Vesikelvermittelter Proteintransport

Der Austausch von Proteinen zwischen verschiedenen Kompartimenten erfolgt über membranumhüllte Transportvesikel. Sie sind von einer charakteristischen Proteinhülle umgeben und werden deshalb bedeckte Vesikel genannt. Bedeckte Vesikel schnüren sich von einem Kompartiment ab, um später mit einem Zielkompartiment zu verschmelzen. In der Membran des Transportvesikels werden integrale Membranproteine mitgeführt, während sich in seinem Lumen sekretorische und luminale Proteine befinden.

Der Golgi-Apparat

Der Golgi-Apparat besteht zum größten Teil aus flachen membranumhüllten Zisternen [Abb. 2]. Zisternen, die in Richtung des ER weisen befinden sich auf der Cis-Seite. Zisternen, die sich am entgegengesetzten Ende befinden, liegen auf der Trans-Seite. Die Cis-Seite des Golgi-Apparats wird als Cis-Golgi-Netz bezeichnet. Am Cis-Golgi-Netz treffen die ersten Transportvesikel ein. Sie werden COPII-bedeckte Vesikel genannt und an den Membranen des cis-Golgi-Netzes gebildet. Alle Proteine, die für den Golgi-Apparat, die Plasmamembran und den Extrazellularraum bestimmt sind, werden über COPII-bedeckte Vesikel zum Cis-Golgi-Netz transportiert. Das Cis-Golgi-Netz ist eine Sortierstation. Es unterscheidet zwischen Proteinen, die über COPI-bedeckte Vesikel zurück ins ER transportiert werden müssen und zu diesem Zweck ein besonderes Rücksignal, die KDEL-Sequenz, tragen, und anderen Proteinen, die zur Trans-Seite des Golgi-Apparats weiterwandern dürfen. Auf der Trans-Seite des Golgi-Apparats befindet sich das Trans-Golgi-Netz. Es ist ebenfalls eine Sortierstation. Hier werden alle Proteine, die nicht als ständige Bestandteile im Golgi-Apparat zurückgehalten werden, an ihren Zielort verfrachtet. Die Verfrachtung integraler Membranproteine zur Plasmamembran und sekretorischer Proteine in den Extrazellularraum erfolgt über Clathrin-bedeckte Vesikel.

Ergänzen Sie diese Informationen in Ihrem Begriffsnetz!

Kontrollieren Sie gemeinsam Ihr Textverständnis!

Welche Begriffe / Zusammenhänge haben wir noch nicht verstanden?

Stichpunkte:

Kontrollieren Sie Ihren Lernweg.

Habe ich alle Text- und Bildinformationen genutzt?

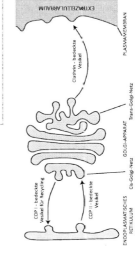

Abb. 2: Übersicht über zelluläre Transportwege: (i) COPII-bedeckte Vesikel werden vom glatten ER abgeschnürt und transportieren Proteine „vorwärts" zum Golgi-Apparat. (ii) COPI-bedeckte Vesikel transportieren Proteine aus dem Golgi-Apparat „zurück" ins ER. Dabei handelt es sich z.B. um Proteine, die im ER beheimatet sind und irrtümlich in den Golgi-Apparat verfrachtet wurden. (iii) Clathrin-bedeckte Vesikel transportieren Proteine aus dem Golgi-Apparat zur Plasmamembran.

ENDOPLASMATISCHES RETIKULUM — Cis-Golgi-Netz — GOLGI-APPARAT — Trans-Golgi-Netz — PLASMAMEMBRAN — EXTRAZELLULÄRRAUM

COPII - bedeckte Vesikel für Recycling

COPI - bedeckte Vesikel

Clathrin - bedeckte Vesikel

Arbeitsauftrag: Lesen Sie den 1. Teil des Textes in Einzelarbeit.

Bildung bedeckter Vesikel

Bei der Bildung aller bedeckter Vesikel spielen Hüllproteine und Frachtrezeptoren eine wichtige Rolle. Hüllproteine schwimmen im Cytosol und haben zwei Aufgaben für die Vesikelbildung: Erstens sorgen sie als mechanisches Hilfsmittel dafür, dass sich die Membran wölbt und einen Vesikel bildet; zweitens wählen sie selektiv Proteine aus, die in ein Zielkompartiment transportiert werden sollen. Integrale Membranproteine nehmen dazu direkten Kontakt mit den Hüllproteinen auf, sekretorische und luminale Proteine binden über die Frachtrezeptoren an die Hüllproteine [Abb. 3]. Frachtrezeptoren sind integrale Membranproteine, die einen Adapter zwischen der Vesikelfracht und den Hüllproteinen bilden. Ist die Vesikelbildung abgeschlossen, löst sich der bedeckte Transportvesikel ab und macht sich auf den Weg zu seinem Zielkompartiment. Bevor der Transportvesikel jedoch mit seinem Zielkompartiment verschmelzen kann, müssen die Hüllproteine ins Cytosol abgeworfen werden.

Wie Sie bereits erfahren haben, unterscheidet man drei Klassen bedeckter Vesikel [Abb. 2 & Tab. 1]: COPI, COPII und Clathrin-bedeckte Vesikel. Namensgebend sind jeweils ihre Hüllproteine, bei denen es sich entweder um COPI-Hüllprotein, COPII-Hüllprotein oder Clathrin handelt. Unter den Frachtrezeptoren kennt man beispielsweise die KDEL-Frachtrezeptoren. Sie bilden einen Adapter zwischen der KDEL-Sequenz eines luminalen Proteins des ER und der COPI-Hüllproteine.

Tab. 1: Übersicht über die Vesikelklassen mit den bereits bekannten Hüllproteinen.

Ergänzen Sie diese Informationen Partnerarbeit in Ihr Begriffsnetz!

VESIKELBILDUNG   VESIKELABSCHNÜRUNG   ENTFERNUNG DER HÜLLPROTEINE

Abb. 3: Ein allgemeines Schema zur Bildung von Transportvesikeln am Beispiel vesikelbildenden Kompartiment. Hüllproteine aus dem Cytosol wollen an die Membran zu einem Vesikel aus. Die Auswölbung der Membran ist die Folge der Wechselwirkung von Hüllproteinen mit integralen Membranproteinen und Frachtrezeptoren. Frachtrezeptoren treten ihrerseits in Wechselwirkung mit sekretorischen und luminalen Proteinen, die für ein anderes Kompartiment bestimmt sind. Nach der Abschnürung des bedeckten Vesikels werden die Hüllproteine abgeworfen und der nackte Vesikel kann mit der Membran des Zielkompartiments verschmelzen.

Kontrollieren Sie Ihren Lernweg.

Habe ich alle Text- und Buchinformationen genutzt?

Kontrollieren Sie gemeinsam Ihr Textverständnis!

Welche Begriffe / Zusammenhänge haben wir noch nicht verstanden?

Stichpunkte:

Prüfen Sie Ihren Lernerfolg!

Welche neuen Zusammenhänge haben wir erkannt?

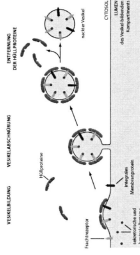

Lernmaterialien

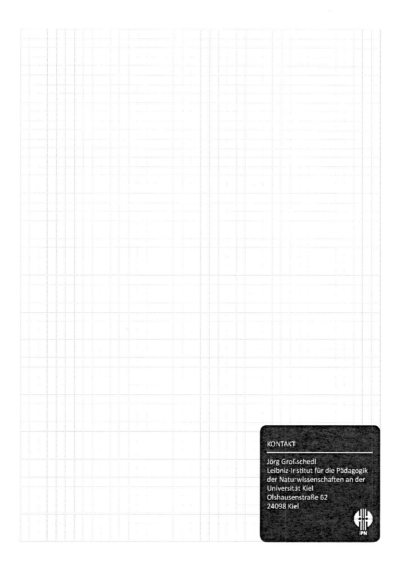

KONTAKT

Jörg Großschedl
Leibniz-Institut für die Pädagogik
der Naturwissenschaften an der
Universität Kiel
Olshausenstraße 62
24098 Kiel

Zusammenhänge erkennen
miteinander und voneinander Lernen

Bearbeitungshinweise

Auf der linken Hälfte jeder Doppelseite finden Sie einen Informationstext und zwei Arten von Markierungen:

- blau unterlegte Arbeitsaufträge strukturieren Ihren gemeinsamen Lernweg.
- blau und fett gedruckte Begriffe sind für das Textverständnis von besonderer Bedeutung.

Auf der rechten Hälfte jeder Doppelseite können Sie sich Stichpunkte machen.

Intrazelluläre Kompartimente und der Transport von Proteinen

Arbeitsauftrag: Lesen Sie den 1. Teil des Textes in Einzelarbeit.

Das endoplasmatische Retikulum (ER)

Innere Membranen unterteilen die Tier- und Pflanzenzelle in unterschiedliche Reaktionsräume, so genannte Kompartimente (z.B. Golgi-Apparat, ER). Das ER gliedert sich in zwei Bereiche: das *raue ER* und das *glatte ER*. Beide Bereiche schließen einen gemeinsamen Innenraum, das Lumen, ein. Dieses wird durch eine Membran vom umgebenden Cytosol abgegrenzt. Die Membranoberfläche des *rauen ER* ist mit Ribosomen besetzt.

Proteinsynthese an „freien" oder membrangebundenen Ribosomen

Proteine können grundsätzlich in zwei verschiedenen Regionen synthetisiert werden. (I) Manche Proteine werden vollständig an den „freien" Ribosomen synthetisiert, d. h. an Ribosomen, die im Cytosol schwimmen. Diese Proteine verbleiben nach ihrer Synthese im Cytosol und werden deshalb cytosolische Proteine genannt. (II) Vom Syntheseweg dieser Proteine unterscheidet sich die Synthese (a) integraler Membranproteine, (b) *sekretorischer Proteine* und (c) luminaler Proteine. Integrale Membranproteine sind Proteine, die in Biomembranen verankert sind. *Sekretorische Proteine* sind Proteine, die aus der Zelle ausgeschleust werden. Luminale Proteine sind Proteine, die dauerhaft im Innenraum eines Kompartiments, dem Lumen, angesiedelt sind. Auch die Synthese dieser Proteine (a-c) beginnt an den „freien" Ribosomen. Kurze Zeit später ist der erste Abschnitt des Proteins synthetisiert. Er besteht aus der so genannten Signalsequenz. Sie sorgt dafür, dass die Synthese kurzfristig unterbrochen wird, der gesamte Komplex an die Membran des *rauen ER* bindet, dort wird die Proteinsynthese wieder aufgenommen und abgeschlossen (Abb. 1). Auf diese Weise werden alle Proteine des ER und des Golgi-Apparats synthetisiert: außerdem die Proteine der *Plasmamembran* und des Extrazellulärraums.

Machen Sie sich in Partnerarbeit Notizen zum Inhalt des gelesenen Textteils.

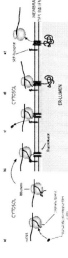

Abb. 1: (a) Die Signalsequenz des entstehenden Proteins tritt aus dem „freien" Ribosom aus und bindet an den im Cytosol schwimmenden *Signalerkennungspartikel*. Der *Signalerkennungspartikel* stoppt die Synthese des Proteins, bis (b) der gesamte Komplex aus *Signalerkennungspartikel*, Ribosom und entstehendem Protein an die Membranoberfläche des *rauen ER* bindet. Eine Bindung erfolgt zwischen dem *Signalerkennungspartikel-Ribosomen* und dem SRP-Rezeptor, die andere zwischen dem Ribosom und dem Translokator. Sobald sich das Ribosom an der Membran des *rauen ER* befindet, (c) löst sich der *Signalerkennungspartikel* wieder ab und die Signalsequenz des entstehenden Proteins wird in den Translokator eingefädelt. Nach Ablösung des *Signalerkennungspartikels* wird die Proteinsynthese (d) wieder aufgenommen und das Protein durch den Translokator ins Lumen des *rauen ER* geschoben (integrale Membranproteine verbleiben in der ER-Membran). Ist die Proteinsynthese abgeschlossen, löst sich das Ribosom von der Membran des *rauen ER* ab und kehrt ins Cytosol zurück (e).

Anhang C

Arbeitsauftrag: Lesen Sie den 2. Teil des Textes in Linearbeit.

Vesikelvermittelter Proteintransport

Der Austausch von Proteinen zwischen verschiedenen Kompartimenten erfolgt über membranumhüllte Transportvesikel. Sie sind von einer charakteristischen Proteinhülle umgeben und werden deshalb bedeckte Vesikel genannt. Bedeckte Vesikel schnüren sich von einem Kompartiment ab, um später mit einem Zielkompartiment zu verschmelzen. In der Membran des Transportvesikels werden integrale Membranproteine mitgeführt, während sich in seinem Lumen verpackte und luminale Proteine befinden.

Der Golgi-Apparat

Der Golgi-Apparat besteht zum größten Teil aus flachen, membranumhüllten Zisternen (Abb. 2). Die in Richtung des ER weisen, befinden sich auf der Cis-Seite, Zisternen, die sich am entgegengesetzten Ende befinden, liegen auf der Trans-Seite. Die Cis-Seite des Golgi-Apparats wird als Cis-Golgi-Netz bezeichnet. Am Cis-Golgi-Netz treffen die ersten Transportvesikel ein. Sie werden COPI-bedeckte Vesikel genannt und an den Membranen des glatten ER gebildet. Alle Proteine, die für den Golgi-Apparat, die Plasmamembran und den Extrazellularraum bestimmt sind, werden über COPI-bedeckte Vesikel zum Cis-Golgi-Netz transportiert. Das Cis-Golgi-Netz ist eine Sortierstation. Es unterscheidet zwischen Proteinen, die über COPI-bedeckte Vesikel zurück ins ER transportiert werden müssen und zu diesem Zweck ein besonderes Rückführsignal, die KDEL-Sequenz, tragen, und anderen Proteinen, die zur Trans-Seite des Golgi-Apparats weiterwandern dürfen. Auf der Trans-Seite des Golgi-Apparats befindet sich das Trans-Golgi-Netz. Es ist ebenfalls eine Sortierstation. Hier werden alle Proteine, die nicht als ständige Bestandteile im Golgi-Apparat zurückgehalten werden, an ihren Zielort verfrachtet. Die Verfrachtung integraler Membranproteine zur Plasmamembran und sekretorischer Proteine in den Extrazellularraum erfolgt über Clathrin-bedeckte Vesikel.

Möchten Sie sich in Partnerarbeit Notizen zum Inhalt des gelesenen Textteils.

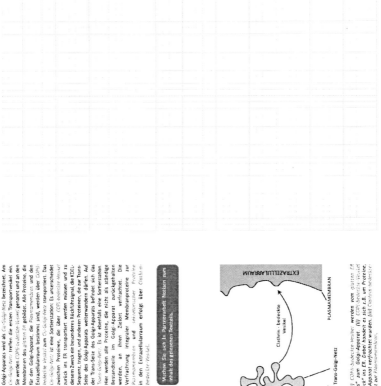

Abb. 2: Übersicht über zelluläre Transportwege: (i) COPI-bedeckte Vesikel werden vom glatten ER abgeschnürt und transportieren Proteine „vorwärts" zum Golgi-Apparat. (ii) COPI-bedeckte Vesikel transportieren Proteine aus dem Golgi-Apparat „zurück" ins ER. Dabei handelt es sich z.B. um Proteine, die im ER beheimatet sind und irrtümlich in den Golgi-Apparat verfrachtet wurden. (iii) Clathrin-bedeckte Vesikel transportieren Proteine aus dem Golgi-Apparat zur Plasmamembran.

Lernmaterialien

Arbeitsauftrag: Lesen Sie den 3. Teil des Textes in Einzelarbeit.

Bildung bedeckter-Vesikel

Bei der Bildung aller bedeckten-Vesikel spielen Hüllproteine und Frachtrezeptoren eine wichtige Rolle. Hüllproteine schwimmen im Cytosol und haben zwei Aufgaben für die Vesikelbildung: Erstens sorgen sie als mechanisches Hilfsmittel dafür, dass sich die Membran wölbt und einen Vesikel bildet; zweitens wählen sie selektiv Proteine aus, die in ein Zielkompartiment transportiert werden sollen. Integrale Membranproteine nehmen dazu direkten Kontakt mit den Hüllproteinen auf, sekretorische und luminale Proteine binden über die Frachtrezeptoren an die Hüllproteine (Abb. 3). Frachtrezeptoren sind integrale Membranproteine, die einen Adapter zwischen der Vesikelfracht und den Hüllproteinen bilden. Ist die Vesikeltransportvesikel abgeschlossen, löst sich der bedeckte-Transportvesikel ab und macht sich auf den Weg zu seinem Zielkompartiment. Bevor der Transportvesikel jedoch mit seinem Zielkompartiment verschmelzen kann, müssen die Hüllproteine ins Cytosol abgeworfen werden.

Wie Sie bereits erfahren haben, unterscheidet man drei Klassen bedeckter-Vesikel (Abb. 2 & Tab. 1): COPI-, COPII- und Clathrin-bedeckte Vesikel. Namensgebend sind jeweils ihre Hüllproteine, bei denen es sich entweder um COPI-Hüllprotein, COPII-Hüllprotein oder Clathrin handelt. Unter den Frachtrezeptoren kennt man beispielsweise die KDEL-Frachtrezeptoren. Sie bilden einen Adapter zwischen der KDEL-Sequenz eines luminalen Proteins des ER und den COPI-Hüllproteinen.

Tab. 2: Übersicht über die Vesikelklassen mit den beteiligten Hüllproteinen.

Vesikelklasse	Hüllprotein	Ziel
	COPI-Protein	Golgi-Apparat
	COPII-Protein	ER
	Clathrin	Golgi-Apparat

Notieren Sie sich die Kernaussagen/Notizen zum Inhalt des gelesenen Textes.

VESIKELBILDUNG   VESIKELABSCHNÜRUNG   ENTFERNUNG DER HÜLLPROTEINE

nackter Vesikel

CYTOSOL

LUMEN des Vesikel-bildenden Kompartiments

Hüllproteine

integrales Membranprotein

Frachtrezeptor

sekretorische und luminale Proteine

Abb. 3: Ein allgemeines Schema zur Bildung von Transportvesikeln. Hüllproteine aus dem Cytosol wölben die Membran zu einem Vesikel aus. Die Auswölbung der Membran ist die Folge der Wechselwirkung von Hüllproteinen mit integralen Membranproteinen und Frachtrezeptoren. Frachtrezeptoren treten ihrerseits in Wechselwirkung mit sekretorischen und luminalen Proteinen, die für das Vesikel bestimmt sind. Nach der Abschnürung des bedeckten-Vesikels werden die Hüllproteine abgeworfen und der nackte Vesikel kann mit der Membran des Zielkompartiments verschmelzen.

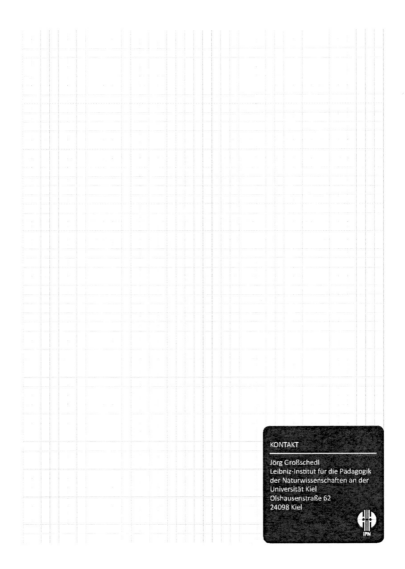

D   Fragebögen

III Vortest

Auf dieser Seite möchte ich etwas über Ihre Lerngewohnheiten erfahren. Beurteilen Sie dazu bitte, wie gut die nachfolgenden Aussagen auf Sie persönlich zutreffen. Es stehen Ihnen fünf Antwortmöglichkeiten zur Verfügung. Kreuzen Sie pro Zeile nur ein Kästchen an und beantworten Sie alle Fragen. Sollten Sie Ihre erste Antwort ändern wollen, machen Sie bitte einen *Kreis um die falsche Antwort*.

		nie	selten	gelegentlich	oft	immer
		1	2	3	4	5
1.	Ich bearbeite zusätzliche Aufgaben, um festzustellen, ob ich den Stoff wirklich verstanden habe.	☐	☐	☐	☐	☐
2.	Wenn mir eine bestimmte Textstelle verworren und unklar erscheint, gehe ich sie noch einmal langsam durch.	☐	☐	☐	☐	☐
3.	Ich lege im vorhinein fest, wie weit ich mit der Durcharbeitung des Stoffs kommen möchte.	☐	☐	☐	☐	☐
4.	Ich stelle mir Fragen zum Stoff, um sicherzugehen, dass ich auch alles verstanden habe.	☐	☐	☐	☐	☐
5.	Vor dem Lernen eines Stoffgebiets überlege ich mir, wie ich am effektivsten vorgehen kann.	☐	☐	☐	☐	☐
6.	Um mein eigenes Verständnis zu prüfen, erkläre ich bestimmte Teile des Lernstoffs einem Studienkollegen.	☐	☐	☐	☐	☐
7.	Wenn ich einen schwierigen Text vorliegen habe, passe ich meine Lerntechnik den höheren Anforderungen an (z.B. durch langsameres Lesen).	☐	☐	☐	☐	☐
8.	Ich überlege mir vorher, in welcher Reihenfolge ich den Stoff durcharbeite.	☐	☐	☐	☐	☐
9.	Wenn ich während des Lesens eines Textes nicht alles verstehe, versuche ich, die Lücken festzuhalten und den Text daraufhin noch einmal durchzugehen.	☐	☐	☐	☐	☐
10.	Ich versuche, mir vorher genau zu überlegen, welche Teile eines bestimmten Themengebiets ich lernen muss und welche nicht.	☐	☐	☐	☐	☐
11.	Um Wissenslücken festzustellen, rekapituliere ich die wichtigsten Inhalte, ohne meine Unterlagen zu Hilfe zu nehmen.	☐	☐	☐	☐	☐

Fragebögen

Bitte bearbeiten Sie jetzt die Testaufgaben. Es ist jeweils **mindestens eine Antwortvorgabe richtig, es können auch mehrere sein!** Sollten Sie Ihre erste Antwort verändern, dann machen Sie bitte einen **Kreis um das „falsche" Kreuz**.

1. In der Tierzelle werden missgefaltete oder fehlerbehaftete Proteine im Cytosol abgebaut. Wie heißt der Proteinkomplex, der den Abbau katalysiert *(nur 1 Antwort)*?

   ☐ Primosom
   ☐ Proteom
   ☐ Proteasom
   ☐ Chaperon
   ☐ Calnexin

2. An welchen Stellen erfolgt in der Tierzelle die Glycosylierung integraler Membranproteine?

   ☐ Raues endoplasmatischen Retikulum
   ☐ Glattes endoplasmatischen Retikulum
   ☐ Golgi-Apparat
   ☐ Cytosol

3. Es gibt drei unterschiedliche Klassen bedeckter-Vesikel (Coated-Vesicles). Wie heißen diese?

   ☐ KDEL-bedeckte-Vesikel
   ☐ COPII-bedeckte-Vesikel
   ☐ COPI-bedeckte-Vesikel
   ☐ Cadherin-bedeckte-Vesikel
   ☐ Claudin-bedeckte-Vesikel
   ☐ Clathrin-bedeckte-Vesikel

4. Welche Funktion(en) haben die Hüllproteine bedeckter-Vesikel (Coated-Vesicles)?

   ☐ Sie stellen Adaptermoleküle dar, die sekretorische Proteine (reversibel) binden und im Vesikellumen anreichern.
   ☐ Sie sind an der Identifizierung des Zielkompartiments beteiligt.
   ☐ Sie vermitteln die Verschmelzung des bedeckten-Vesikels mit dem Zielkompartiment.
   ☐ Sie sorgen als mechanisches Hilfsmittel dafür, dass sich die Membran eines Kompartiments zum Vesikel auswölbt.
   ☐ Sie wählen integrale Membranproteine als Vesikelfracht aus.

5. Welche der folgenden Proteine werden an den Ribosomen des rauen ER synthetisiert?

   ☐ Antikörper (Immunglobuline), die von Plasmazellen ins Blutserum abgegeben werden.
   ☐ Das Enzym Insulin, welches von Zellen der Bauchspeicheldrüse in die Blutbahn sekretiert wird.
   ☐ Die Proteine, aus denen sich der Signalerkennungspartikel zusammensetzt.
   ☐ Proteine, die das Cytoskelett aufbauen.
   ☐ Das Enzym Sialyltransferase, das sich am trans-Ende des Golgi-Apparats befindet.

6. Von Leberzellen wird ein sekretorisches Protein hergestellt, das proteolytische Enzyme inhibiert. Dieses Inhibitorprotein (Antitrypsin) wird von den Leberzellen ins Blut abgegeben. Das Antitrypsingen konnte biotechnisch mit einem DNA-Stück verknüpft werden, das aus einer Qualle isoliert wurde und ein grün fluoreszierendes Protein codiert. Durch diesen Eingriff konnte der Weg des Antritrypsins in der Zelle verfolgt werden. In welchen Kompartimenten erwarten Sie eine grüne Fluoreszenz?

    ☐ Transportvesikel
    ☐ Mitochondrien
    ☐ Endoplasmatisches Retikulum
    ☐ Golgi-Apparat
    ☐ Cytosol
    ☐ Zellkern

7. Welche der folgenden Aussage(n) zur Proteinsynthese ist (sind) richtig?

    ☐ Der Signalerkennungspartikel bindet an den SRP-Rezeptor des Ribosoms.
    ☐ Der Signalerkennungspartikel bindet an die Signalsequenz des entstehenden Proteins und an den SRP-Rezeptor.
    ☐ Der Signalerkennungspartikel bindet an die Signalsequenz des entstehenden Proteins und stoppt die Proteinsynthese.
    ☐ Der erste Abschnitt des entstehenden Proteins entscheidet, ob die weitere Synthese im Cytosol oder am rauen ER erfolgt.
    ☐ Der Signalerkennungspartikel löst sich nach Abschluss der Proteinsynthese vom Ribosom ab.

Fragebögen

Mit dem folgenden Test möchte ich Ihren Lernerfolg erfassen. In diesem Test werden der Reihe nach 55 Begriffspaare aufgelistet. Ihre Aufgabe ist es dabei, die Verwandtschaft jedes Begriffspaares zu beurteilen. Eine *starke Verwandtschaft* drücken Sie durch hohe Werte („8" oder "9") aus. *Geringe oder keine Verwandtschaft* drücken Sie durch niedrige Werte („1" oder „2") aus. Werte an den beiden Enden der Skala drücken mehr Sicherheit aus, wohingegen Werte aus der Mitte („4"; „5"; „6") *mittlere Verwandtschaft oder Unsicherheit* („5") über die Verwandtschaft ausdrücken.

Zum Verwandtschaftsbegriff: Zwei Begriffe können miteinander verwandt sein, weil sie gemeinsame Merkmale teilen oder häufig miteinander in Verbindung gebracht werden.

Für diesen Test wurden 11 Begriffe ausgewählt. Bitte lesen Sie diese aufmerksam durch.

1. Cis-Golgi-Netz
2. Clathrin-bedeckte-Vesikel
3. COPI-bedeckte-Vesikel
4. COPII-bedeckte-Vesikel
5. Glattes ER
6. KDEL-Frachtrezeptor
7. Plasmamembran
8. Raues ER
9. Sekretorisches Protein
10. Signalerkennungspartikel
11. Trans-Golgi-Netz

Entscheiden Sie sich nun für zwei Begriffe, die **nah** miteinander **verwandt** sind und notieren Sie diese auf der dafür vorgesehenen Zeile:

_____ - _____
(Begriff)   (Begriff)

Entscheiden Sie sich nun für zwei Begriffe, die **kaum / gar nicht** miteinander **verwandt** sind und notieren Sie diese auf der dafür vorgesehenen Zeile:

_____ - _____
(Begriff)   (Begriff)

Bitte bearbeiten Sie nun den folgenden Test. Gehen Sie dabei *zügig, konzentriert und in chronologischer Reihenfolge* vor. Achten Sie bitte genau darauf, dass Sie *alle Verwandtschaftsurteile* abgeben und nur *ein Antwortkästchen pro Begriffspaar ankreuzen*. Ein fehlendes Urteil gefährdet die Auswertung der Daten!

Nutzen Sie bei Ihren Urteilen bitte die gesamte Skala von „1" bis „9" aus!
Hinweis für Korrekturen: Sollten Sie Ihre erste Antwort verändern, dann machen Sie bitte einen *Kreis um das „falsche" Kreuz.*

			gering verwandt				zunehmende Verwandtschaft →				stark verwandt
			1	2	3	4	5	6	7	8	9
Trans-Golgi-Netz	-	Cis-Golgi-Netz	☐	☐	☐	☐	☐	☐	☐	☐	☐
Sekretorisches Protein	-	Signalerkennungspartikel	☐	☐	☐	☐	☐	☐	☐	☐	☐
Glattes ER	-	KDEL-Frachtrezeptor	☐	☐	☐	☐	☐	☐	☐	☐	☐
COPI-bedeckte Vesikel	-	COPII-bedeckte-Vesikel	☐	☐	☐	☐	☐	☐	☐	☐	☐
Signalerkennungspartikel	-	Trans-Golgi-Netz	☐	☐	☐	☐	☐	☐	☐	☐	☐
KDEL-Frachtrezeptor	-	Plasmamembran	☐	☐	☐	☐	☐	☐	☐	☐	☐
COPII-bedeckte-Vesikel	-	Glattes ER	☐	☐	☐	☐	☐	☐	☐	☐	☐
Raues ER	-	Sekretorisches Protein	☐	☐	☐	☐	☐	☐	☐	☐	☐
Cis-Golgi-Netz	-	Clathrin-bedeckte-Vesikel	☐	☐	☐	☐	☐	☐	☐	☐	☐
Plasmamembran	-	Raues ER	☐	☐	☐	☐	☐	☐	☐	☐	☐
Clathrin-bedeckte-Vesikel	-	COPII-bedeckte Vesikel	☐	☐	☐	☐	☐	☐	☐	☐	☐

Überprüfen Sie bitte, ob Sie alle Urteile abgegeben haben!

			1	2	3	4	5	6	7	8	9
Sekretorisches Protein	-	Trans-Golgi-Netz	☐	☐	☐	☐	☐	☐	☐	☐	☐
Clathrin-bedeckte-Vesikel	-	COPII-bedeckte-Vesikel	☐	☐	☐	☐	☐	☐	☐	☐	☐
Plasmamembran	-	Sekretorisches Protein	☐	☐	☐	☐	☐	☐	☐	☐	☐
COPII-bedeckte Vesikel	-	KDEL-Frachtrezeptor	☐	☐	☐	☐	☐	☐	☐	☐	☐
Signalerkennungspartikel	-	Cis-Golgi-Netz	☐	☐	☐	☐	☐	☐	☐	☐	☐
Glattes ER	-	Plasmamembran	☐	☐	☐	☐	☐	☐	☐	☐	☐
Cis-Golgi-Netz	-	COPI-bedeckte Vesikel	☐	☐	☐	☐	☐	☐	☐	☐	☐
KDEL-Frachtrezeptor	-	Raues ER	☐	☐	☐	☐	☐	☐	☐	☐	☐
COPI-bedeckte Vesikel	-	Glattes ER	☐	☐	☐	☐	☐	☐	☐	☐	☐
Trans-Golgi-Netz	-	Clathrin-bedeckte-Vesikel	☐	☐	☐	☐	☐	☐	☐	☐	☐
Raues ER	-	Signalerkennungspartikel	☐	☐	☐	☐	☐	☐	☐	☐	☐

Überprüfen Sie bitte, ob Sie alle Urteile abgegeben haben!

Fragebögen

	gering verwandt	1	2	3	4	5	6	7	8	stark verwandt 9
					zunehmende Verwandtschaft →					
COPI-bedeckte Vesikel - KDEL-Frachtrezeptor	□	□	□	□	□	□	□	□	□	□
Clathrin-bedeckte-Vesikel - Glattes ER	□	□	□	□	□	□	□	□	□	□
Cis-Golgi-Netz - COPII-bedeckte-Vesikel	□	□	□	□	□	□	□	□	□	□
Raues ER - Trans-Golgi-Netz	□	□	□	□	□	□	□	□	□	□
Sekretorisches Protein - Cis-Golgi-Netz	□	□	□	□	□	□	□	□	□	□
Signalerkennungspartikel - Clathrin-bedeckte-Vesikel	□	□	□	□	□	□	□	□	□	□
Glattes ER - Raues ER	□	□	□	□	□	□	□	□	□	□
Plasmamembran - Signalerkennungspartikel	□	□	□	□	□	□	□	□	□	□
KDEL-Frachtrezeptor - Sekretorisches Protein	□	□	□	□	□	□	□	□	□	□
Trans-Golgi-Netz - COPI-bedeckte Vesikel	□	□	□	□	□	□	□	□	□	□
COPII-bedeckte-Vesikel - Plasmamembran	□	□	□	□	□	□	□	□	□	□

Überprüfen Sie bitte, ob Sie alle Urteile abgegeben haben!

	gering verwandt	1	2	3	4	5	6	7	8	stark verwandt 9
Cis-Golgi-Netz - Glattes ER	□	□	□	□	□	□	□	□	□	□
COPII-bedeckte-Vesikel - Raues ER	□	□	□	□	□	□	□	□	□	□
COPI-bedeckte Vesikel - Plasmamembran	□	□	□	□	□	□	□	□	□	□
Trans-Golgi-Netz - COPII-bedeckte-Vesikel	□	□	□	□	□	□	□	□	□	□
Clathrin-bedeckte-Vesikel - KDEL-Frachtrezeptor	□	□	□	□	□	□	□	□	□	□
Glattes ER - Sekretorisches Protein	□	□	□	□	□	□	□	□	□	□
KDEL-Frachtrezeptor - Signalerkennungspartikel	□	□	□	□	□	□	□	□	□	□
Raues ER - Cis-Golgi-Netz	□	□	□	□	□	□	□	□	□	□
Sekretorisches Protein - Clathrin-bedeckte-Vesikel	□	□	□	□	□	□	□	□	□	□
Signalerkennungspartikel - COPII-bedeckte Vesikel	□	□	□	□	□	□	□	□	□	□
Plasmamembran - Trans-Golgi-Netz	□	□	□	□	□	□	□	□	□	□

Überprüfen Sie bitte, ob Sie alle Urteile abgegeben haben!

		gering verwandt			zunehmende Verwandtschaft →					stark verwandt
		1	2	3	4	5	6	7	8	9
Cis-Golgi-Netz	KDEL-Frachtrezeptor	☐	☐	☐	☐	☐	☐	☐	☐	☐
Clathrin-bedeckte-Vesikel	Plasmamembran	☐	☐	☐	☐	☐	☐	☐	☐	☐
COPI-bedeckte Vesikel	Raues ER	☐	☐	☐	☐	☐	☐	☐	☐	☐
COPII-bedeckte-Vesikel	Sekretorisches Protein	☐	☐	☐	☐	☐	☐	☐	☐	☐
Glattes ER	Signalerkennungspartikel	☐	☐	☐	☐	☐	☐	☐	☐	☐
KDEL-Frachtrezeptor	Trans-Golgi-Netz	☐	☐	☐	☐	☐	☐	☐	☐	☐
Plasmamembran	Cis-Golgi-Netz	☐	☐	☐	☐	☐	☐	☐	☐	☐
Raues ER	Clathrin-bedeckte-Vesikel	☐	☐	☐	☐	☐	☐	☐	☐	☐
Sekretorisches Protein	COPI-bedeckte Vesikel	☐	☐	☐	☐	☐	☐	☐	☐	☐
Signalerkennungspartikel	COPII-bedeckte-Vesikel	☐	☐	☐	☐	☐	☐	☐	☐	☐
Trans-Golgi-Netz	Glattes ER	☐	☐	☐	☐	☐	☐	☐	☐	☐

Überprüfen Sie bitte, ob Sie alle Urteile abgegeben haben!

Herzlichen Dank für Ihre Mitarbeit!

IV Nachtest

Liebe Teilnehmerin, lieber Teilnehmer,

zunächst möchte ich Sie bitten, ihren Personencode in die entsprechenden Felder einzutragen.

Ihr Code
- ist der erste Buchstaben meines Vornamens.
- sind die ersten zwei Ziffern meines Geburtstages.
- ist der erste Buchstaben des Vornamens meiner Mutter.

Bitte bearbeiten Sie jetzt die Testaufgaben. Es ist jeweils **mindestens eine Antwortvorgabe richtig, es können auch mehrere sein!** Sollten Sie Ihre erste Antwort verändern, dann machen Sie bitte einen **Kreis um das „falsche" Kreuz.**

1. Der Golgi-Apparat schickt Transportvesikel zur Plasmamembran und zum endoplasmatischen Retikulum. Welche Proteine sind *am Golgi-Apparat* an der Vesikelbildung beteiligt?

    ☐ COPI-Hüllprotein
    ☐ COPII-Hüllprotein
    ☐ Clathrin-Hüllprotein
    ☐ KDEL-Frachtrezeptor

2. In welcher Klasse von Transportvesikeln werden sekretorische Proteine vom endoplasmatischen Retikulum zum Golgi-Apparat transportiert *(nur 1 Antwort)*?

    ☐ COPI-bedeckte-Vesikel
    ☐ COPII-bedeckte-Vesikel
    ☐ Clathrin-bedeckte-Vesikel
    ☐ Claudin-bedeckte-Vesikel

3. Welche der folgenden Aussage(n) zur Proteinsynthese ist (sind) richtig?

   ☐ Der Signalerkennungspartikel löst sich nach Abschluss der Proteinsynthese vom Ribosom ab.
   ☐ Der erste Abschnitt des entstehenden Proteins entscheidet, ob die weitere Synthese im Cytosol oder am rauen ER erfolgt.
   ☐ Der Signalerkennungspartikel bindet an die Signalsequenz des entstehenden Proteins und stoppt die Proteinsynthese.
   ☐ Der Signalerkennungspartikel bindet an die Signalsequenz des entstehenden Proteins und an den SRP-Rezeptor.
   ☐ Der Signalerkennungspartikel bindet an den SRP-Rezeptor des Ribosoms.

4. Welche der folgenden Proteine werden an den Ribosomen des rauen ER synthetisiert?

   ☐ Das Enzym Sialyltransferase, das sich am trans-Ende des Golgi-Apparats befindet.
   ☐ Das Enzym Insulin, welches von Zellen der Bauchspeicheldrüse in die Blutbahn sekretiert wird.
   ☐ Proteine, die das Cytoskelett aufbauen.
   ☐ Die Proteine, aus denen sich der Signalerkennungspartikel zusammensetzt.
   ☐ Antikörper (Immunglobuline), die von Plasmazellen ins Blutserum abgegeben werden.

5. Von Leberzellen wird ein sekretorisches Protein hergestellt, das proteolytische Enzyme inhibiert. Dieses Inhibitorprotein (Antitrypsin) wird von den Leberzellen ins Blut abgegeben. Das Antitrypsingen konnte biotechnisch mit einem DNA-Stück verknüpft werden, das aus einer Qualle isoliert wurde und ein grün fluoreszierendes Protein codiert. Durch diesen Eingriff konnte der Weg des Antritrypsins in der Zelle verfolgt werden. In welchen Kompartimenten erwarten Sie eine grüne Fluoreszenz?

   ☐ Zellkern
   ☐ Endoplasmatisches Retikulum
   ☐ Cytosol
   ☐ Golgi-Apparat
   ☐ Mitochondrien
   ☐ Transportvesikel

6. Ein Jungforscher weist im Cytosol einer Hefezelle ein bestimmtes Protein in hoher Konzentration nach. Dieses Protein konnte von anderen Forschern noch nie im Cytosol einer Zelle nachgewiesen werden. In normalen Hefezellen kommt es nur im Lumen des endoplasmatischen Retikulums vor. Da der Jungforscher einen Messfehler ausschließt, führt er sein Ergebnis auf einen erblichen Defekt des verwendeten Hefestamms zurück. Welche seiner Vermutung(en) könnte(n) Ihrer Meinung nach zutreffen?

   ☐ Ein Inhibitor besetzt die SRP-Rezeptoren. Dadurch kann der Komplex aus Signalerkennungspartikel, Ribosom und entstehendem Protein nicht an die Membran des rauen ER andocken.
   ☐ Der DNA-Abschnitt, der die Signalsequenz des Proteins kodiert, ist mutiert. Dadurch kann der Signalerkennungspartikel nicht an die Signalsequenz binden.
   ☐ Das Protein wird von KDEL-Frachtrezeptoren erkannt und ins Cytosol zurückgeführt.
   ☐ Im Cytosol der Zelle gibt es keinen Signalerkennungspartikel, der die Signalsequenz dieses Proteins erkennt.

Fragebögen

Mit dem folgenden Test möchte ich Ihren Lernerfolg erfassen. In diesem Test werden der Reihe nach 55 Begriffspaare aufgelistet. Ihre Aufgabe ist es dabei, die Verwandtschaft jedes Begriffspaares zu beurteilen. Eine *starke Verwandtschaft* drücken Sie durch hohe Werte („8" oder "9") aus. *Geringe oder keine Verwandtschaft* drücken Sie durch niedrige Werte („1" oder „2") aus. Werte an den beiden Enden der Skala drücken mehr Sicherheit aus, wohingegen Werte aus der Mitte („4"; „5"; „6") *mittlere Verwandtschaft oder Unsicherheit* („5") über die Verwandtschaft ausdrücken.

Zum Verwandtschaftsbegriff: Zwei Begriffe können miteinander verwandt sein, weil sie gemeinsame Merkmale teilen oder häufig miteinander in Verbindung gebracht werden.

Für diesen Test wurden 11 Begriffe ausgewählt. Bitte lesen Sie diese aufmerksam durch.

1. Cis-Golgi-Netz
2. Clathrin-bedeckte-Vesikel
3. COPI-bedeckte-Vesikel
4. COPII-bedeckte-Vesikel
5. Glattes ER
6. KDEL-Frachtrezeptor
7. Plasmamembran
8. Raues ER
9. Sekretorisches Protein
10. Signalerkennungspartikel
11. Trans-Golgi-Netz

Entscheiden Sie sich nun für zwei Begriffe, die **nah** miteinander **verwandt** sind und notieren Sie diese auf der dafür vorgesehenen Zeile:

.... - ....
(Begriff)   (Begriff)

Entscheiden Sie sich nun für zwei Begriffe, die **kaum / gar nicht** miteinander **verwandt** sind und notieren Sie diese auf der dafür vorgesehenen Zeile:

.... - ....
(Begriff)   (Begriff)

Bitte bearbeiten Sie nun den folgenden Test. Gehen Sie dabei *zügig, konzentriert und in chronologischer Reihenfolge* vor. Achten Sie bitte genau darauf, dass Sie *alle Verwandtschaftsurteile* abgeben und nur *ein Antwortkästchen pro Begriffspaar ankreuzen*. Ein fehlendes Urteil gefährdet die Auswertung der Daten!

Nutzen Sie bei Ihren Urteilen bitte die gesamte Skala von „1" bis „9" aus!
Hinweis für Korrekturen: Sollten Sie Ihre erste Antwort verändern, dann machen Sie bitte einen *Kreis um das „falsche" Kreuz*.

E Skalendokumentation

Alle Variablen, deren Namen mit einem "z" oder „Z" beginnt, sind z-standardisiert.

V Validierungsstudie

01 Multiple choice *Vortest (Z_Wis_vor_ges)*

Variablennamen:	z_vor_2_FW, z_vor_3_FW, z_vor_4_FW, z_vor_5_KW, z_vor_6_KW, z_vor_7_FW	
Erhebung:	MZP1	
Datenquelle:	Eigenentwicklung	
Anzahl der Variablen:	6	
Variablen:	**z_vor_2_FW**	Σ(F2.1, F2.2, F2.3, F2.4)
	z_vor_3_FW	Σ(F3.1, F3.2, F3.3, F3.4, F3.5, F3.6)
	z_vor_4_FW	Σ(F4.1, F4.2, F4.3, F4.4, F4.5)
	z_vor_5_KW	Σ(F5.1, F5.2, F5.3, F5.4, F5.5)
	z_vor_6_KW	Σ(F6.1, F6.2, F6.3, F6.4, F6.5, F6.6)
	z_vor_7_FW	Σ(F7.1, F7.2, F7.3, F7.4, F7.5)

Variablennamen	Skalenwerte			
MZP1	*M*	*SD*	r_{it}	*a*
z_vor_2_FW	.00	1.00	.21	.55
z_vor_3_FW	.00	1.00	.17	.57
z_vor_4_FW	.00	1.00	.29	.52
z_vor_5_KW	.00	1.00	.42	.46
z_vor_6_KW	.00	1.00	.42	.46
z_vor_7_FW	.00	1.00	.29	.52
Skala	α = .56			
	M = .00			
	SD = 1.00			
	N = 142			

02 Multiple choice *Nachtest (Z_Wis_nach_ges)*

Variablennamen:	z_nach_1_FW, z_nach_2_FW, z_nach_3_FW, z_nach_4_KW, z_nach_5_KW, z_nach_6_KW
Erhebung:	MZP2
Datenquelle:	Eigenentwicklung
Anzahl der Variablen:	6
Variablen:	**z_nach_1_FW** Σ(Frage1.1n, Frage1.2n, Frage1.3n, Frage1.4n)
	z_nach_2_FW Frage2n_rec
	z_nach_3_FW Σ(Frage3.1n, Frage3.2n, Frage3.3n, Frage3.4n, Frage3.5n)
	z_nach_4_KW Σ(Frage4.1n, Frage4.2n, Frage4.3n, Frage4.4n, Frage4.5n)
	z_nach_5_KW Σ(Frage5.1n, Frage5.2n, Frage5.3n, Frage5.4n, Frage5.5n)
	z_nach_6_KW Σ(Frage6.1n, Frage6.2n, Frage6.3n, Frage6.4n)

Variablennamen	Skalenwerte			
MZP1	M	SD	r_{it}	a
z_nach_1_FW	.00	1.00	.31	.59
z_nach_2_FW	.00	1.00	.29	.60
z_nach_3_FW	.00	1.00	.31	.59
z_nach_4_KW	.00	1.00	.37	.56
z_nach_5_KW	.00	1.00	.38	.56
z_nach_6_KW	.00	1.00	.43	.54
Skala	$\alpha = .62$			
	$M = .00$			
	$SD = 1.00$			
	$N = 142$			

VI Lernwirksamkeitsstudie

03 Metakognitive Lernstrategien (LIST)

Variablennamen:	LS3, LS4, LS5, LS6, LS7, LS8, LS9, LS10
Erhebung:	MZP1
Datenquelle:	Wild und Schiefele (1994)
Anzahl der Variablen:	8

Variablen:		
	LS3	Ich lege im vorhinein fest, wie weit ich mit der Durcharbeitung des Stoffs kommen möchte.
	LS4	Ich stelle mir Fragen zum Stoff, um sicherzugehen, dass ich auch alles verstanden habe.
	LS5	Vor dem Lernen eines Stoffgebiets überlege ich mir, wie ich am effektivsten vorgehen kann.
	LS6	Um mein eigenes Verständnis zu prüfen, erkläre ich bestimmte Teile des Lernstoffs einem Studienkollegen.
	LS7	Wenn ich einen schwierigen Text vorliegen habe, passe ich meine Lerntechnik den höheren Anforderungen an (z. B. durch langsameres Lesen).
	LS8	Ich überlege mir vorher, in welcher Reihenfolge ich den Stoff durcharbeite.
	LS9	Wenn ich während des Lesens eines Textes nicht alles verstehe, versuche ich, die Lücken festzuhalten und den Text daraufhin noch einmal durchzugehen.
	LS10	Ich versuche, mir vorher genau zu überlegen, welche Teile eines bestimmten Themengebiets ich lernen muss und welche nicht.

Kategorien:		
	5	immer
	4	oft
	3	gelegentlich
	2	selten
	1	nie

Variablennamen	Skalenwerte			
MZP1	M	SD	r_{it}	a
LS3	3.58	1.09	.47	.64
LS4	3.02	1.08	.26	.69
LS5	3.41	1.23	.60	.61
LS6	3.01	1.04	.27	.69
LS7	4.17	0.85	.27	.69
LS8	3.91	1.09	.59	.61
Skala	$\alpha = .69$ $M = 3.52$ $SD = 0.47$ $N = 125$			

04 Multiple choice *Vortest (Z_Wis_vor_ges)*

Variablennamen:	z_vor_2_FW, z_vor_3_FW, z_vor_5_KW, z_vor_6_KW
Erhebung:	MZP1
Datenquelle:	Eigenentwicklung
Anzahl der Variablen:	4
Variablen:	**z_vor_2_FW** Σ(F2.1, F2.2, F2.3, F2.4)
	z_vor_3_FW Σ(F3.1, F3.2, F3.3, F3.4, F3.5, F3.6)
	z_vor_5_KW Σ(F5.1, F5.2, F5.3, F5.4, F5.5)
	z_vor_6_KW Σ(F6.1, F6.2, F6.3, F6.4, F6.5, F6.6)

Variablennamen	Skalenwerte			
MZP1	M	SD	r_{it}	a
z_vor_2_FW	.00	1.00	.10	.33
z_vor_3_FW	.00	1.00	.09	.34
z_vor_5_KW	.00	1.00	.21	.20
z_vor_6_KW	.00	1.00	.26	.13
Skala	$\alpha = .32$ $M = .00$ $SD = 1.00$ $N = 125$			

05 Multiple choice *Nachtest (Z_Wis_vor_ges)*

Variablennamen:	z_nach_1_FW, z_nach_2_FW, z_nach_3_FW, z_nach_4_KW, z_nach_5_KW, z_nach_6_KW
Erhebung:	MZP2
Datenquelle:	Eigenentwicklung
Anzahl der Variablen:	6
Variablen:	**z_nach_1_FW** Σ(Frage1.1n, Frage1.2n, Frage1.3n, Frage1.4n)
	z_nach_2_FW Frage2n_rec
	z_nach_3_FW Σ(Frage3.1n, Frage3.2n, Frage3.3n, Frage3.4n, Frage3.5n)
	z_nach_4_KW Σ(Frage4.1n, Frage4.2n, Frage4.3r, Frage4.4n, Frage4.5n)
	z_nach_5_KW Σ(Frage5.1n, Frage5.2n, Frage5.3r, Frage5.4n, Frage5.5n)
	z_nach_6_KW Σ(Frage6.1n, Frage6.2n, Frage6.3r, Frage6.4n)

Variablennamen	Skalenwerte			
MZP1	M	SD	r_{it}	a
z_nach_1_FW	.00	1.00	.53	.56
z_nach_2_FW	.00	1.00	.32	.64
z_nach_3_FW	.00	1.00	.36	.63
z_nach_4_KW	.00	1.00	.50	.57
z_nach_5_KW	.00	1.00	.46	.59
z_nach_6_KW	.00	1.00	.17	.69
Skala	$\alpha = .66$			
	$M = .00$			
	$SD = 1.00$			
	$N = 125$			

F Einzelitems aus den Fragebögen

Ein Stern (*) kennzeichnet korrekte Antwortvorgaben.

VII Vortest

06 Studium

Variablennamen:	Studium
Erhebung:	MZP1
Datenquelle:	Eigenentwicklung
Anzahl der Variablen:	1
Text:	Angaben zur Person: Studiengang
Kategorien:	1 Diplom
	2 Bachelor/Master
	3 Lehramt

Variablennamen	Skalenwerte	
	Validierungsstudie	Lernwirksamkeitsstudie
MZP2	Gültige Prozente	Gültige Prozente
1	15	alle Teilnehmer sind Schüler
2	83	
3	2	
	$N = 125$	--

07 z_vor_2_FW

Variablennamen:	F2.1, F2.2, F2.3, F2.4	
Erhebung:	MZP1	
Datenquelle:	Eigenentwicklung	
Anzahl der Variablen:	4	
Text:	An welchen Stellen erfolgt in der Tierzelle die Glykosylierung integraler Membranproteine?	
Variablen:	**F2.1***	Raues endoplasmatisches Retikulum
	F2.2	Glattes endoplasmatisches Retikulum
	F2.3*	Golgi-Apparat
	F2.4	Zytosol

Variablennamen	Skalenwerte			
	Validierungsstudie		Lernwirksamkeitsstudie	
MZP1	M	SD	M	SD
F2.1*	.35	.48	.31	.47
F2.2	.23	.42	.87	.34
F2.3*	.39	.49	.47	.50
F2.4	.23	.42	.75	.43
	N = 142		N = 125	

Anmerkungen. * Korrekte Antwortvorgabe.

08 z_vor_3_FW

Variablennamen:	F3.1, F3.2, F3.3, F3.4, F3.5, F3.6
Erhebung:	MZP1
Datenquelle:	Eigenentwicklung
Anzahl der Variablen:	6
Text:	Es gibt drei unterschiedliche Klassen bedeckter-Vesikel (Coated-Vesicles). Wie heißen diese?
Variablen:	**F3.1** KDEL-bedeckte-Vesikel
	F3.2* COPII-bedeckte-Vesikel
	F3.3* COPI-bedeckte-Vesikel
	F3.4 Cadherin-bedeckte-Vesikel
	F3.5 Claudin-bedeckte-Vesikel
	F3.6* Clathrin-bedeckte-Vesikel

Variablennamen	Skalenwerte			
	Validierungsstudie		Lernwirksamkeitsstudie	
MZP1	M	SD	M	SD
F3.1	.33	.47	.70	.46
F3.2*	.69	.46	.72	.45
F3.3*	.71	.46	.81	.40
F3.4	.19	.39	.79	.41
F3.5	.23	.42	.87	.34
F3.6*	.46	.50	.45	.50
	N = 142		N = 125	

Anmerkungen. * Korrekte Antwortvorgabe.

Einzelitems aus den Fragebögen 203

09 z_vor_4_FW

Variablennamen:	F4.1, F4.2, F4.3, F4.4, F4.5
Erhebung:	MZP1
Datenquelle:	Eigenentwicklung
Anzahl der Variablen:	5
Text:	Welche Funktion(en) haben die Hüllproteine bedeckter-Vesikel (Coated-Vesicles)?

Variablen:		
	F4.1	Sie stellen Adaptermoleküle dar, die sekretorische Proteine (reversibel) binden und im Vesikellumen anreichern.
	F4.2	Sie sind an der Identifizierung des Zielkompartiments beteiligt.
	F4.3	Sie vermitteln die Verschmelzung des bedeckten-Vesikels mit dem Zielkompartiment.
	F4.4*	Sie sorgen als mechanisches Hilfsmittel dafür, dass sich die Membran eines Kompartiments zum Vesikel auswölbt.
	F4.5*	Sie wählen integrale Membranproteine als Vesikelfracht aus.

Variablennamen Skalenwerte

	Validierungsstudie		Lernwirksamkeitsstudie	
MZP1	*M*	*SD*	*M*	*SD*
F4.1	.30	.46	.67	.47
F4.2	.39	.49	.45	.50
F4.3	.44	.50	.47	.50
F4.4*	.23	.42	.18	.39
F4.5*	.15	.36	.10	.31
	$N = 142$		$N = 125$	

Anmerkungen. * Korrekte Antwortvorgabe.

10 z_vor_5_KW

Variablennamen:	F5.1, F5.2, F5.3, F5.4, F5.5
Erhebung:	MZP1
Datenquelle:	Eigenentwicklung
Anzahl der Variablen:	5

Text:		Welche der folgenden Proteine werden an den Ribosomen des rauen ER synthetisiert?
Variablen:	F5.1*	Antikörper (Immunglobuline), die von Plasmazellen ins Blutserum abgegeben werden.
	F5.2*	Das Enzym Insulin, welches von Zellen der Bauchspeicheldrüse in die Blutbahn sekretiert wird.
	F5.3	Die Proteine, aus denen sich das Signalerkennungspartikel zusammensetzt.
	F5.4	Proteine, die das Zytoskelett aufbauen.
	F5.5*	Das Enzym Sialyltransferase, das sich am trans-Ende des Golgi-Apparats befindet.

Variablennamen	Skalenwerte			
	Validierungsstudie		Lernwirksamkeitsstudie	
MZP1	M	SD	M	SD
F5.1*	.26	.44	.29	.45
F5.2*	.32	.47	.30	.46
F5.3	.39	.49	.51	.50
F5.4	.44	.50	.49	.50
F5.5*	.30	.46	.29	.46
	$N = 142$		$N = 125$	

Anmerkungen. * Korrekte Antwortvorgabe.

11 z_vor_6_KW

Variablennamen:	F6.1, F6.2, F6.3, F6.4, F6.5, F6.6
Erhebung:	MZP1
Datenquelle:	Eigenentwicklung
Anzahl der Variablen:	6
Text:	Von Leberzellen wird ein sekretorisches Protein hergestellt, das proteolytische Enzyme inhibiert. Dieses Inhibitorprotein (Antitrypsin) wird von den Leberzellen ins Blut abgegeben. Das Antitrypsingen konnte biotechnisch mit einem DNA-Stück verknüpft werden, das aus einer Qualle isoliert wurde und ein grün fluoreszierendes Protein codiert. Durch diesen Eingriff konnte der Weg des Antritrypsins in der Zelle verfolgt werden. In welchen Kompartimenten erwarten Sie eine grüne Fluoreszenz?

Einzelitems aus den Fragebögen 205

Variablen:
- **F6.1*** Transportvesikel
- **F6.2** Mitochondrien
- **F6.3*** Endoplasmatisches Retikulum
- **F6.4*** Golgi-Apparat
- **F6.5** Zytosol
- **F6.6** Zellkern

Variablennamen	Skalenwerte			
	Validierungsstudie		Lernwirksamkeitsstudie	
MZP1	*M*	*SD*	*M*	*SD*
F6.1*	.51	.50	.58	.50
F6.2	.15	.36	.82	.39
F6.3*	.46	.50	.44	.50
F6.4*	.39	.49	.22	.42
F6.5	.29	.45	.46	.50
F6.6	.15	.36	.79	.41
	$N = 142$		$N = 125$	

Anmerkungen. * Korrekte Antwortvorgabe.

12 z_vor_7_FW

Variablennamen:	F7.1, F7.2, F7.3, F7.4, F7.5
Erhebung:	MZP1
Datenquelle:	Eigenentwicklung
Anzahl der Variablen:	5
Text:	Welche der folgenden Aussage(n) zur Proteinsynthese ist (sind) richtig?

Variablen:
- **F7.1** Das Signalerkennungspartikel bindet an den SRP-Rezeptor des Ribosoms.
- **F7.2*** Das Signalerkennungspartikel bindet an die Signalsequenz des entstehenden Proteins und an den SRP-Rezeptor.
- **F7.3*** Das Signalerkennungspartikel bindet an die Signalsequenz des entstehenden Proteins und stoppt die Proteinsynthese.
- **F7.4*** Der erste Abschnitt des entstehenden Proteins entscheidet, ob die weitere Synthese im Zytosol oder am rauen ER erfolgt.
- **F7.5** Das Signalerkennungspartikel löst sich nach Abschluss der Proteinsynthese vom Ribosom ab.

Variablennamen	Skalenwerte				
	Validierungsstudie			Lernwirksamkeitsstudie	
MZP1	M		SD	M	SD
F7.1	.33		.47	.73	.45
F7.2*	.30		.46	.39	.49
F7.3*	.27		.45	.28	.45
F7.4*	.36		.48	.31	.47
F7.5	.51		.50	.43	.50
	$N = 142$			$N = 125$	

Anmerkungen. * Korrekte Antwortvorgabe.

VIII Nachtest

13 z_nach_1_FW

Variablennamen:	Frage1.1n, Frage1.2n, Frage1.3n, Frage1.4n
Erhebung:	MZP2
Datenquelle:	Eigenentwicklung
Anzahl der Variablen:	4
Text:	Der Golgi-Apparat schickt Transportvesikel zur Plasmamembran und zum endoplasmatischen Retikulum. Welche Proteine sind *am Golgi-Apparat* an der Vesikelbildung beteiligt?
Variablen:	**Frage1.1n*** COPI-Hüllprotein
	Frage1.2n COPII-Hüllprotein
	Frage1.3n* Clathrin-Hüllprotein
	Frage1.4n* KDEL-Frachtrezeptor

Variablennamen	Skalenwerte				
	Validierungsstudie			Lernwirksamkeitsstudie	
MZP2	M		SD	M	SD
Frage1.1n*	.76		.43	.74	.44
Frage1.2n	.30		.46	.67	.47
Frage1.3n*	.85		.36	.78	.41
Frage1.4n*	.48		.50	.46	.50
	$N = 142$			$N = 125$	

Anmerkungen. * Korrekte Antwortvorgabe.

14 z_nach_2_FW

Variablennamen:	Frage2n_rec[25]
Erhebung:	MZP2
Datenquelle:	Eigenentwicklung
Anzahl der Variablen:	1
Text:	In welcher Klasse von Transportvesikeln werden sekretorische Proteine vom endoplasmatischen Retikulum zum Golgi-Apparat transportiert *(nur 1 Antwort)*?
Kategorien:	1 COPI-bedeckte-Vesikel
	2* COPII-bedeckte-Vesikel
	3 Clathrin-bedeckte-Vesikel
	4 Claudin-bedeckte-Vesikel

Variablennamen Skalenwerte

MZP2	Validierungsstudie Gültige Prozente	Lernwirksamkeitsstudie Gültige Prozente
1	1	17
2*	9	75
3	85	8
4	5	0
	$N = 141$	$N = 124$

Anmerkungen. * Korrekte Antwortvorgabe.

15 z_nach_3_FW

Variablennamen:	Frage3.1n, Frage3.2n, Frage3.3n, Frage3.4n, Frage3.5n
Erhebung:	MZP2
Datenquelle:	Eigenentwicklung
Anzahl der Variablen:	5
Text:	Welche der folgenden Aussage(n) zur Proteinsynthese ist (sind) richtig?

---

[25] Eine richtige Antwort wird mit „1" codiert, eine falsche Antwort mit „0".

Variablen:	Frage3.1n	Das Signalerkennungspartikel löst sich nach Abschluss der Proteinsynthese vom Ribosom ab.
	Frage3.2n*	Der erste Abschnitt des entstehenden Proteins entscheidet, ob die weitere Synthese im Zytosol oder am rauen ER erfolgt.
	Frage3.3n*	Das Signalerkennungspartikel bindet an die Signalsequenz des entstehenden Proteins und stoppt die Proteinsynthese.
	Frage3.4n*	Das Signalerkennungspartikel bindet an die Signalsequenz des entstehenden Proteins und an den SRP-Rezeptor.
	Frage3.5n	Das Signalerkennungspartikel bindet an den SRP-Rezeptor des Ribosoms.

Variablennamen	Skalenwerte			
	Validierungsstudie		Lernwirksamkeitsstudie	
MZP2	M	SD	M	SD
Frage3.1n	.32	.47	.62	.49
Frage3.2n*	.59	.49	.71	.45
Frage3.3n*	.85	.36	.79	.41
Frage3.4n*	.56	.50	.48	.50
Frage3.5n	.31	.46	.70	.46
	$N = 142$		$N = 125$	

Anmerkungen. * Korrekte Antwortvorgabe.

16 z_nach_4_KW

Variablennamen:	Frage4.1n, Frage4.2n, Frage4.3n, Frage4.4n, Frage4.5n
Erhebung:	MZP2
Datenquelle:	Eigenentwicklung
Anzahl der Variablen:	5
Text:	Welche der folgenden Proteine werden an den Ribosomen des rauen ER synthetisiert?
Variablen:	**Frage4.1n*** Das Enzym Sialyltransferase, das sich am trans-Ende des Golgi-Apparats befindet.
	Frage4.2n Das Enzym Insulin, welches von Zellen der Bauchspeicheldrüse in die Blutbahn sekretiert wird.
	Frage4.3n Proteine, die das Zytoskelett aufbauen.
	Frage4.4n Die Proteine, aus denen sich das Signalerkennungspartikel zusammensetzt.
	Frage4.5n* Antikörper (Immunglobuline), die von Plasmazellen ins Blutserum abgegeben werden.

Variablennamen	Skalenwerte			
	Validierungsstudie		Lernwirksamkeitsstudie	
MZP2	M	SD	M	SD
Frage4.1n*	.32	.47	.42	.49
Frage4.2n*	.59	.49	.46	.50
Frage4.3n	.85	.36	.76	.43
Frage4.4n	.56	.50	.61	.49
Frage4.5n*	.31	.46	.44	.50
	$N = 142$		$N = 125$	

Anmerkungen. * Korrekte Antwortvorgabe.

17 z_nach_5_KW

Variablennamen:	Frage5.1n, Frage5.2n, Frage5.3n, Frage5.4n, Frage5 5n
Erhebung:	MZP2
Datenquelle:	Eigenentwicklung
Anzahl der Variablen:	6
Text:	Von Leberzellen wird ein sekretorisches Protein hergestellt, das proteolytische Enzyme inhibiert. Dieses Inhibitorprotein (Antitrypsin) wird von den Leberzellen ins Blut abgegeben. Das Antitrypsingen konnte biotechnisch mit einem DNA-Stück verknüpft werden, das aus einer Qualle isoliert wurde und ein grün fluoreszierendes Protein codiert. Durch diesen Eingriff konnte der Weg des Antritrypsins in der Zelle verfolgt werden. In welchen Kompartimenten erwarten Sie eine grüne Fluoreszenz?
Variablen:	**Frage5.1n** Zellkern
	Frage5.2n* Endoplasmatisches Retikulum
	Frage5.3n Zytosol
	Frage5.4n* Golgi-Apparat
	Frage5.5n Mitochondrien
	Frage5.6n* Transportvesikel

Variablennamen	Skalenwerte				
	Validierungsstudie			Lernwirksamkeitsstudie	
MZP2	M		SD	M	SD
Frage5.1n	.06		.23	.91	.28
Frage5.2n*	.73		.44	.78	.42
Frage5.3n	.27		.45	.60	.49
Frage5.4n*	.85		.36	.79	.41
Frage5.5n	.04		.18	.95	.21
Frage5.6n*	.75		.44	.82	.39
	$N = 142$			$N = 125$	

Anmerkungen. * Korrekte Antwortvorgabe.

18 z_nach_6_KW

Variablennamen: Frage6.1n, Frage6.2n, Frage6.3n, Frage6.4n
Erhebung: MZP2
Datenquelle: Eigenentwicklung
Anzahl der Variablen: 4
Text: Ein Jungforscher weist im Zytosol einer Hefezelle ein bestimmtes Protein in hoher Konzentration nach. Dieses Protein konnte von anderen Forschern noch nie im Zytosol einer Zelle nachgewiesen werden. In normalen Hefezellen kommt es nur im Lumen des endoplasmatischen Retikulums vor. Da der Jungforscher einen Messfehler ausschließt, führt er sein Ergebnis auf einen erblichen Defekt des verwendeten Hefestamms zurück. Welche seiner Vermutung(en) könnte(n) Ihrer Meinung nach zutreffen?

Variablen:
Frage6.1n Ein Inhibitor besetzt die SRP-Rezeptoren. Dadurch kann der Komplex aus Signalerkennungspartikel, Ribosom und entstehendem Protein nicht an die Membran des rauen ER andocken.

Frage6.2n* Der DNA-Abschnitt, der die Signalsequenz des Proteins kodiert, ist mutiert. Dadurch kann das Signalerkennungspartikel nicht an die Signalsequenz binden.

Frage6.3n Das Protein wird von KDEL-Frachtrezeptoren erkannt und ins Zytosol zurückgeführt.

Frage6.4n* Im Zytosol der Zelle gibt es kein Signalerkennungspartikel, das die Signalsequenz dieses Proteins erkennt.

Voraussetzungsanalysen 211

Variablennamen	Skalenwerte			
	Validierungsstudie		Lernwirksamkeitsstudie	
MZP2	M	SD	M	SD
Frage6.1n	.43	.50	.58	.49
Frage6.2n*	.68	.47	.63	.48
Frage6.3n	.24	.43	.76	.43
Frage6.4n*	.61	.49	.46	.50
	$N = 142$		$N = 125$	

Anmerkungen. * Korrekte Antwortvorgabe.

G Voraussetzungsanalysen

Nach Bortz (2005) und Field (2009) setzt die Verwendung des t-Tests für abhängige Stichproben voraus, dass die Stichprobenverteilung der Differenz der zu testenden Variablen normalverteilt ist. Die Durchführung einer Varianzanalyse setzt sowohl die Normalverteilung der Regressionsresiduen als auch die Varianzhomogenität der Regressionsresiduen voraus. Für die Kovarianzanalyse gilt zusätzlich, dass die Homogenität der Steigungen der Regressionsgeraden erfüllt ist.

IX Prüfung der Normalverteilung für statistische Testverfahren

19 t-Test für abhängige Stichproben (s. Kapitel 4.3.2, S. 71)

Variablennamen:	Diff_*PRX*, Diff_*PTF*, Diff_R2
Anzahl der Variablen:	3
Variablen:	**Diff_*PRX*** Differenz der Variablen *PRX*_nach und *PRX*_vor
	Diff_*PTF* Differenz der Variablen *PTF*_nach und *PTF*_vor
	Diff_*R2* Differenz der Variablen R2_nach und R2_vor

Index	Z	p
Diff_*PRX*	0.88	.42
Diff_*PTF*	0.70	.71
Diff_R2	0.88	.43

Anmerkungen. Z = Kolmogorov-Smirnov-Z. p = Asymptotische Signifikanz (2-seitig).

20 Varianzanalyse nach Brown und Forsythe (s. Kapitel 4.3.2, S. 73)

Variablennamen: ZRE_1_PRX, ZRE_2_PTF, ZRE_3_R2
Anzahl der
Variablen: 3
Variablen: **ZRE_1_PRX**   Regressionsresiduen des Wissensstrukturindexes *PRX*
ZRE_2_PTF   Regressionsresiduen des Wissensstrukturindexes *PTF*
ZRE_3_R2   Regressionsresiduen des Wissensstrukturindexes R^2

Index	Olympionikenkohorte	Z	p
ZRE_1_PRX	IBO	1.05	.22
	IChO	0.91	.38
	IPhO	0.98	.29
ZRE_2_PTF	IBO	0.77	.59
	IChO	0.77	.60
	IPhO	0.82	.52
ZRE_3_R2	IBO	1.08	.19
	IChO	0.92	.36
	IPhO	1.15	.14

Anmerkungen. Z = Kolmogorov-Smirnov-Z. p = Asymptotische Signifikanz (2-seitig).

21 Kovarianzanalyse (s. Kapitel 5.3.2, S. 113)

Variablennamen: ZRE_1_PRX, ZRE_2_PTF, ZRE_3_R2
Anzahl der
Variablen: 3
Variablen: **ZRE_MC**   Regressionsresiduen der *MC* Testergebnisse
ZRE_PRX   Regressionsresiduen des Wissensstrukturindexes *PRX*
ZRE_PTF   Regressionsresiduen des Wissensstrukturindexes *PTF*
ZRE_R2   Regressionsresiduen des Wissensstrukturindexes R^2

Index	Experimentelle Bedingung	Z	p
ZRE_MC	concept mapping		
	prompting	1.00	.27
	kein prompting	0.42	.99
	Notizen		
	prompting	0.89	.41
	kein prompting	0.71	.69
ZRE_PRX	concept mapping		
	prompting	0.65	.79
	kein prompting	0.52	.95
	Notizen		
	prompting	0.64	.81
	kein prompting	0.83	.50
ZRE_PTF	concept mapping		
	prompting	0.60	.86
	kein prompting	0.47	.98
	Notizen		
	prompting	0.59	.88
	kein prompting	0.75	.62
ZRE_R2	concept mapping		
	prompting	0.56	.92
	kein prompting	1.18	.13
	Notizen		
	prompting	0.59	.87
	kein prompting	0.63	.82

Anmerkungen. Z = Kolmogorov-Smirnov-Z. p = Asymptotische Signifikanz (2-seitig).

X Prüfung der Varianzhomogenität der Regressionsresiduen

22 Varianzanalyse nach Brown und Forsythe (s. Kapitel 4.3.2, S. 73)

Variablennamen: ZRE_O_PRX, ZRE_O_PTF, ZRE_O_R2
Anzahl der
Variablen: 3
Variablen: **ZRE_O_PRX** Regressionsresiduen des Wissensstrukturindexes *PRX*
  ZRE_O_PTF Regressionsresiduen des Wissensstrukturindexes *PTF*
  ZRE_O_R2 Regressionsresiduen des Wissensstrukturindexes R^2

Test auf Homogenität der Varianzen mit der Gruppenvariable Olypionikenkohorte

	Levene-Statistik	df1	df2	p
ZRE_O_PRX	7.26	2	133	.00
ZRE_O_PTF	1.69	2	133	.19
ZRE_O_R2	6.09	2	133	.00

23 Kovarianzanalyse (s. Kapitel 5.3.2, S. 113)

Variablennamen: ZRE_S_MC, ZRE_S_PRX, ZRE_S_PTF, ZRE_S_R2
Anzahl der Variablen: 4
Variablen:
- **ZRE_S_MC** Regressionsresiduen der *MC* Testergebnisse
- **ZRE_S_PRX** Regressionsresiduen des Wissensstrukturindexes *PRX*
- **ZRE_S_PTF** Regressionsresiduen des Wissensstrukturindexes *PTF*
- **ZRE_S_R2** Regressionsresiduen des Wissensstrukturindexes R^2

Test auf Homogenität der Regressionsresiduen zwischen den experimentellen Bedingungen

	Levene-Statistik	df1	df2	p
ZRE_MC	0.29	3	121	.84
ZRE_PRX	1.84	3	120	.15
ZRE_PTF	0.24	3	121	.87
ZRE_R2	0.85	3	121	.47

XI Prüfung der Homogenität der Regressionsgeraden (s. Kapitel 5.3.2, S. 113)

	Source	SS	df	MS	F	p
MC	between regressions	1.11	3	0.37	1.09	.36
	remainder	39.65	117	0.34		
	adjusted error	40.76	120			
PRX	between regressions	0.18	3	0.06	1.29	.28
	remainder	5.53	116	0.05		
	adjusted error	5.71	119			
PTF	between regressions	0.13	3	0.04	2.23	.09
	remainder	2.26	117	0.02		
	adjusted error	2.39	120			
R^2	between regressions	0.15	3	0.05	0.95	.42
	remainder	6.01	117	0.05		
	adjusted error	6.15	120			

Anmerkungen. Die Berechnungen wurden durchgeführt mit der Software von Lowry (2009).

Danksagung

An dieser Stelle möchte ich mich bei allen bedanken, die mich im Laufe meiner Promotion in vielfältiger Weise unterstützt haben.

Mein größter Dank geht an **Prof. Dr. Ute Harms**, die es mir ermöglichte, unter optimalen Arbeitsbedingungen meine Promotion abzuschließen. Sie gab mir den Freiraum, meinen eigenen Weg zu gehen und wusste diesen einzuschränken, wo es nötig war.

Herrn **Dr. Rolf Langeheine** und **Dr. Markus Lücken** danke ich für die selbstlose Unterstützung und die lehrreichen Gespräche sowie die wertvollen Ratschläge zur statistischen Auswertung und Methodik.

Ebenso möchte ich mich bei **Dr. Iris Mackensen-Friedrichs** für die fachliche Unterstützung und die Betreuung der Arbeit bedanken.

Prof. Dr. Helmut Prechtl danke ich für die Übernahme des Korreferats, die hilfreichen Hinweise und kritischen Anmerkungen.

Ich bedanke mich bei allen **Kolleginnen** und **Kollegen** der Abteilung der Didaktik der Biologie am IPN für das herzliche Miteinander, die gute Zusammenarbeit und die vielfältige Unterstützung.

Bedanken möchte ich mich auch bei **Prof. Dr. Karin Krupinska, PD Dr. Sabine Nick, Dr. Eckhard Lucius, Dr. Bodo Müller, Dr. Stefan Petersen** und **Prof. Dr. Rüdiger Schulz** für Unterstützung bei der Anwerbung von Studienteilnehmern.

Ein Dank gebührt auch den **Schülern** und **Studenten**, die durch ihre sorgfältige Mitarbeit wesentlich zum Gelingen der Studien beigetragen haben.

Carolin Enzingmüller, Dr. Ingrid Glowinski, Dr. Markus Lücken, Sandra Nitz, Kerstin Münchhoff, Matthias Recke und **Mareike Schreiber** haben es auf sich genommen, diese Arbeit Korrektur zu lesen und konstruktive Kritik zu üben. Dafür sei ihnen herzlich gedankt.

Außerdem möchte ich mich bei meinen **Eltern** bedanken, dass sie mich stets unterstützten und förderten. Von ganzem Herzen möchte ich mich auch bei **Dr. Katrin Bätz** bedanken, die immer für mich da war, auch wenn die Entfernung sehr groß war.

ERKLÄRUNG

Hiermit erkläre ich, dass die vorliegende Dissertation abgesehen von der Beratung durch meine Betreuerin, Prof. Dr. Ute Harms, nach Inhalt und Form mein eigenes Werk ist. Bei ihrer Anfertigung habe ich keine anderen als die angegebenen Quellen und Hilfsmittel verwendet. Des Weiteren erkläre ich, dass die vorliegende Dissertation unter Einhaltung der Regeln guter wissenschaftlicher Praxis der Deutschen Forschungsgemeinschaft entstanden ist.

Ferner erkläre ich, dass ich zuvor noch keinen Promotionsversuch unternommen habe und dass insbesondere diese Arbeit weder vollständig noch in Teilen an anderer Stelle im Rahmen eines Prüfungsverfahrens vorgelegt, veröffentlicht oder zur Veröffentlichung eingereicht worden ist.

Jörg Großschedl
Kiel, 17.12.2009